결혼과 도덕

결혼과 도덕

2016년 2월 23일 초판 1쇄 인쇄
2023년 10월 13일 초판 5쇄 발행

지은이 버트런드 러셀
옮긴이 이순희
펴낸이 윤철호
펴낸곳 ㈜사회평론

편집 석현혜 윤다혜 박정하
마케팅 안은지
제작 나연희 주광근
디자인 가필드

등록번호 제10-876호(1993년 10월 6일)
전화 02-326-1182(마케팅), 02-326-1543(편집)
주소 서울시 마포구 월드컵북로6길 56 사평빌딩
이메일 editor@sapyoung.com

ISBN 978-89-6435-813-9 03330

결혼과 도덕

버트런드 러셀 지음 | 이순희 옮김

Bertrand Russell
Marriage & Morals

사회평론

왜 새로운 결혼과 도덕이 필요한가?

고대에나 현대에나 모든 사회는 긴밀하게 얽혀 있는 두 가지 본질적인 요소를 가지고 있다. 하나는 경제 제도이고, 또 하나는 가족 제도이다. 오늘날 강력한 영향을 떨치고 있는 두 학파 중에서 마르크스 학파는 모든 것의 기원을 경제적인 요인에서 찾지만 프로이트 학파는 모든 것을 가족이나 성적인 요인에서 찾는다. 나는 둘 중 어느 학파의 입장에도 동의하지 않으며, 경제와 성이 밀접하게 얽혀 있기 때문에 둘 중 어느 한 쪽이 더 근본적인지 판단할 수 없다고 본다.

예를 들어보자. 산업혁명은 성윤리에 막대한 영향을 끼쳐 왔으며, 앞으로도 이런 상황은 계속될 것이다. 하지만 청교도의 성윤리는 심리적인 측면에서 볼 때 산업혁명을 탄생시킨 필수적인 요인이었다. 따라서 경제적 요인과 성적인 요인 두 가지 중 하나만을 강조하는 것은 옳지 않다고 본다. 따지고 보면 이 두 요인은 확연히 구분될 수도 없다. 경제학은 본래 음식을 손에 넣는 일에 관심을 두지만, 인간은 자신의 배를 채울 뿐 아니라 가족의 배를 채우기 위해서 음식을 구하려고 한다. 또한 가족 제도가 바뀌면 경제적인 동기 역시 바뀐다. 플라톤이 『국가』에서 제안한 것처럼, 국가가 부모들로부터 자식들을 빼앗아서 양육한다면 사람들이 생명 보험을 넣거나 저축을 하는 일은 당연히 사라지게 될 것이다. 다시 말해서 국가가 아버지의 역할을 전적으로 담당할 경우, 국가는 유일한 자본가로 남게 될 것이다. 철저한 공산주의자들은 이와 반대되는 주장을 펼치는 경우가 많다. 그들은 국가가 유일한 자본가가 된다면 현재와 같은 가족은 살아남을 수 없다고 주장한다. 지나친 비약이라고 할 수 있지만, 어쨌든 사적 소유와 가족 사이에는 어느 것이 먼저냐를 따질 수 없을 만큼 서로 복잡하게 얽힌 긴밀한 연관 관계가 있다는 것만은 부정할 수 없는 사실이다.

공동체의 성윤리는 몇 개의 층으로 이루어져 있다. 첫째 층에는 일부일처제, 일부다처제와 같이 법률에 체현되어 있는 확고한 제도들이 있다. 다음 층에는 법률은 개입하지 않으나 여론이 절대적인 영향을 미치는 영역이 있고, 마지막 층에는 이론상으로는 아니지만 실제적으로는 개인의 재량에 맡겨지는 영역이 있다. 어느 나라 어느 시대를 보아도, 성윤리와 성 제도가 합리적인 판단에 의해서만 결정되는 경우는 없다. 소비에트 러시아만은 예외다. 그곳의 제도가 완벽하다는 뜻은 아니다. 세계 역사상 모든 시대에 다른 모든 나라의 제도들은 어느 정도는 미신과 전통의 영향을 받아 탄생했지만, 소비에트 러시아의 제도는 그렇지 않다는 뜻이다. 총체적인 행복과 복지의 관점에서 가장 바람직한 성윤리란 어떤 것인가는 상황에 따라서 해답이 달라질 수밖에 없는 지극히 복잡한 문제다. 산업이 발전한 사회와 원시 농경 사회에 동일한 성윤리가 적용될 수 없고, 의학과 위생학의 발전으로 사망률이 낮아진 사회와 페스트와 전염병으로 많은 아동들이 목숨을 잃는 사회에 동일한 성윤리가 적용될 수 없다. 인간의 지식이 더욱 발전하면, 기후의 차이에 따라 각각의 사회에 적합한 성윤리도 달라지고, 섭취하는 음식물의 차이에 따라서도 역시 달라질 수밖에 없다고 말할 수 있게 될 것이다.

성윤리는 대단히 다양한 측면에 영향을 미친다. 개인에게 영향을 미칠 뿐 아니라, 부부 관계, 가족, 국가, 더 나아가 국가 간 관계에도 영향을 미친다. 성윤리가 어떤 측면에서는 좋은 영향을 미치지만, 또 다른 측면에서는 나쁜 영향을 미칠 수 있다. 따라서 어떤 제도를 객관적으로 평가하기 위해서는 우선 모든 상황을 고려해야 한다. 첫째, 성윤리가 개인에게 미치는 영향은 정신분석학적인 측면에서 다루어져야 한다. 이와 관련해서 우리는 도덕률의 주입을 받은 성인들의 행동뿐 아니라 도덕률에 복종하는 태도를 이끌어 내기 위해 고안된 조기교육까지도 고찰해야 한다. 이미 알려진 바와 같이, 유년기에 부과되는 성적 금기는 간접적이지만 매우 기묘한 영향을 발휘한다. 이 측면에서 우리가 주안점을 두어야 할 것은 개인의 행복이다. 다음으로 고려해야 할 것은 남성과 여성의 관계에 미치는 영향이다. 양성 관계는 여러 가지 형태로 이루어질 수 있는데, 그중에서도 더 바람직한 관계가 존재한다. 대부분의 사람들은 육체적인 요소만으로 이루어지는 양성 관계보다 정신적인 요소가 결합된 양성 관계가 더 바람직하다는 데 동의할 것이다. 시인들에게서 시작되어 교양 있는 남성들과 여성들의 공통된 생각으로 자리 잡은 것이 양성 관계에 두 사람의 인격이 많이 투영되면 투영될수록 고귀한 사랑이 된다는 견해다. 시인들은 또한 열정적인 사랑일수록 고귀한 사랑이라는 인식을 많은 사람들에게 심어주고 있다. 하지만 여기에는 상당한 논쟁의 소지가 있다. 현대인들은 대개 사랑은 대등한 관계여야 하며, 예컨대 일부다처제는 이런 관점에서 보면 이상적인 제도가 아니라는 데 동의할 것이다. 양성 관계를 고려할 때는 혼인 관계는 물론 혼외 관계까지 고려해야 한다. 어떤 혼인 제도가 우세해지면, 그에 따라 혼외 관계도 변화하기 때문이다.

다음에는 가족의 문제가 있다. 시대와 장소에 따라 다양한 가족 형태가 존재해 왔지만, 가장 일반적인 가족 형태는 가부장제 가족이다. 또한 일부일처형 가부장제 가족이 일부다처형 가족을 갈수록 압도해 오고 있다. 서구 문명에서는 기독교가 확립되기 이전부터 성윤리의 주요한 목적은 여성의 정절을 보증하는 데 있었다. 이것이 보증되지 않으면 부계 혈통을 확인할 수 없고 가부장제 가족이 존립할 근거가 사라지기 때문이다. 여기에 기독교가 남성의 정절을 강조하면서 덧붙인 성윤리는 금욕주의에 심리적인 원천을 둔 것으로, 최근 여성해방과 더불어 점점 거세지고 있는 여성들의 질투심 때문에 더욱 강화되고 있다. 그러나 이런 성윤리는 오래도록 지속되지는 않을 것 같다. 현재의 추세로 보자면, 여성들은 여태껏 여성만이 감당해야 했던 구속을 남성들에게도 부과하는 제도보다는 양성 모두에게 자유를 허용하는 제도를 선호하는 쪽으로 돌아설 것이다.

그러나 일부일처형 가족 제도 안에도 여러 가지 변종이 있다. 혼인의 결정권을 당사자가 쥐고 있는 경우도 있고 당사자의 부모가 쥐고 있는 경우도 있다. 신부를 얻으려면 지참금을 내는 것이 관행인 나라도 있고 프랑스처럼 신랑을 얻으려면 지참금을 내는 것이 관행인 나라도 있다. 이혼 제도 안에도 여러 가지 변종이 있다. 엄격한 가톨릭교 사회에서 이혼은 일체 금지되어 있고, 과거의 중국 사회에는 부인이 지나치게 말이 많으면 이혼할 수 있도록 규정한 법이 있었다. 양성 관계의 항구성, 혹은 준準항구성은 인간 세계뿐 아니라 동물 세계에도 존재한다. 종족 보존을 위해서 자식 양육에 수컷의 참여가 필요한 경우가 있다. 예컨대, 새들은 알을 낳으면 한동안 계속해서 알을 따뜻하게 품어 주어야 하고, 알을 품느라 움직이지 못할 때 먹을 음식을 구해야 한다. 새들은 대부분 수컷의 기여가 없이는 암컷 혼자 이 일을 감당할 수 없다. 이런 점에서 사람들은 흔히 금슬 좋은 부부를 새에 비유한다. 인간 사회에서 아버지의 기여는 생물학적인 측면에서 자식들에게 큰 혜택이 된다. 시대가 불안하고 사회가 혼란할 때일수록 더욱 그러하다. 그러나 현대 문명이 발전함에 따라서 아버지의 역할이 차츰 국가로 넘어가고 있다. 최소한 임금노동자 계층에서는 아버지는 오래지 않아 생물학적인 측면에서 자식에게 혜택을 제공할 수 없을 것이다.

이런 상황이 되면 전통적인 윤리는 완전히 무너질 것이다. 어머니가 자식의 친부를 분명히 밝혀야 할 이유가 사라지기 때문이다. 여기서 한 발 더 나아가서 플라톤은 아버지의 역할뿐 아니라 어머니의 역할까지 국가로 넘겼다. 나는 (국가를 찬미하는 사람도 아니고 기쁨이 넘치는 고아원 생활에 깊은 감명을 받은 사람도 아니지만) 플라톤의 이런 계획을 적극 지지한다. 경제력이 뒷받침된다면 충분히 실행에 옮겨질 수 있는 계획이라고 생각한다.

　법률은 두 가지 상이한 방식으로 성에 관계한다. 한편으로는 해당 공동체가 채택한 성윤리를 집행하고, 다른 한편으로는 성이라는 영역에서의 개인의 평범한 권리를 보호한다. 후자에는 여성과 미성년자들을 폭력과 위험한 착취로부터 보호하는 기능과 성병을 예방하는 기능이 포함된다. 이 두 기능은 대개 제 가치를 인정받지 못하고, 따라서 제 가치만큼 효과적으로 다루어지지 않는다. 보호 기능의 경우, 백인 노예 매매(20세기 초에 국제범죄조직이 유럽의 부녀자들을 유괴해서 미국의 성매매 업소에 팔아넘기는 범죄가 급증했다. 미국은 1910년에 성매매와 부도덕 행위, 인신매매에 주안점을 두고, 부도덕한 목적으로 주의 경계를 넘어서 부녀자를 수송하는 행위를 금지하는 백인 노예 매매법을 제정했다)를 둘러싼 격렬한 반대운동으로 직업적인 악덕배들이 쉽게 빠져나갈 수 있는 법률이 통과되어 결백한 사람들이 위험에 노출될 가능성이 열리고 말았다. 예방 기능의 경우에는, 성병이 죄에 대한 형벌이라는 견해 때문에 의학적으로 가장 효과적인 방법이 도입되는 것을 가로막고 있다. 성병은 부끄러운 것이라는 일반적인 인식 때문에 사람들이 성병을 감추게 되어, 신속하고 적절한 치료를 받지 못하게 된다.

다음에는 인구 문제로 넘어가자. 이것은 여러 가지 관점에서 따져봐야 할 중대한 문제다. 여기에는 모성 건강 문제, 아동 건강 문제, 대가족과 소가족이 각각 아동의 성격에 미치는 심리적인 영향의 문제가 포함된다. 이것들은 이른바 보건적인 측면에 속하는 인구 문제이다. 다음으로는 개인 경제와 공공 경제를 포함하는 경제적인 측면의 인구 문제가 있다. 이것은 가족이나 공동체 성원에게 부가 얼마만큼 분배되는가와 관련된 문제이며, 가족의 규모나 공동체의 출산율과 관련이 있다. 또한 이 측면은 인구 문제와 국제 정책, 그리고 세계 평화의 가능성과 밀접한 관련이 있다. 마지막으로는 우생학적 문제로 넘어가자. 이 문제는 공동체의 상이한 부문들에서 나타나는 상이한 출산율과 사망률로 인하여 인종이 개량 혹은 타락하는 것과 관련이 있다.

어떤 성윤리를 확고한 근거를 가지고 정당화하거나 비판하려면 먼저 위에서 열거한 모든 관점에 입각하여 세심한 검토를 진행해야 한다. 개혁파도 보수파도 성윤리의 한두 가지 측면들만을 고려하는 데 그칠 뿐 개인적인 측면과 정치적인 측면을 아우르는 태도는 거의 찾아볼 수 없다. 이 두 가지 측면 중에서 어느 한쪽이 더 중요하다고 확언할 수는 없다. 개인적인 측면에서 훌륭한 제도라고 하여 정치적인 입장에서 볼 때도 훌륭한 제도라고 장담할 수는 없고, 그 반대도 마찬가지다. 나는 사람들이 대부분의 시대, 대부분의 장소에서 분명치 않은 심리적 영향력 탓에 불필요한 잔혹성이 내재되어 있는 제도를 채택해 왔으며, 이는 오늘날 선진 문명을 누리고 있는 인종들 사이에서도 똑같은 상황이 되풀이되고 있다고 생각한다. 의학과 위생학의 발전으로 성윤리는 개인적인 측면과 공적인 측면에서 바람직하다고 여겨지는 방향으로 변화하고 있으며, 교육 부문에서 국가의 역할이 점점 커지면서 아버지는 역사시대 내내 유지해 오던 중요한 위치에서 밀려나고 있다. 오늘날의 성윤리를 비판할 때는 다음 두 가지를 반드시 염두에 두어야 한다. 첫째는 대개 잠재의식에 묻혀 있는 미신적인 요소를 제거하는 일이고, 둘째는 완전히 새로운 요인들을 고려하는 일이다. 새로운 요인이 발생하면 과거의 지혜는 현재의 지혜로 이어지는 것이 아니라 우둔한 것이 되고 말기 때문이다.

현재의 제도에 대한 올바른 견해를 세우기 위해서 나는 먼저 과거에 존재했던 제도들과 오늘날까지 미개 지역에 존재하고 있는 몇 가지 제도들을 살펴볼 것이다. 다음으로는 서구 문명에서 현재 성행하고 있는 제도의 특징을 고찰하고, 마지막으로 이 제도에서 수정이 필요하다고 생각하는 항목들과 이러한 수정이 진행되기를 바라는 근거를 밝힐 것이다.

차례

💌

1

어머니의 시대

개괄적으로 말하면, 결혼 풍습은 본능적인 요소, 경제적인 요소, 종교적인 요소, 이 세 가지의 혼합물이다. 물론 이런 요소들은 다른 분야에서보다 더 정밀하게 구분되지는 않는다. 예컨대, 일부 상점들이 일요일에 문을 열지 않는 것은 종교에서 유래된 것이지만, 분명히 경제적인 사실이다. 성과 관련된 수많은 법률과 풍습들도 마찬가지다. 종교적인 유래를 가지는 유익한 풍습은 대개 종교적인 토대가 무너진 이후에도 실용적인 이유에서 계속 유지된다. 종교적인 요소와 본능적인 요소를 구분하는 것역시 까다로운 일이다. 인간의 행동에 매우 강력한 영향을 미치는 종교는 대개 본능적인 토대를 가진다. 그러나 종교는 전통이 중요한 역할을 하는 분야이며, 본능적으로 발현될 수 있는 여러가지 행동 중에 특정한 행동만을 선호한다는 점에서 본능과 구분된다. 예컨대, 사랑과 질투는 둘 다 본능적인 감정이지만, 종교에서는 질투를 공동체가 지원해야 하는 고결한 감정으로, 사랑은 기껏해야 용서받을 수 있는 감정에 불과하다고 규정한다.

양성 관계에 있어서 본능적인 요소가 미치는 영향은 일반적으로 인식되는 것에 훨씬 미치지 못한다. 현재의 문제를 밝히는 데 필요한 것을 넘어서서까지 인류학적인 고찰을 하는 것은 이 책의 목적이 아니다. 그러나 과학이 꼭 필요한 항목이 있다. 즉, 본능에 배치되는 것인데도 본능과 심각하거나 명백한 충돌을 빚지 않고 오랜 기간 유지되어 온 풍습들이 많은데, 이를 밝히기 위해서는 과학이 필요하다. 예컨대, 처녀들이 공식적으로 (때로는 공개적으로) 성직자에게 처녀성을 바치는 것은 미개 인종뿐 아니라 상당히 개화된 일부 인종 사이에서도 일반적인 관습으로 이어져 오고 있다. 기독교 국가의 사람들은 처녀성을 깨뜨리는 것을 신랑의 특권이라고 여긴다. 적어도 현대에 들어서 대부분의 기독교인들은 이러한 종교적인 파과破瓜 관습에 대한 반감을 본능적이라고 여길 것이다. 손님에 대한 환대의 뜻으로 아내를 일시적으로 내어주는 관습 역시 현대 유럽인들이 본능적으로 혐오하는 관습이지만 광범위하게 퍼져 있다. 일처다부제도 견문이 좁은 백인 남성이라면 인간의 본성에 배치된다고 주장할 만한 관습이다. 유아살해 또한 현실적으로 이로 인한 경제적인 이득이 존재하는 곳이라면 어디에서나 서슴없이 실행되고 있다. 그러나 이 역시 인간의 본성에 배치되는 것으로 여겨질 수 있다.

인간의 본능이란 지극히 모호한 것이고, 자연의 순리에서 쉽게 벗어날 수 있다. 이것은 원시사회와 문명사회에 똑같이 적용되는 이야기다. 사실, '본능'이란 단어는 성 문제와 관련된 인간의 행동처럼 확정되지 않은 대상에 적용하기에는 적당치 않다. 심리학적으로 엄밀하게 따지자면, 성 문제와 관련하여 본능이라고 일컬을 수 있는 유일한 행동은 어린아이가 무언가를 입에 넣고 빠는 행동뿐이다. 원시인들은 어떤지 모르지만, 문명인들은 성적인 행위sexual act를 하는 법을 배워야 한다.[1] 의사들은 결혼하고 여러 해가 지났는데도 아이가 생기지 않아 고민인 부부와 상담하다가 그 부부가 제대로 성행위를 할 줄 모른다는 사실을 알게 되는 경우가 드물지 않다. 엄밀하게 말해서, 성행위는 본능적인 것이 아니다. 물론 사람에게는 성행위에 마음이 끌리는 타고난 성향과 성행위가 아니고서는 쉽게 충족하기 힘든 욕구가 있기는 하다. 다른 동물들에게서는 뚜렷이 드러나는 정확한 행동 패턴이 인간에게는 적용되지 않는다. 즉, 본능이 전혀 다른 것으로 대체되기도 한다. 인간의 가장 대표적인 반응은 욕구 불만이고, 이것은 다소 임의적이고 불완전한 행동들을 야기한다. 본능은 완전한 행동이라기보다는 오히려 그 행동을 배우려고 하는 충동에 지나지 않으며, 욕구를 충족시키는 행동이 어떤 것인가는 미리 단언할 수 없다. 일반적으로 보자면, 사람은 생물학적으로 가장 유익한 행동을 할 때 가장 완벽한 만족을 느낀다. 물론 이 논리가 성립하려면 그런 행동과 상반되는 습관이 형성되기 전에 이미 그 행동을 체득하고 있어야 한다.

🐾

문명화된 현대 사회들은 하나같이 가부장제 가족을 토대로 삼고 있고, 가부장제 가족의 형성을 보장하기 위해 여성의 정절이라는 개념을 구축해 왔다는 점을 고려할 때, 어떤 선천적인 충동이 부성父性의 감정을 형성하는지 살펴보는 것은 매우 중요하다. 이것은 생각이 깊지 않은 사람들이 흔히 생각하는 것처럼 쉬운 문제가 아니다. 어머니와 자식 사이에는 긴밀한 육체적 유대가 있으므로, 어머니가 자식에게 느끼는 감정은 쉽게 이해할 수 있다. 그러나 아버지와 자식의 관계는 간접적이고, 가정과 추론에 근거한 관계다. 즉, 아내의 정절에 관한 믿음과 결부된 것이므로, 본능적인 영역이 아니라 지적인 영역에 속한다. 사람들은 대개 부성의 감정은 본질적으로 친자식에게로 향한다고 생각하는 것 같다. 그러나 반드시 그런 것만은 아니다. 태평양 제도의 멜라네시아 주민들은 생물학적 아버지라는 개념을 알지 못한다. 그러나 멜라네시아의 아버지들은 생물학적 아버지라는 개념을 아는 사람들 못지않게 자식을 사랑한다. 부성의 감정에 대한 집중적인 탐구는 말리노프스키Malinovski가 트로브리안드Trobriand 군도의 주민들에 관한 저서들을 출간하면서 시작되었다. 『원시 사회의 성과 억압』, 『원시인의 심리 속의 아버지』, 『멜라네시아 북서 지역 야만인들의 성 생활』이라는 세 권의 저서는 복잡한 부성의 감정을 이해하기 위해서 반드시 참고해야 할 책들이다. 어떤 남자가 어린 아이에게 관심을 가지는 동기는 두 가지로 뚜렷이 구분된다. 첫 번째 동기는 그 아이가 자기 아이라고 생각하는 경우이고, 두 번째 동기는 그 아이가 자기 아내의 아이라는 것을 알고 있는 경우다. 두 번째 동기는 아이의 아버지 혈통이 밝혀지지 않는 경우에만 작용한다.

말리노프스키는 트로브리안드 군도의 주민들이 생물학적 아버지라는 개념을 알지 못한다는 사실을 확인했다. 말리노프스키가 든 사례에 따르면, 한두 해 동안 항해를 떠났다가 집으로 돌아온 남성은 아내가 갓난아기를 안고 있는 것을 보고도 몹시 기뻐한다. 다른 남자의 아이가 아니냐고 유럽인들이 아무리 암시를 주어도 그는 알아듣지 못한다. 말리노프스키는 훨씬 설득력 있는 사례로, 우량 품종의 돼지들을 소유한 남성이 품종을 퇴화시킬 수 있다는 것을 전혀 모른 채 수퇘지들을 모두 거세했던 사례를 제시했다. 그들은 아기는 정령이 데리고 와서 어머니 몸에 넣어주는 것이며, 처녀는 정령의 활동을 물리적으로 차단하는 처녀막을 가지고 있기 때문에 아기를 가질 수 없다고 생각한다. 미혼 남성과 여성은 아무런 제한 없이 자유로운 사랑을 나누면서 생활하지만, 무슨 이유인지 미혼 여성이 임신하는 일은 거의 드물다. 참으로 이상하게도, 이곳 토착민들은 미혼 여성의 행동과 임신을 연관시키지 않으면서도 미혼 여성의 임신을 수치스러운 일로 여긴다. 미혼 여성은 얼마 후면 변화가 많은 생활에 싫증이 나서 결혼을 한다. 결혼을 하면 남편의 마을에 가서 살지만, 그 여성과 아이는 그 여성의 고향 마을에 소속된 존재라고 여겨진다. 또한 남편은 아이와는 아무런 혈연관계가 없고 혈통은 모계로만 이어지는 것으로 여긴다. 다른 지역에서는 아버지가 아이에 대해 행사하는 권한이 트로브리안드 군도에서는 외삼촌에게 귀속된다. 바로 여기서 대단히 흥미로운 문제가 발생한다. 이곳에서는 오누이 관계에 대한 금기가 굉장히 심해서 오누이는 성인이 되고 나면 성과 조금이라도 관련이 있는 이야기를 나눌 수 없다. 따라서 외삼촌은 아이에 대한 권한을 가지지만, 아이가 집을 떠나 어머니와 떨어져 있을 때 말고는 아이를 거의 만나지 못한다. 이것은 아이가 훈육은 받지 않고 애정만 받을 수 있는 조건이 보장된다는 점에서 매우 훌륭한 제도다. 아버지는 아이와 놀아주고 자상하게 대할 뿐 아이에게 잔소리를 할 권리가 없고, 외삼촌은 아이에게 잔소리를 할 권리만 있을 뿐 아이 가까이 있을 권리는 없다.

이상한 것은 그곳 주민들은 아이와 아버지 사이에는 아무런 혈연관계가 없다고 생각하면서도, 아이가 어머니나 외삼촌, 혹은 이모를 닮는 것이 아니라 아버지를 닮는다고 생각한다는 사실이다. 오누이가 닮았다거나, 어머니와 아이가 닮았다고 암시하는 것은 대단히 무례한 일로 통하고, 누가 보기에도 분명히 닮아 보이는 특징도 완강히 부인된다. 말리노프스키는 아이는 어머니가 아니라 아버지를 닮는다는 이런 믿음이 있기 때문에 아버지가 아이에게 베푸는 애정이 돈독하다고 생각한다. 그는 그 지역의 부자 관계가 문명사회의 주민들 사이의 부자 관계보다 정답고 사랑이 넘친다는 것을 확인했으며, 예상했던 대로 오이디푸스 콤플렉스의 흔적은 전혀 찾지 못했다.

말리노프스키는 가까운 사이가 된 주민들을 상대로 논리적인 설명을 하며 최선의 노력을 기울였지만, 부성이라는 개념을 이해시킬 도리가 없었다. 그들은 부성을 선교사들이 고안해낸 허튼 소리라고 생각했다. 기독교는 가부장적인 종교이기 때문에 부성을 알지 못하는 사람들은 정서적으로도 지적으로도 기독교를 이해할 수 없다. 그곳에서라면 '아버지 하나님'이라는 말 대신에 '외삼촌 하나님'이라는 말을 써야 하지만, 그 말을 쓴다고 해도 의미가 제대로 전달되지 않는다. 기독교에서 부성은 권위와 사랑을 모두 포함하는 개념이지만, 멜라네시아에서는 권위는 외삼촌에게 있고 사랑은 아버지에게 있기 때문이다. 트로브리안드 주민들은 사람이 남성의 자식이라고 생각하지 않기 때문에, 사람은 하나님의 자식이라는 개념이 통할 수가 없다. 따라서 선교사들은 교리를 전파하기 전에 먼저 생리학과 관련된 사실에서부터 논쟁을 벌여야 한다. 말리노프스키에 따르면, 선교사들은 기독교의 복음을 가르치는 일로 넘어가기는커녕 첫 번째 과업조차 달성하지 못하고 있다.

나도 동의하는 바이지만, 말리노프스키는 임신과 출산 기간에 아내 곁을 지켰던 남성이 본능적으로 태어난 아이에게 애정을 느끼는 경향이 있는데, 바로 이것이 부성의 감정을 낳는 토대라고 주장한다. 그의 말을 빌리자면, "인간의 부성이란 애초에 생물학적 토대와는 거의 연관이 없고, 자연스러운 감정과 타고난 욕구와 깊은 연관을 지니고 있는 것으로 볼 수 있다." 그러나 임신 중에 아내 곁을 떠나 있었던 남성은 아이를 처음 보자마자 애정을 '본능적으로' 느끼지는 못할 것이다. 물론 이 남성이 관습과 부족 윤리가 요구하는 대로 아내와 아이 곁을 지킨다면, 결국에는 임신 내내 아내 곁에 있었을 때만큼 애정이 발전할 것이다. 인간 사회에 존재하는 중요한 관계들과 관련해서 보자면, 사회적으로 바람직한 행동을 하려는 본능이 항상 작동할 만큼 강력하지 않은 경우, 사회 윤리가 그 행동을 강제한다. 원시부족의 경우도 마찬가지다. 이곳의 관습은 남편에게 아내가 낳은 아이를 보살피고 어른이 되기 전까지 아이를 보호할 것을 요구한다. 이런 관습은 대개 본능에 부합하는 것이기 때문에 실행에 옮기기 어렵지 않다.

내가 생각하기에는, 말리노프스키가 멜라네시아 주민들 사이에서 나타나는 아이에 대한 아버지의 태도를 설명하기 위해서 거론한 본능은 그의 저서에 표현된 것보다 훨씬 보편적인 것 같다. 나는 남자든 여자든 사람은 누구나 자신이 보살펴야 하는 아이에게 애정을 느끼는 성향이 있다고 생각한다. 애초에 아이에게 관심을 가지게 되는 것이 단순히 관습 때문이었다고 해도, 대개는 그러한 관심 속에서 애정이 자라난다. 그 아이가 사랑하는 여자의 아이인 경우라면 이런 감정은 당연히 강화된다. 따라서 이곳 주민들이 아내의 아이에게 상당한 애착을 보이는 것은 이해할 수 있는 일이다. 문명사회의 주민들이 자기 아이에게 쏟는 애정에도 이런 요소가 큰 영향을 미치고 있는 것이 틀림없다. 말리노프스키에 따르면(그의 견해를 논박할 방법을 찾기는 어렵다), 모든 인간은 트로브리안드 군도 주민들이 현재 머물러 있는 단계를 거쳐 온 것이 분명하다. 틀림없이 아버지의 권리와 의무라는 개념이 전혀 없었던 시대가 있었을 것이다. 아버지를 가족에 포함시키는 동물들은 이와 동일한 토대를 가지고 있다. 동물들은 이것 말고는 다른 토대를 가질 수 없기 때문이다. 부성의 감정이 현재 우리가 익숙하게 받아들이는 모습을 갖추게 된 것은 인간 사회에 부계 혈통이라는 실체가 널리 알려진 뒤의 일이다.

2

아버지의 탄생

부성이라는 심리적 감정이 널리 공인되면 곧바로 전혀 새로운 요인이 부성의 감정에 유입되고 이 요인은 거의 모든 방면에서 가부장적 사회의 형성에 기여한다. 성경에서 이르는 바와 같이, 자식이 자신의 '씨앗'이라는 인식을 가지는 순간 권력욕과 죽음을 뛰어넘으려는 욕구가 형성되고, 이 요인은 부성의 감정을 강화한다. 어떤 의미에서 보면, 한 남성의 자손들이 이루는 업적은 그 남성의 업적이라고 할 수 있고, 자손들의 인생은 그 남성 인생의 연장이다. 야망은 그 남성이 무덤에 들어간 뒤에도 시들지 않고 자손들의 생애를 통해서 무한히 확장될 수 있다. 예컨대, 아브라함은 자신의 자손이 가나안 땅을 가지게 되리라는 예언을 받고 크게 기뻐했다. 모계 사회에서는 가족의 야망이 여성에게 국한된다. 여성은 전투를 하지 않기 때문에 모계 가족의 야망은 남성의 야망에 비해서 영향력이 덜하다. 그러므로 부계 혈통에 대한 인식이 형성되면서 인간 사회는 모계 시대보다 경쟁적이고, 활동적이고, 역동적이고, 원기 왕성하게 되었다고 추측할 수 있다. 이런 효과는 상당히 추측에 의존하는 것이니 논외로 한다고 해도, 부계 사회가 아내의 정절을 강요하는 데는 예전에는 볼 수 없었던 중요한 이유가 있다. 질투심에 담긴 순전히 본능적인 요인은 대부분의 현대인들이 상상하는 것만큼 강력하지 않다. 가부장적 사회에서 질투심이 강력한 효과를 발휘하는 것은 혈통의 변조에 대한 두려움에서 비롯한다. 이것을 보여주는 사례로 아내에게 권태를 느껴 정부情婦에게 몰두하다가 아내의 부정을 알게 된 어떤 남성을 들 수 있다. 이때 남성은 정부의 애정을 노리는 경쟁자가 있다는 것을 알았을 때보다 훨씬 심한 질투심을 느낀다. 남성에게는 혈통을 이어받은 자식은 자아의 연장을 의미하며, 자식에 대한 애정은 일종의 이기주의다. 하지만 아내가 남편의 혈통이 아닌 아이를 낳고도 남편의 혈통이라고 속일 때도 남성은 생물학적으로 아무런 혈연관계가 없는 아이에게 애정을 쏟는다. 결론적으로 말해서 부계 혈통에 대한 인식은 여성의 정절을 보증하는 유일한 수단으로 여성의 종속을 낳았다.

여성의 종속은 처음에는 육체적 측면에 국한되었다가 차츰 정신적 측면으로 확대되었고, 빅토리아 시대에 이르러 정점에 도달했다. 대부분의 문명사회에서는 여성의 종속으로 부부 사이의 관계는 진심 어린 반려 관계가 아니라 한쪽에게는 굴종, 다른 한쪽에게는 의무가 되었다. 남성은 진지한 사고와 결심을 자기 마음속에만 간직한다. 아내가 확고한 사고를 할 수 있게 허용하면 자신을 배신할지도 모르기 때문이다. 대부분의 문명사회에서 여성은 거의 모든 세상사의 경험에서 배제되고 인위적으로 형성된 우둔함과 따분함의 특성을 유지하게 되었다. 플라톤의『대화편』을 보면, 플라톤과 친구들은 남성들만이 진지한 사랑을 나눌 수 있는 유일한 대상이라고 생각하고 있다는 느낌이 든다. 정숙한 여성들이 남성들이 관심을 가지고 있던 모든 일과 완전히 차단되어 있었던 아테네의 상황을 고려하면, 이것은 별로 의아할 것도 없는 태도다. 얼마 전까지의 중국과 시가 융성하던 시절의 페르시아, 그리고 다른 여러 시대, 여러 지역에서도 이와 똑같은 상황이 벌어졌다. 부계 혈통을 확인하고자 하는 욕구는 남녀 간의 사랑을 파괴하고, 더 나아가서 여성이 문명에 기여할 수 있는 가능성을 차단하고 있다.

혈통에 대한 사고방식이 변화하자, 자연스럽게 경제 제도 역시 변화했다. 모계 사회의 남성은 외삼촌의 뒤를 잇고, 부계 사회의 남성은 아버지의 뒤를 잇는다. 부계 사회에서의 부자 관계는 모계 사회에서의 남성들 간의 관계보다 훨씬 긴밀하다. 앞에서 보았듯이, 모계 사회에서는 요즘 사람들이 으레 아버지의 몫이라고 여기는 기능들이 아버지와 외삼촌에게 분할되어 있었다(애정과 보살핌은 아버지로부터 받고 권위와 재산은 외삼촌으로부터 받는 식으로). 가부장적 가족은 원시적인 형태의 가족에 비해서 훨씬 긴밀한 관계다.

남성이 신부의 처녀성을 바라게 된 것은 가부장제의 도입에서 유래한 결과로 보인다. 모계 제도가 존재하는 곳에서는 젊은 여성들이 젊은 남성과 마찬가지로 자유롭게 들판에 나가 귀리 씨앗을 뿌린다. 그러나 여성들에게 혼외정사는 옳지 않다는 인식을 심어주는 것이 매우 중요해지면서 이런 일은 용인될 수 없는 일이 되었다.

아버지들은 부계 혈통이라는 실체를 확인하자 만방으로 손을 뻗어 그 실체를 최대한으로 이용했다. 문명의 역사는 대부분 부권父權이 점진적인 쇠퇴를 기록하고 있다. 대부분의 문명국가에서는 역사 시대가 시작되기 직전에 부권이 정점에 도달했기 때문이다. 중국과 일본에서 지금까지 이어지고 있는 조상 숭배는 초기 문명의 보편적인 특징으로 보인다. 아버지는 다양한 상황에서 자식에 대해서 절대적인 권한을 행사했으며 로마에서는 아버지가 자식의 생과 사를 좌우하기까지 했다. 아버지의 승낙이 없이는 결혼을 할 수 없는 관습은 문명사회 전역의 딸들과 상당히 많은 국가의 아들들을 구속했다. 아버지가 자식의 배우자를 결정하는 것은 흔히 있는 일이었다. 여성은 일평생 단 한 번도 독립적인 생활을 하지 못하고, 처음에는 아버지에게, 나중에는 남편에게 종속되어 생활했다. 한편으로 나이 든 여성은 가정 내에서 거의 전제적인 권한을 행사했다. 아들과 며느리를 같은 지붕 아래 거느리고 살면서 며느리에게 절대적인 복종을 요구했다. 중국에서는 지금도 시어머니의 박해를 못 견뎌서 자살을 하는 며느리들이 있다. 이런 일들은 얼마 전까지만 해도 유럽과 아시아의 문명화된 지역에서도 흔하게 일어났다. 예수는 아들과 아버지, 며느리와 시어머니 사이의 갈등에 대해서 말했는데, 그때 예수가 염두에 두었던 가족을 지금도 극동 지역에서 목격할 수 있다.

아버지는 처음에 우세한 완력에 의지해서 권력을 손에 넣었고, 종교는 그 권력을 강화했다(대부분의 경우 종교는, 신이 통치자의 편이라고 믿는 신념이라고 정의될 수 있다). 조상 숭배 혹은 그와 비슷한 관습들이 확산되었다. 앞에서 보았듯이 기독교의 종교관에는 가부장의 위엄이 내포되어 있다. 세계 어디에서든 제왕적이거나 귀족적인 사회 조직과 상속 제도는 부권을 기초로 삼고 있다. 처음에 이 체제를 지탱했던 것은 경제적 동기였다. 창세기를 보면, 인간이 많은 자손을 얼마나 열망하고 있는지, 자손이 많은 것을 얼마나 유익한 일로 여겼는지 알 수 있다. 아들이 늘어나는 것은 가축이 늘어나는 것만큼이나 경제적으로 유익한 일이었다. 이것이 여호와가 인간에게 번성하라 명령했던 까닭이었다.

그러나 문명이 발전함에 따라 경제적 상황은 변화했고, 한때 사리 추구를 권고하던 종교적 훈계는 점차 짜증스러운 것으로 바뀌어갔다. 로마가 번영을 이루자, 부자들은 대규모의 가족

을 거느리는 습관을 버렸다. 로마가 영광을 누렸던 후기 수백 년
동안 오래된 귀족 가문들이 잇따라 자취를 감추었다. 지금도 그
렇지만, 도덕가들의 훈계는 당시에도 아무 효과가 없었다. 이혼
은 용이했고 흔했다. 상류층 여성들은 남성들과 거의 비슷한 지
위에 올랐고, 파트리아 포테스타스patria potestas[로마법에 규정
된 부권]는 갈수록 약화되었다. 이런 진행 과정은 여러 가지 면
에서 현대와 매우 흡사했지만, 당시에는 상류층에서만 일어났고
그 과정에서 이익을 볼 만큼 부유하지 않았던 사람들에게는 충
격적인 일이었다. 고대의 문명은 현대와는 달리 인구의 극소수
에게 국한된 것이었기 때문에 불안정한 상태로 지속되다가 결국
에는 하층민들이 분출하는 강력한 미신에 압도되고 말았다. 기
독교와 야만인의 침입으로 그리스 로마의 사상 체계는 무너져
내렸다. 가부장제는 초기에는 로마 귀족정 체제 때보다 오히려
강화되었지만, 기독교의 유입이라는 새로운 요인에 맞게 변모되
어갔다. 기독교적인 성 관념, 그리고 개인주의라는 새로운 요인
에 맞추어 적응해야 했다. 기독교 사회는 고대 문명과 극동의 문
명처럼 생물학적인 측면에서 개방적일 수 없었다. 영혼과 구원이
라는 기독교 교리에서 유래한 개인주의는 갈수록 기독교 국가의
정책에 강한 영향을 미쳤고, 남성들이 개인적인 영생의 약속으
로 (예전에는 영생에 이를 수 있는 가장 근접한 방법으로 여겨지던) 자
손의 생존에 쏟는 관심은 점점 줄어들었다. 현대 사회에서는 여
전히 부계 제도와 가족이 유지되고 있기는 하지만, 부권을 중시

하는 태도는 고대 사회에 비해 극히 약화되었다. 가족의 위력 역시 예전에 비해서 크게 약화되었다. 현대 남성은 창세기의 가장과는 전혀 다른 희망과 야망을 품고 있다. 현대 남성은 수많은 자손을 거느리는 것이 아니라 정부의 직위를 차지하는 것으로 명성을 얻기를 원한다. 이런 변화는 전통적인 도덕과 신학의 위세를 꺾어놓은 한 가지 요인이다. 그렇지만 사실 이러한 변화는 기독교 교리에 내재된 것이다. 어떻게 해서 이런 상황이 벌어졌는지, 종교가 어떤 방식으로 결혼관과 가족관에 영향을 미쳤는지에 대해서는 다음 장에서 살펴볼 것이다.

3

금욕주의의 복수

부계 혈통에 대한 인식이 처음 형성된 이후로, 종교에서 성은 늘 큰 관심사였다. 종교는 모든 신비하고 중요한 대상에 관심을 가지기 때문에 이것은 충분히 예상할 수 있다. 농작물의 풍작이나 가축의 다산, 여성의 다산은 초기 농경과 목축 시대의 인간들이 가장 중시하던 것들이었다. 농작물이 항상 잘 자라는 것은 아니었고, 성교를 한다고 해서 항상 임신을 하는 것은 아니었다. 사람들은 원하는 결과를 손에 넣기 위해서 종교와 주술에 의존했다. 교감 주술〔분리된 것들도 교감 작용을 통해서 서로 영향을 미칠 수 있다는 믿음에 기초하여 이루어지는 주술〕의 통상적인 관념에서는 인간의 다산을 촉진하면 땅을 더욱 비옥하게 할 수 있다고 여겼다. 인간의 다산은 수많은 원시 사회에서 소원하던 바였고, 여러 가지 종교 의식과 주술 의식을 통해 장려되었다. 모계 시대가 끝나기 전에 농경이 시작되었던 고대 이집트의 경우, 종교에 내재된 성적인 요소는 애당초 남근숭배가 아니라 여성의 성기와 관련된 것이었다. 사람들은 여성의 성기와 닮은 조개껍질은 주술의 힘이 있다고 여겨 화폐로 사용했다. 그러나 이 시대가 지나고, 이집트 후기에는 (대부분의 고대 문명이 그랬듯이) 종교에 포함된 성적인 요소가 남근 숭배의 형태를 띠게 되었다. 『문명 속의 성 Sex in Civilization』[2]에서 로버트 브리폴트Robert Briffault가 집필한 장에는 이와 관련하여 가장 중요한 사실들이 간결하게 설명되어 있다.

어느 시대, 세계 어느 곳에서나 농경 축제들, 더 구체적으로는 파종과 추수와 관련된 축제들은 보편적인 성적 자유를 상징하는 가장 뚜렷한 사례이다. …… 농경에 종사하는 알제리 주민들은 여성들의 성적인 방종에 가해지는 일체의 제약에 대해 분개했다. 그들은 성윤리를 강요하는 행동은 농사의 성공에 좋지 않은 영향을 미친다고 생각했다. 아테네의 파종 축제인 데스모포리아thesmophoria는 풍작을 기원하는 주술의 본질적인 특징을 희박한 형태로나마 보존하고 있다. 축제 때는 여성들이 남근의 상징물을 가지고 다니면서 음탕한 말을 주고받는다. 로마의 파종 축제 사투르날리아saturnalia는 지금은 남부 유럽의 카니발로 계승되고 있는데, 이 축제에서는 수 족Sioux과 다호메이족Dahomey 사이에서 유행하는 것과는 약간 다른 남근의 상징

물이 최근까지도 눈길을 끌었다.[3]

세계 곳곳에는 (남성으로 여겨지는) 달을 모든 아이들의 진짜 아버지라고 여기는 지역이 많다.[4] 물론 이런 생각은 달 숭배와 관련되어 있다. 이 장의 주제와 직접 관련된 것은 아니지만, 달을 섬기는 성직자들과 해를 섬기는 성직자들 사이, 그리고 태음력과 태양력 사이에는 기묘한 갈등이 존재해 왔다. 18세기 이전의 영국과 1917년 혁명 이전의 러시아에서는 (그레고리력은 가톨릭교의 것이라는 반발심 때문에) 정확하지 않은 역법曆法을 계속 사용했다. 마찬가지로 달의 숭배에 전념하는 성직자들은 정확성이 크게 떨어지는데도 불구하고 태음력을 옹호했다. 태양력의 승리는 더디게 진행되었을 뿐 아니라 부분적인 것에 그쳤다. 이집트에서는 이런 갈등이 내전을 유발한 사례도 있었는데, 그 내전은 문법상으로 '달'이란 단어의 성性을 둘러싼 논쟁과 관련이 있었던 것 같다. 현재 독일에서 달은 남성형이다. 기독교에도 태양 숭배와 달 숭배의 흔적이 남아 있다. 예컨대, 예수의 탄생은 동지에 일어났고, 예수의 부활은 유월절 보름에 일어났다. 원시 문명에 그 나름의 합리성이 있다고 인정하는 것은 경솔한 일이긴 하지만, 태양 숭배자들의 승리는 태양이 달보다 농작물에 큰 영향을 미친다는 명백한 사실에서 기인했다는 점을 부인하기는 어렵다. 따라서 농신제農神祭는 대개 봄에 치러졌다.

고대의 이신교에는 한결같이 남근 숭배의 요소들이 상당히 많이 포함되어 있었고, 초기 기독교의 교부들에게 무수한 논쟁의 무기를 제공했다. 그러나 이들의 논쟁술에도 불구하고, 남근 숭배는 중세 내내 그 흔적을 남기고 있었고, 오직 개신교만이 남근 숭배의 흔적을 남김없이 없애는 데 성공했다.

> 플랑드르와 프랑스에는 음탕한 성인들(브르타뉴의 성 자일스, 앙주의 성 르네, 부르주의 성 그레루송, 성 레뇨, 성 아르노)이 드물지 않았다. 리옹의 초대 주교로 알려진 성 포티누스는 프랑스 남부 전역에서 명성이 높았다. 엠브룬에 있는 성 포티누스의 사당이 위그노교도들에 의해서 파괴되었을 때 그의 거대한 남근상은 가까스로 파괴를 면했는데, 그것은 숱한 포도주 헌주로 색이 붉게 변해 있었다. 그의 숭배자들은 불임과 발기불능의 확실한 치료약이라고 여겨, 그 남근상에 포도주를 붓고 흘러내리는 포도주를 마시는 습관을 가지고 있었다.[5]

고대에 광범한 지역에서 성행했던 또 다른 관습은 사원에서 성을 공여하는 관습이었다. 일부 지역에서는 평범한 숙녀들이 사원을 찾아가 성직자나 낯선 남자와 성관계를 나누었고, 사원에서 여성 성직자들이 성 공여에 종사하는 경우도 있었다. 이런 모든 관습들은 신의 은총을 통해서 여성의 다산을 확고히 하거나, 교감 주술을 통해서 농작물의 풍작을 확고히 하려는 의도에서 비롯한 것으로 보인다.

지금까지 우리는 종교 가운데서 성을 긍정하는 요소들을 살펴보았다. 그러나 아주 오랜 옛날부터 종교에는 성을 배척하는 요소들이 공존하고 있었다. 기독교와 불교가 정착한 곳에서는 결국 성을 긍정하는 요소들이 성을 배척하는 요소들에 완전히 압도되고 말았다. 웨스터마크Edward Westermark〔핀란드 인류학자〕[6]는 '결혼에는 불결하고 사악한 요소가 있고, 모든 성관계에도 역시 그런 요소가 있다는 이상한 관념'의 무수한 사례를 제시하고 있다.

전 세계 여러 지역에는 기독교나 불교의 영향권에서 멀리 떨어진 곳이라도 남녀 성직자들이 금욕을 서약해야 한다는 규칙이 있었다. 유대인들 가운데 에세네 파는 모든 성관계를 불결하다고 여겼다. 고대에는 기독교에 매우 적대적이었던 집단조차 이런 관점을 지지했던 것으로 보인다. 실제로 로마 제국에서는 금욕주의가 일반적인 추세였다. 개화한 그리스인과 로마인 사이에서는 에피쿠로스 학파의 쾌락주의가 거의 사라지고 스토아 학파의 극기주의가 대신 들어섰다. 구약성경보다 오래된 책에서는 남성의 생식능력을 강조하는 내용이 돋보이는 데 반해서 구약외전에는 여성에 대해서 거의 금욕에 가까운 태도를 암시하는 구절들이 많다. 신플라톤 학파〔3세기 이후 로마 시대에 성립된 그리스 철학의 한 학파로, 플라톤 철학에 동방의 유대 사상을 절충하고 신비적 직관과 범신론적 일원론을 주장하였다)는 기독교도들에 못지 않을 만큼 금욕적이었다. 물질은 사악한 것이라는 신조가 페르시아로부터 서구로 퍼져나갔고, 거기에는 모든 성관계는 불결한 것이라는 믿음이 따라붙었다. 극단적인 형태를 취하지는 않았지만 이런 금욕주의는 성에 대한 기독교의 관점으로 자리 잡았다. 그러나 교회에 대한 논의는 다음 장으로 미루어 두자. 사람들이 자연스럽게 어떤 상황에 처해서 성에 대해 두려움을 느끼는 경우가 있다. 사람들은 일반적으로 성에 이끌리지만 성에 대한 두려움 역시 이에 못지않은 자연스러운 충동이다. 성과 관련해서 어떤 제도가 인간의 본성을 가장 만족시킬 수 있는지 판단하기 위해서는 성에 대한 두려움을 고찰하고 심리학적인 측면에서 이해해야만 한다.

먼저, 이런 태도가 형성된 유래를 신념에서 찾으려 하는 것은 무익하다는 것부터 짚고 넘어가자. 이런 신념은 무엇보다도 기분에 의해서 고취된다. 일단 형성된 신념은 기분이나 기분에 어울리는 행동을 지속시키는 것이 사실이다. 그러나 신념이 성을 배척하는 태도의 핵심적인 원천일 수는 없다. 내가 생각하기에, 성을 배척하는 태도는 질투심과 성적인 피로라는 중요한 원천에서 비롯한다. 조금이라도 질투심을 느낄 때는 성행위는 물론이고 성행위를 초래하는 욕망 역시 역겹게 느껴진다. 지극히 본능적인 남성은 상황이 허락하는 한 모든 여성들의 사랑을 독차지하려고 할 것이다. 여성들이 다른 남성에게 사랑을 베푸는 것을 볼 때 이 남성을 사로잡는 감정은 쉽게 도덕적 비난으로 이어진다. 그 여성이 자신의 아내일 경우는 굳이 말할 필요도 없다. 셰익스피어의 작품에 나오는 남성들은 아내가 정열적으로 행동하는 것을 바라지 않는다. 셰익스피어에 따르면, 이상적인 여성은 남편의 포옹에는 의무감에서 복종하지만 따로 애인을 사귈 생각은 전혀 하지 않을 뿐 아니라, 성 그 자체를 혐오스러워하고 도덕법에 규정되어 있기 때문에 하는 수 없이 감내하는 여성이다. 지극히 본능적인 남성은 아내가 부정한 행동을 하는 것을 알게 되면 아내와 아내의 애인 모두에 대해 혐오감을 느끼고 성과 관련된 모든 것은 불결하다는 결론을 내리게 되기 십상이다. 과도하게 방탕하거나 노쇠하여 성생활을 할 수 없는 남성은 그 정도가 더욱 심할 것이다. 대부분의 사회에서는 노인들이 젊은이들보다 큰 영향력을 행사하기 때문에 격정적인 젊은이들의 견해는 성적인 문제에 대한 공식적이고 온당한 견해가 될 수 없었다.

성적인 피로증은 문명시대에 들어와 나타난 현상이다. 동물에게는 없으며, 원시부족 사이에서는 아주 드물게만 존재한다. 일부일처형 혼인 관계에서 이런 피로증은 극히 예외적인 경우 말고는 거의 나타나지 않는다. 대부분의 남성들은 색다른 자극이 없는 한 과도한 생리적 활동으로 치닫지 않기 때문이다. 여성들이 남성들의 구애를 거절할 자유가 있을 때도 역시 이런 피로증은 발생하지 않는다. 이런 경우 여성들은 동물 암컷들과 마찬가지로 성관계를 가지기 전에 항상 남성에게 구애행동을 요구하고, 남성의 정욕이 충분히 달아올랐다고 느껴야만 몸을 허락할 것이다. 이처럼 순전히 본능적인 감정과 행동은 문명에 의해 희귀한 것이 되고 말았다. 이를 고사시키는 데 가장 큰 공헌을 한 것은 경제적인 요인이다. 기혼 여성은 성매매 여성이나 마찬가지로 성적인 매력에 의지해서 생활을 유지하는 처지이므로, 본능이 이끄는 대로 행동할 수 없다. 이 때문에 성적인 피로증을 예방하는 천연의 안전장치인 구애행동의 역할이 크게 위축되었다. 결국 대단히 완고한 윤리에 제약을 받지 않는 남성들은 무절제로 빠져들기 쉽다. 이런 무절제는 피로감과 혐오감을 낳고, 이는 자연스럽게 금욕주의적인 확신으로 이어진다.

흔히 있는 일이지만, 질투심과 성적인 피로증이 결합할 경우 성을 배척하는 격정은 엄청난 위력을 발휘할 수 있다. 나는 바로 이런 점에서 성적인 방종이 특별히 심한 사회에서 금욕주의가 발전하기 쉽다고 생각한다.

그러나 역사적 현상으로 나타나는 독신주의에는 또 다른 원인이 있다. 신을 섬기는 남녀 성직자는 신과 결혼한 것이므로 속인과의 성관계를 일체 삼가야 할 의무가 있는 것으로 여겨진다. 그들은 당연히 대단히 신성한 존재로 간주되고, 따라서 신성과 독신주의 사이에는 밀접한 관계가 생기게 된다. 오늘날까지도 가톨릭 국가에서는 수녀를 예수의 신부라고 보고 수녀가 속인과 성관계를 맺는 것을 불경한 일로 여긴다.

　나는 이제껏 살펴본 것만큼 뚜렷하지는 않으나 고대 세계의 금욕주의가 후대에 와서 더욱 강화된 데는 다른 원인도 있다고 생각한다. 어느 시대에는 인생이 즐거운 것으로 여겨지고, 사람들은 원기가 왕성했으며, 세속적인 생활의 기쁨만으로도 충분한 만족감을 누렸다. 또 어느 시대에는 사람들이 피로에 지쳐 현세에서 충분한 기쁨을 누리지 못하고, 현세의 상황에 내재해 있는 공허함을 메우기 위해서 영적인 위안이나 내세의 인생을 추구한다.

　솔로몬이 쓴 「아가」와 「전도서」를 비교해보면, 앞의 것은 고대 세계의 절정기를 묘사하고, 뒤의 것은 고대 세계의 쇠퇴기를 묘사하고 있다. 이런 차이가 어디서 기인하는지는 분명치 않다. 자연에서의 활동적인 생활이 도시에서의 비활동적인 생활로 대체된 것과 같이, 아주 간단하고 생리학적인 원인에서 기인한 것일 수도 있다. 스토아 학파 철학자들의 간肝이 활발하게 움직이지 않았던 데서 기인한 것일 수도 있다. 어쩌면 「전도서」의 작가가 운동을 충분히 하지 않아서 모든 것이 헛되다고 말한 것일 수도 있다. 어쨌든 이런 기분이 성을 규탄하는 태도를 낳기 쉽다는 것만은 분명하다. 앞에서 제시한 원인들과 그 밖에 여러 가지 원인들은 고대 후반기 수 세기 동안에 일반적으로 나타났던 권태감을 촉진했고, 금욕주의는 이런 권태감에서 비롯한 하나의 특징이었다.

　안타깝게도 기독교 윤리는 이처럼 퇴폐적이고 병적인 시대적 배경에서 형성되었다. 후대의 원기 왕성한 남성들은 병들고, 피로감과 환멸감에 찌들어 생물학적인 가치와 인간 생명의 연속성을 전혀 인식하지 못하는 남성들에게나 어울리는 인생관에 맞추어 살기 위해서 각고의 노력을 기울여야 했다. 이 문제는 다음 장에서 다루도록 하자.

4

사랑에 대한 기독교의 저주

웨스터마크는 "결혼에서 가족이 유래한 것이 아니라 가족에서 결혼이 유래한 것이다"라고 말했다. 이것은 기독교 이전 시대에는 자명한 명제였지만 기독교가 출현한 후에는 특별히 강조하여 진술될 필요가 있는 중요한 명제로 대두되었다. 기독교, 더 구체적으로 말하자면, 성 바울은 완전히 새로운 결혼관을 제시했다. 성 바울의 입장에 따르면, 결혼은 자손의 생산을 주된 목적으로 존재하는 것이 아니라 간음의 죄를 예방하기 위해서 존재하는 것이었다.

성 바울의 결혼관은 고린도〔코린토스〕교회 신자들에게 보낸 첫 번째 편지에 한 치의 모자람도 없을 만큼 명료하게 제시되어 있다. 고린도의 기독교인들은 아버지의 아내와 부정한 관계를 맺는 이상한 관습을 가지고 있었던 것으로 보인다(고린도전서

5장 1절). 성 바울은 이런 상황에 단호하게 대처해야 함을 인식하고 다음과 같은 입장을 밝혔다.[7]

1. 너희가 쓴 문제에 대하여 말하면 남자가 여자를 가까이 아니함이 좋으니라.

2. 그러나 음행을 피하기 위하여 남자마다 자기 아내를 두고 여자마다 자기 남편을 두라.

3. 남편은 그 아내에게 의무를 다하고 아내도 그 남편에게 그렇게 할지라.

4. 아내는 자기 몸을 주장하지 못하고 오직 그 남편이 하며 남편도 그와 같이 자기 몸을 주장하지 못하고 오직 그 아내가 하나니.

5. 서로 분방하지 말라. 다만 기도할 틈을 얻기 위하여 합의상 얼마 동안은 하되 다시 합하라. 이는 너희가 절제 못함으로 말미암아 사탄이 너희를 시험하지 못하게 하려 함이라.

6. 그러나 내가 이 말을 함은 허락이요 명령은 아니니라.

7. 나는 모든 사람이 나와 같기를 원하노라. 그러나 각각 하나님께 받은 자기의 은사가 있으니 이 사람은 이러하고 저 사람은 저러하니라.

8. 내가 결혼하지 아니한 자들과 과부들에게 이르노니 나와 같이 그냥 지내는 것이 좋으니라.

9. 만일 절제할 수 없거든 결혼하라. 정욕이 불 같이 타는 것
   보다 결혼하는 것이 나으니라. (고린도전서 7장 1-9절)

이 문단에서 우리는 성 바울이 자식에 대해서 전혀 이르는 바가
없음을 볼 수 있다. 그는 결혼의 생물학적 목적을 전혀 중요치
않게 보았던 것 같다. 성 바울의 관점에서 볼 때 이런 태도는 지
극히 당연한 것이다. 그는 그리스도의 재림이 임박해서 세상은
곧 종말을 맞을 것이며, 그리스도의 재림 때 사람들은 양과 염
소로 갈릴 것이니, 중요한 것은 그때에 양들 속에 서는 것이라고
생각했다. 그는 결혼한 부부 사이에서도 성관계는 구원을 얻기
위한 노력에 장해가 되는 것(고린도전서 7장 32-34절)인데, 결혼한
사람들은 구원받을 수 있지만, 간통은 큰 죄이기 때문에 간통
을 하고도 참회하지 않는 자는 반드시 염소들 틈에 들어가게 된
다고 보았다. 예전에 나는 어떤 의사에게서 담배를 끊으라는 충
고를 들었다. 그는 담배를 피우고 싶은 생각이 들 때마다 신 것
을 한 방울씩 마시면 금연이 더 쉬워질 거라고 말했다. 성 바울
이 바로 이런 태도로 결혼을 권유했다. 그는 결혼이 간통만큼
즐거운 것이라고는 말하지 않지만 나약한 신도들도 결혼을 하면
유혹을 견딜 수 있다고 생각했다. 그는 결혼에 긍정적인 점이 있
다거나 부부 간의 사랑이 아름답고 바람직한 경우도 있다는 말
은 한 번도 하지 않았을 뿐 아니라 가족에 대해서도 전혀 관심
을 보이지 않았다. 그의 사고의 중심에는 간통이 놓여 있고, 그

의 성윤리는 한결같이 간통과 관련하여 전개되고 있다. 그의 주장은 빵을 굽는 유일한 이유가 사람들이 케이크를 훔치는 것을 막는 데 있다고 주장하는 것과 흡사하다. 성 바울은 간통을 왜 그렇게 나쁘게 여기는지 전혀 밝히지 않는다. 사람들은 모세의 율법을 거부하고 내키는 대로 돼지고기를 먹으면서도 자신은 정통 유대교도 못지않게 엄격한 도덕성을 유지하고 있다고 주장하고 싶어 한다. 오랜 세월 동안 돼지고기가 금지되었기 때문에 유대교도들은 돼지고기를 간통만큼이나 맛있는 것으로 여기게 된 것인지 모른다. 그렇기 때문에 성 바울은 자신의 교리를 전파할 때 금욕적인 요소를 특히 강조할 필요를 느꼈을 것이다.

일체의 간통을 규탄하는 관점은 기독교에서 전에 없던 것이었다. 초기 문명의 법률이 대부분 그렇듯이 구약은 간통을 금하고 있는데, 여기서 말하는 간통이란 남의 아내와의 성관계를 의미한다. 이것은 구약을 주의 깊게 읽은 사람이라면 분명히 알 수 있는 사실이다.

예컨대, 아브라함은 사라를 데리고 이집트로 가서 왕에게 사라를 자신의 누이라고 소개하고, 왕은 이 말을 믿고 사라를 자신의 후궁으로 데려간다. 왕은 그녀가 아브라함의 아내라는 걸 알게 되자 자신이 뜻하지 않게 죄를 범했음을 깨닫고 거짓말을 한 아브라함을 꾸짖는다. 이것이 고대의 일반적인 도덕률이었다. 혼외 성관계를 가진 여성은 행실이 나쁜 여자로 여겨졌지만, 남자는 다른 남자의 아내와 성관계를 한 경우가 아니면 비난하지 않았다. 다른 남자의 아내와 성관계는 소유권을 침범하는 죄에 해당했다. 성 바울이 쓴 구절에 나타난 것과 같이, 혼외의 모든 성관계는 비도덕적이라는 기독교적인 시각은 혼인 관계를 포함한 모든 성관계가 바람직하지 않다는 관점에 기초한 것이었다. 분별 있는 사람이라면 생물학적인 사실에 반하는 이런 관점이 병적이라는 것을 알 수 있다. 이런 관점이 기독교 윤리에 깃들어 있다는 사실로 인해서, 기독교는 모든 시대에 걸쳐 정신이상과 불건전한 인생관을 독려하는 원동력이 되어 왔다.

초기 교회에서는 성 바울의 관점을 강조하고 과장했다. 독신을 신성하게 여겼고, 사람들은 사탄과 싸우기 위해서 속세를 떠나 사막으로 들어갔다. 하지만 그사이에도 사탄은 그들의 상상력을 호색한 환영으로 가득 채웠다.

교회는 육체를 매력적으로 만드는 것이라면 어떤 것이든 하나같이 죄로 이어지기 쉽다는 이유로 목욕하는 습관을 비난했다. 불결한 것을 칭송했고, 신성한 냄새는 날이 갈수록 지독해졌다. 성 바울라는 "육체와 의복이 청결하다는 것은 영혼이 불결하다는 것을 뜻한다"고 말했다.[8] 몸에 기생하는 이를 하나님의 진주라고 불렀고, 몸에 이가 들끓는 것을 신성한 사람이 마땅히 지녀야 할 표식으로 여겼다.

은둔자 성 아브라함은 기독교에 귀의한 뒤 50년을 살았는데, 귀의한 첫날부터 얼굴이나 발을 씻는 것을 완강히 거부했다. 그는 용모가 매우 뛰어난 사람이었다고 전해지는데, 그의 전기를 쓴 사람은 "그의 얼굴에는 영혼의 순결함이 나타나 있었다"라는 기묘한 표현을 쓰고 있다. 성 아몬은 자신의 벗은 몸을 본 적이 없었다. 실비아라는 이름의 유명한 처녀는 육십의 나이에 습관의 영향으로 병을 앓고 있었는데도, 종교적인 방침에 입각해서 손가락 제외하고는 어떤 부분도 씻기를 거부했다. 성 유프락시스는 130명의 수녀들로 이루어진 수녀단에 가입했는데, 그 수녀들은 절대로 발을 씻지 않고 목욕이라는 말만 들어도 몸서리를 쳤다. 어느 은둔자는 사막에서 여러 해 동안 햇빛에 그을려 시커멓게 보이는 벌거벗은 생물이 오물에 뒤덮인 채 백발을 바람에 휘날리며 스쳐지나가는 것을 보고, 악마의 환영이 자신을 조롱하고 있다고 생각했다. 그런데 바로 그 사람은 한때 미모의 여인이었으나 40년째 속죄하며 지내고 있던 이집트의 성 마리아였다. 간혹 타락하여 외관을 가꾸는 습관이 들은 수도사들은 신랄한 질책을 받았다. 수도원장 알렉산더는 침통한 표정으로 과거를 회상하면서 "우리 교부들은 절대로 얼굴을 씻지 않았는데, 우리는 걸핏하면 공중목욕탕을 드나든다"라고 말했다. 사막의 어느 수도원과 관련된 이야기도 있다. 수도사들은 마실 물이 부족해서 큰 고통을 겪고 있었는데, 수도원장 테오도시우스의 기도로 수량이 풍부한 시내가 흐르기 시작했다. 일부 수도사들은 넉넉한 물을 보자 마음이 흔들려서 오랜 내핍의 습관을 잊어버리고 시냇물을 끌어다 목욕탕을 짓자고 수도원장을

설득했다. 그러나 수도사들이 새로 지은 목욕탕에서 첫 목욕을
즐기고 난 후 시내가 말라붙었다. 기도와 비탄과 금식이 이어졌
지만 아무런 효과도 없이 한 해가 지나갔다. 결국 수도원장이
하나님의 노염을 산 목욕탕을 허물자 시내는 다시 흐르기 시작
했다.[9]

금욕주의가 지배적인 곳에서 이루어지는 성관계는 추잡하고 거
칠어지기 십상이다. 금주법이 시행될 때 음주 행위가 추잡하고
거칠어지는 것과 똑같은 이치다. 이렇게 해서 사랑의 기교는 망
각 속에 묻히고 결혼은 추잡한 것이 되고 말았다.

금욕주의자들이 사람들의 마음속에 순결의 중요성에 대한 뿌
리 깊고 강력한 확신을 심어놓은 것은 대단한 공적이었지만, 결
혼에 나쁜 영향을 미침으로써 그 가치를 크게 깎아내렸다. 고위
성직자들의 방대한 저술에는 결혼 제도에 대한 아름다운 묘사
가 두세 군데 있다. 그러나 일반적으로 보면 교부들의 결혼관만
큼 거칠고 불쾌한 것은 찾아보기 힘들다. 결혼은 사망으로 인한
소멸을 벌충하려는 숭고한 목적으로 자연이 계획한 것이고, 린
네가 밝힌 바와 같이 꽃들의 세계에까지도 영향을 미친다. 그러
나 이런 결혼 관계는 항상 아담이 타락한 결과로 취급되고, 결
혼의 가장 저급한 면만이 고찰되었다. 결혼이 빚어내는 진정한
사랑, 결혼의 결과로 따라오는 신성하고 아름다운 가정의 면모

는 거의 고려되지 않았다. 금욕주의자의 목적은 사람을 순결한 생활로 이끄는 데 있었으므로, 당연히 결혼을 열등한 상황으로 취급했다. 결혼은 종족 번식이라는 목적을 위해, 또한 사람들을 더 큰 악행으로부터 벗어나게 하기 위해 필요하다는 점에서 정당화될 수 있긴 하지만, 타락한 상황인 것만은 분명하므로 진정한 신성함을 열망하는 이들이라면 충분히 피해갈 수 있다고 보았다. 성 예로니모의 열정적인 표현을 빌자면, '순결이라는 도끼로 결혼이라는 나무를 찍어 넘어뜨리는 것'이 그의 목적이었다. 만일 성 예로니모가 결혼을 칭찬한다면 그 이유는 단 한 가지, 결혼이 순결한 인간들을 탄생시키는 계기라는 점이었을 것이다.

결혼이라는 구속이 이루어진 뒤에도 금욕주의는 여전히 독침을 쏘아댔다. 우리는 앞에서 그 독침이 가정생활의 다른 여러 관계들을 악화시키는 것을 살펴보았다. 이런 금욕주의는 신성한 가정에 열 곱절의 곤경을 떠안겼다. 강력한 종교적 열정이 남편이나 아내 어느 한 쪽에게서만 일어날 때 나타나는 첫 번째 효과는 행복한 결합이 불가능해진다는 점이다. 신앙심이 강한 배우자는 당장 홀로 금욕하는 생활로 달아나거나 표면상 별거는 하지 않더라도 결혼한 상태에서 별거하는 부자연스러운 생활을 영위하고 싶어 했다. 이런 사고방식이 성직자들의 권고문과 성인전에서 방대한 분량을 차지하고 있다는 것은 이러한 저술 분야에 대한 지식을 가진 사람이라면 누구나 익히 알고 있는 것이다. 예컨대, 두 명의 자식을 두었던 성 닐루스는 금욕주의에 대한 열망에 사로잡혀서 아내를 설득했고, 그의 아내는 하염없이 눈물을 흘리다가 결국 이혼에 동의했다. 성 아몬은 결혼 첫날밤에 신부 앞에서 결혼은 죄악이라고 열변을 토했고, 결국 두 사람은 그 자리에서 이혼하기로 합의했다. 성녀 멜라니아는 오랫동안 열심히 남편을 설득한 끝에 남편이 동의하지 않을 때라도 남편의 침대에서 벗어날 수 있는 권리를 얻었다. 성 아브라함은 결혼 첫날밤에 아내를 버리고 떠났다. 후대에 전하는 이야기에 따르면, 성 알렉시스 역시 결혼 첫날밤에 아내를 버리고 떠났다가 여러 해가 지난 뒤에 예루살렘에 있는 아버지 집으로 돌아왔다. 그는 그곳에서 남편에게 버림받은 후 한탄하며 살고 있던 아내에게 애걸한 끝에 간신히 그 집에 머물 수 있었지만 그곳에서 멸시를 받으며 아무런 보람도 없이 이름도 떨치지 못하고 살다가 죽었다.[10]

༺ॐ༻

그러나 가톨릭교회는 성 바울과 테베의 은둔자들처럼 생물학에 무관심한 입장에 서 있지 않다. 사람들은 성 바울의 글을 읽으면, 정도야 어쨌든 결혼을 합법적인 욕정의 분출구로만 여겨야 한다는 인상을 받는다. 어떤 사람은 성 바울이 산아제한에 반대하지 않았을 거라고 추측할 것이고, 또 어떤 사람은 그가 임신과 출산에 따르는 금욕 기간을 위험하다고 여겼을 거라고 추측할 것이다. 가톨릭교회는 이와는 전혀 다른 관점에 서 있다. 정통 기독교 교리에서 결혼의 목적은 두 가지로, 하나는 성 바울이 지적했던 것이고, 다른 하나는 자손의 출산이다. 그 결과 성 바울이 제시한 것보다 훨씬 까다로운 가톨릭의 성윤리가 탄생했다. 성관계는 혼인 관계 내에서 이루어져야만 정당한 것일 뿐 아니라, 부부 간이라도 임신을 바라지 않고 행하는 성관계는 죄악이 되는 것이다. 가톨릭교회에 따르면, 성관계를 정당화하는 유일한 동기는 자기 혈통의 자손을 바라는 기대감이다. 그러나 이런 동기만 있으면 아무리 잔혹한 성관계도 늘 정당화된다. 아내가 싫어해도, 아내가 병에 걸리거나 정신이상인 아이를 낳을 가능성이 있어도, 돈이 없어서 극심한 빈곤에 빠질 위험이 있어도, 자식을 얻고 싶다는 조건이 충족되기만 하면, 남성이 혼인의 권리를 행사하는 것을 막을 도리가 없다.

성과 관련한 가톨릭의 가르침에는 두 가지 기초가 있다. 하나는 성 바울의 글에서 보았던 금욕주의이고, 다른 하나는 모든 영혼이 구원을 받을 수 있으므로 가능하면 많은 영혼을 이 세상으로 데려오는 것이 유익하다는 입장이다. 어떤 이유에서인지 모르지만, 영혼이 지옥에 떨어질 수도 있다는 사실을 무시하고 있다. 웬 엉뚱한 이야기냐고 생각할 것이 아니다. 예를 들어 보자. 가톨릭은 개신교도들의 산아제한을 막기 위해서 정치적인 영향력을 행사한다. 하지만 그들은 자신들의 정치적 행동 덕분에 태어난 개신교도 아이들의 대다수가 내세에서 영원한 고통에 시달릴 것이라는 사실을 인정해야만 한다. 이런 관점에서 보면 그들의 행동은 상당히 불친절한 것이다. 물론 이것은 속인들로서는 도저히 이해할 수 없는 불가사의이다.

자식 출산을 결혼의 목적 가운데 하나로 보는 것은 가톨릭 교리의 일부에 지나지 않는다. 가톨릭 교리는 임신을 바라지 않는 성관계는 죄악이라는 결론만을 고집할 뿐이다. 가톨릭 교리는 불임을 이유로 결혼의 해소를 허용할 생각은 전혀 하지 않는다. 기독교 윤리 안에서는 어떤 남성이 자식을 원하는 마음이 아무리 간절해도 아내가 불임이라면 그 남성을 구제할 방법이 없다. 결혼의 적극적인 목적, 즉 자손의 출산은 부수적인 역할을 할 뿐이고, 그 주요한 목적은 성 바울이 주장한 대로 죄악의 방지에 있다. 기독교 윤리 안에서 간통은 여전히 중심적인 위치를 차지하고 있으며, 결혼은 여전히 본질적으로는 간통보다 덜 유감스러운 대안으로만 여겨진다.

가톨릭교회는 결혼은 하나의 성례聖禮라는 교리로 이런 저속한 결혼관을 은폐하려고 한다. 결혼은 깨어지지 않는 것이라는 추론을 통해서 이 교리는 실제적인 효력을 발휘한다. 어느 한쪽이 정신이상이나 매독, 알코올중독을 앓고 있더라도, 혹은 공공연하게 다른 상대가 있더라도, 부부 관계는 여전히 신성한 것이다. 따라서 부부의 별거가 허용되는 특정한 상황이 인정되긴 해도, 재혼은 결코 허용되지 않는다. 이 교리 때문에 큰 불행이 발생하는 경우가 많아도 신의 뜻이므로 참고 견뎌야 한다.

이렇게 지나치게 엄격한 이론 때문에 가톨릭 교리는 항상 교회가 규정한 죄악에 대해서 어느 정도 관용을 베풀 수밖에 없다. 가톨릭교회는 일반인의 품성에 가톨릭의 계율을 준수하며 살기를 기대할 수 없다는 것을 알고 있다. 따라서 간통을 저질렀어도 본인이 잘못을 인정하고 참회하면 죄를 사면하는 것을 염두에 두고 있다. 이런 관용 행사는 성직자의 권위를 강화하는 방법이기도 하다. 성직자들만이 사면을 베풀 수 있고, 사면을 받지 않으면 간통은 영원한 천벌을 면할 수 없다고 보기 때문이다.

개신교의 입장은 약간 다르다. 이론적으로는 가톨릭만큼 엄격하지는 않지만, 실제로는 훨씬 더 엄격한 측면이 있다. 루터는 "욕정으로 몸을 사르는 것보다 결혼하는 것이 낫다"는 구절을 보고 큰 감명을 받아서 어느 수녀와 사랑에 빠졌다. 그는 금욕의 서약을 하기는 했지만 자신은 그 수녀와 결혼할 권리가 있으며, 열정이 강렬한데도 결혼을 하지 못하면 자신은 큰 죄악을 범할 수밖에 없으리라고 결론을 내렸다. 따라서 개신교는 가톨릭교회의 특징인 독신에 대한 칭송을 포기했다. 개신교 운동이 활발하던 지역에서는 결혼이 성례라는 교리 역시 폐기되고, 특정한 상황에서는 이혼이 허용되었다. 그러나 개신교도들은 간통에 대해서는 가톨릭교도들 이상으로 충격을 받고 더 엄격한 도덕적 비난을 일삼았다. 가톨릭교회는 어느 정도의 죄악을 예상하고 그것에 대처할 방법을 마련했지만, 개신교는 가톨릭 고해

성사의 관행을 폐지하여 죄인을 절망적인 상황으로 몰아넣었다. 오늘날 미국에서는 이런 태도가 두 가지 양상으로 나타나서, 이혼을 하기는 대단히 수월하지만 간통은 대부분의 가톨릭 국가의 경우보다 훨씬 통렬하게 비난의 대상이 된다.

가톨릭이든 개신교든, 기독교 윤리의 전체 체계는 반드시 재검토되어야 할 필요가 있다. 물론 이런 재검토는 기독교 교육으로 인한 선입관을 완전히 배제한 상태에서 이루어져야 한다. 특히 어린 시절에 반복적으로 주입된 교리는 대부분의 사람들 마음속에 무의식까지 지배할 수 있을 만큼 강한 신념을 심어놓는다. 많은 사람들이 자신은 정통 교리에 대해서 자유로운 태도를 가지고 있다고 믿고 있지만, 실제로는 무의식적으로 정통 교리의 가르침을 따르고 있다. 교회는 왜 일체의 간통을 비난하는가? 우리는 솔직한 태도로 그 이유를 따져보아야 한다. 이런 비난을 하는 정당한 근거가 있는가? 교회가 제시한 근거 말고도 우리를 똑같은 결론으로 이끌어 갈 수 있는 다른 근거가 있는가? 초기 교회의 태도는 성행위에는 본질적으로 불결한 요소가 있지만 특정한 전제 조건이 충족될 경우에는 그 행위가 정당화된다는 것이었다. 이런 태도는 대단히 미신적이라고 해야 마땅하다. 앞 장에서 밝혔던 성을 배척하는 태도를 불러오는 원인과 동일한데, 같은 이유에서 이런 교리가 채택된 것이다. 처음에 그런 입장을 열심히 가르쳤던 사람들은 육체 혹은 정신이, 또는 육체와 정신 모두가 틀림없이 병든 상태였을 것이다. 어떤 견해가 광범하게 세력을 떨치고 있다고 해서 그것이 결코 불합리하지 않다고 단언할 수 없다. 사실, 대다수의 인간이 어리석다는 것을 고려하면 널리 퍼져 있는 신념은 분별 있는 것이라기보다는 어리석은 것일 가능성이 훨씬 높다. 팔라우 제도의 주민들은 코에 구멍을 뚫어야만 영원한 행복을 누릴 수 있다고 믿는다.[11] 유럽인들은 어떤 소원을 소리내어 말하면서 머리를 물로 적시면 소원을 쉽게 이룰 수 있다고 믿는다. 그런데도 우리는 팔라우 제도 주민들의 신념은 미신이고 유럽인들의 신념은 우리의 신성한 종교에 살아 있는 진리라고 생각한다.

제레미 벤담Jeremy Bentham은 여러 가지 행동의 동기를 일람표로 기록했다. 그는 사람들이 칭찬하는가, 비난하는가, 중립적으로 다루는가에 따라서 인간의 모든 욕구를 세 개의 칸에 나누어 적었다. 예컨대 그중 하나의 칸에는 '탐식'이 있고, 옆 칸에는 그것과 반대되는 '사교적 식사의 즐거움을 즐기는 마음'이 있다. 또한 충동의 경우 듣기 좋은 표현 칸에는 '공공심'을 놓았고, 옆 칸에는 그것과 반대되는 '악의'를 놓았다. 내 생각으로는, 도덕적인 주제에 관해서 명료하게 사고하기를 바라는 사람이라면 이런 식으로 벤담을 본받는 것이 좋다. 우리는 비난의 뜻이 담긴 거의 모든 단어들에는 칭찬의 뜻이 담긴 유의어가 있다는 사실에 익숙해져야 한다. 그래서 칭찬의 뜻도 비난의 뜻도 담겨 있지 않은 단어를 사용하는 버릇을 들이는 것이 바람직하다.

'간통'이나 '간음'은 통렬한 도덕적 비난을 담은 단어이기 때문에 이런 단어를 사용하게 되면 명확한 사고를 하기가 어렵다. 하지만 우리를 도덕적으로 타락시키기를 바라는 호색적인 작가들은 이런 단어 대신에 다른 단어들, 예컨대 '연애'라든가 '법의 차가운 굴레에 속박되지 않는 사랑'이라는 표현을 사용한다. 이 두 부류의 단어들은 모두 편견을 유발한다. 냉철한 사고를 원한다면 뒤의 부류는 물론이고 앞의 부류의 단어들을 사용하는 것도 삼가야 한다. 이렇게 되면 안타깝게도 우리의 문체는 밋밋해질 수밖에 없다. 칭찬의 말이나 비난의 말은 하나같이 원색적이며 관심을 고조시킨다. 작가는 독설이나 과장된 칭찬의 말로 독자의 마음을 움직일 수 있고, 약간의 기교만으로도 독자의 감정을 원하는 방향으로 몰아갈 수 있다. 그러나 이성적인 판단을 원한다면, '혼외 성관계'와 같은 무미건조하고 중립적인 표현을 사용하는 것이 바람직하다. 그러나 이는 대단히 엄격한 요구다.

지금 다루고 있는 주제는 인간의 감정과 밀접하게 연관된 문제이고, 감정을 완전히 배제하려고 하면 현재 다루고 있는 주제의 본질을 제대로 전달하지 못할 수도 있기 때문이다. 모든 성 문제는 당사자의 입장에서 다루느냐 질투심이 심한 외부인의 입장에서 다루느냐에 따라서 양극단으로 갈린다. 예컨대 자신이 한 일은 '연애'이지만, 다른 사람들이 한 일은 '간통'이다. 따라서 감정적인 색채를 띠고 있는 단어들이 어떤 것인지 기억해두어야 한다. 상황에 따라 그런 단어들을 쓸 수는 있지만 아주 드물게만 써야 하고, 대부분은 과학적으로 따져서 중립적이고 정확한 표현으로 만족해야 한다.

기독교 윤리는 성적 미덕을 강조하기는 했지만, 필연적으로 여성의 지위를 강등시키는 데 크게 기여했다. 남성 일색인 도덕가들은 여성들을 유혹자로 보았다. 도덕가들이 여성이었다면 남성들이 유혹자로 규정되었을 것이다. 여성은 유혹자이므로, 남성을 유혹할 기회를 제한하는 게 바람직하다고 여겨졌다. 따라서 착실한 여성들은 갈수록 많은 제약에 둘러싸였고, 착실하지 않은 여성들은 죄인으로 몰려 갖은 모욕을 당했다. 여성들이 로마 제국 시대 누렸던 만큼의 자유를 되찾은 것은 아주 최근의 일이다. 앞서 보았듯이, 여성을 노예화하는 데 크게 기여한 가부장제는 기독교가 출현하기 직전에 크게 이완되었다. 그러나 콘스탄티누스 대제 이후로 죄악으로부터 보호한다는 구실 아래 여성의 자유는 다시 축소되었다. 여성들이 자유를 되찾기 시작한 것은 현대에 들어와 죄의 관념이 쇠퇴하면서부터였다.

기독교 초기의 교부들이 쓴 글에는 여성에 대한 독설이 넘쳐난다.

여성은 지옥으로 들어가는 문이며, 인간의 모든 죄악을 낳는 어머니다. 여성은 자신이 여성이라는 것 자체를 부끄러워해야 한다. 자신이 이 세상에 풀어놓은 불행에 책임을 지고 끊임없이 참회하며 살아야 한다. 여성은 자신의 옷차림을 부끄러워해야 한다. 그것은 자신의 타락을 드러내는 것이기 때문이다. 여성은

특히 자신의 미모를 부끄러워해야 한다. 악마가 가진 가장 강력
한 도구이기 때문이다. 육체적인 아름다움은 교회가 늘 비난하
는 주제였다. 한 가지 예외는 있었는데, 전하는 바에 따르면 중
세 주교들의 용모는 묘석에 기록되었다고 한다. 6세기에 어느 지
방의 공의회는 불결하다는 이유에서 여성들이 맨손으로 성체를
받지 못하게 했다. 본질적으로 여성들의 종속적인 지위는 계속
유지되었다.[12]

재산과 상속에 관한 법률 역시 여성들에게 불리하게 개정되었
다. 딸들이 상속권을 되찾은 것은 프랑스 혁명 후 자유사상가들
의 활동이 있고 난 다음이다.

5

낭만적 사랑의 탄생

기독교와 게르만의 이교도가 승리를 거두면서, 양성 관계는 고대 세계가 수백 년이 넘도록 겪은 적이 없는 잔혹한 진구렁으로 빠져들었다. 고대 세계는 타락하기는 했지만 잔혹하지는 않았다. 중세의 암흑시대에는 기독교와 야만적인 풍습이 결합하여 삶의 성적 측면을 후퇴시켰다. 혼인 관계에서 아내는 아무런 권리가 없었다. 혼외 관계에서는 모든 것이 죄악이기 때문에 점잖지 못한 남성의 타고난 음탕함을 억제해야 한다는 데 이의가 없었다. 중세의 부도덕은 대단히 광범위하게 퍼져 있었고 심각했다. 주교들이 친딸과 함께 사는 일도 있었고, 대주교들이 자신이 총애하는 남성들을 인근 관구의 주교로 승격시키는 일도 있었다.[13] 성직자는 금욕 생활을 해야 한다는 믿음은 점점 강해졌지만, 실천이 교훈을 따라가지 못했다. 교황 그레고리우스 7세는 성직자들과 내연의 처들을 헤어지게 하려고 온갖 노력을 기울였다. 그러나 후일 아벨라르가 살던 시대에도, 그는 추문이 이어지기는 하겠지만 자신과 엘로이즈의 결혼이 가능하다고 생각했다[12세기 뛰어난 신학자로 이름을 날린 아벨라르는 성직자가 될 예정이었음에도 엘로이즈와의 결혼을 비밀리에 감행했다]. 성직자의 독신 생활을 엄격하게 강제했던 것은 13세기 말 무렵뿐이었다. 그래도 성직자들은 변함없이 불륜 관계를 맺었다. 그들은 이런 관계를 부도덕하고 불결하다고 여겼으므로 이런 관계에 대해 품위나 가치를 부여할 수 없었다. 교회 역시 성에 대해 금욕적인 입장이었으므로 사랑의 개념을 미화하는 데 조금도 기여할 수 없었다. 이것은 자연히 속인들의 몫으로 돌아갔다.

성직자들은 서약을 깨뜨리고 스스로 습관적인 죄악이라고 여기는 생활에 발을 들여놓는 순간부터 속인들보다 훨씬 못한 수준으로 떨어졌다. 타락한 생활을 한 성직자의 사례는 무수히 많다. 교황 요한 23세는 근친상간과 간통 외에도 수많은 죄악을 범한 것 때문에 처벌을 받았고, 캔터베리 대수도원장 예정자였던 성 아우구스틴은 1171년에 시행된 조사 과정에서 어느 한 마을에서 열일곱 명의 사생아를 둔 것으로 밝혀졌으며, 스페인의 수도원장 성 펠라요는 1130년에 정부情婦를 무려 70여 명이나 두었던 것으로 밝혀졌고, 리에주의 주교인 앙리 3세는 1274년에 65명의 사생아를 둔 것 때문에 해임되었다. 이러한 타락의 개별적인 예들을 지나치게 강조하는 것은 좋지 않을지도 모른다. 그러나 공의회와 교회사 기술자들이 협력하여 단순한 내연 관계보다 훨씬 흉악한 죄악을 기술하면서 열거했던 증거를 반박하는 것은 불가능한 일이다. 실제로 아내를 거느렸던 성직자들은 이 관계가 불법이라는 자각 때문에 정조관념이 희박해져서 중혼 관계를 맺거나 걸핏하면 상대를 바꾸는 경우가 대단히 많았다. 중세의 저작에는 사창가나 다름없는 수녀원과 수녀원 구내에서 자행되는 무수한 영아 살해와 성직자들의 고질적인 근친상간에 대한 이야기가 넘쳐난다. 근친상간이 어찌나 성행했던지, 성직자는 어머니나 누이들과 동거해서는 안 된다는 내용의 엄격한 법령이 거듭해서 공표되었다. 기독교는 자연의 순리에 어긋나는 사랑을 세상에서 일소시키려고 막대한 노력을 기울였지만 수도원 안에서는 이런 사랑이 여전히 성행했고, 종교 개혁 직전에 이르러서는 성직자들이 고해성사를 이용해서 여성을 유혹한다는 원성이 점점 높아지고 잦아졌다.[14]

중세 시대에는 그리스 로마의 전통을 이어받은 교회와 게르만의 전통을 이어받은 귀족 계급이 상당히 기묘하게 구분되어 있었다. 두 영역은 모두 문명의 발전에 기여했지만, 각 영역이 공헌한 내용은 크게 달랐다. 교회는 학문과 철학, 교회법, 기독교권의 일체성이라는 이념(이상은 고대 지중해 문명으로부터 이어져 내려온 전통의 산물이다)을 낳았고, 속인들은 관습법, 비종교적 정치

형태, 기사도, 시, 낭만적인 사랑을 낳았다. 여기서 특별히 우리의 관심을 끄는 것은 낭만적인 사랑이다.

중세 이전에 낭만적인 사랑이 전혀 알려지지 않았다고 말한다면 옳지 않을지 모르지만, 흔히 알려져 있는 정열의 한 형식으로 낭만적인 사랑을 널리 인식하게 된 것은 중세부터였다. 낭만적인 사랑의 핵심은 사랑하는 상대를 손에 넣기 어려운 귀한 존재로 여기는 데 있다. 따라서 낭만적인 사랑은 사랑하는 상대의 사랑을 얻기 위해서 시나 노래, 무훈武勳을 비롯해서 그녀에게 몹시 큰 기쁨을 안겨줄 수 있을 만한 여러 가지 노력을 기울인다. 상대방을 매우 소중하게 여기는 태도는 그 여성을 손에 넣기 어려운 데서 오는 심리적 효과다. 중세에 나타난 낭만적인 사랑은 애시당초 합법적으로든 불법적으로든 그 남성과 성관계를 맺을 수 있는 여성을 겨냥하지 않았다. 그 사랑은 사회적으로 높은 지위에 있는 여성, 도덕과 인습이라는 드높은 장벽 너머에 있는 여성이 대상이었다. 남성들이 손에 넣을 수 없는 여성에게 낭만적인 감정을 느끼게 된 것은 교회가 성을 본질적으로 불결한 것으로 느끼도록 만드는 과업을 철저하게 수행한 덕분이었다. 따라서 아름다운 사랑은 정신적인 사랑이어야 했다. 현대인들은 연애시를 읊으며 사랑을 하던 중세 남성들의 심리를 상상조차 하기 어렵다. 현대인들은 불타는 사랑을 고백하면서도 가까이 가고 싶은 욕망을 품지 않는 중세 남성들의 태도를 매우 기이하게 여기고, 문학적 관행에 지나지 않는다고 생각하기 쉽다. 물론 실제로 그런 경우도 있었고, 문학적 표현이 그런 관행에 큰 영향을 받기도 했다. 그러나 『새로운 삶Vita Nuova』에 나오는 베아트리체에 대한 단테의 사랑은 단순히 문학적 관행이 아니었다. 도리어 그 사랑은 현대인들이 알고 있는 그 어떤 것보다 열정적인 감정이었다. 중세에 고귀한 정신을 가졌던 사람들은 지상의 삶을 혐오했다. 인간의 본능을 원죄와 타락의 산물로 여겼고, 육체와 육체의 욕망을 혐오했으며, 성적인 요소가 전혀 없어 보이는 무아無我의 명상 속에서만 순수한 기쁨을 얻을 수 있다고 보았다. 이런 입장을 가진 사람은 사랑의 영역에서 단테의 작품에서 발견되는 것과 같은 태도를 가질 수밖에 없었다. 남성은 몹시 사랑하고 흠모하는 여성과 성교라는 관념을 결부시키지 못한다. 모든 성관계는 불결하다고 생각하기 때문이다. 따라서 그의 사랑은 시적이고 상상력이 풍부한 형식을 취하게 되고, 자연히 상징성으로 가득 차게 된다. 이런 태도는 문학에 막대한 영향을 미쳤다. 이것은 신성 로마 제국의 프리드리히 3세의 조정에서 시작되어 르네상스 시대에 정점에 이른 연애시의 점진적인 발전사에 반영되어 있다. 중세 후기의 사랑을 가장 훌륭하게 설명한 글은 하위징아의 『중세의 가을The Waning of the Middle Ages』(1924)에 나오는 다음 구절이다.

12세기에 들어와 프로방스의 음유시인들이 충족되지 못한 욕망을 시적인 연애관의 중심에 놓은 것은 문명사에 있어서 중요한 전환점이었다. 고대인 역시 사랑의 고통을 노래하였지만, 그들은 그 고통을 행복에 대한 기대감 혹은 가슴 아픈 좌절감으로만 인식했다. 피라무스와 티스베[오비디우스의 작품『변신이야기』의 등장인물. 이들은 부모의 반대를 무릅쓰고 사랑을 이루려다가 비극적인 결말을 맞는다. 피라무스는 티스베를 만나러 갔다가 티스베의 피묻은 옷가지를 보고 사자에게 잡아먹힌 것으로 오해해 연인을 잃은 슬픔에 자살을 하고, 티스베 역시 피라무스의 죽음을 확인하고 자살한다], 케팔로스와 프로크리스[그리스 신화의 등장인물. 이들 부부는 여신의 질투를 받을 정도로 서로 사랑했으나, 사소한 오해 때문에 남편이 창을 던져 아내를 죽이는 비극적인 결말을 맞는다] 이야기가 감정을 자극하는 요인은 비극적인 결말과 손에 넣었던 행복을 놓쳐버린 애절한 상실감에 있다. 이에 반해서, 궁정연애시는 욕망 그 자체를 주제로 삼아 부정적인 면모를 지닌 사랑의 개념을 창조해 냈다. 새로운 시적 개념은 관능적인 사랑을 완전히 배제하지 않고도 모든 윤리적 열망을 품어 안을 수 있었다. 이렇게 해서 사랑은 도덕적 완숙성과 문화적 완숙성이 꽃을 피우는 분야가 되었다. 궁정연애를 하는 사람은 그 사랑 때문에 순수하고 고결하다. 정신적인 요소는 갈수록 우세를 더해 갔고, 13세기 말에 이르러서 단테를 비롯한 일부 시인들이 사용했던 '돌체 스틸 누오보dolce stil nuovo[이탈리아어로 '감미롭고 새로운 문체'라는 뜻. 13~14세기의 일부 시인들이 사용한 문체로, 단테의『신곡』의「연옥편」은 이 문체가 사용된 대표적인 작품으로 꼽힌다) 덕분에 사랑은 신앙심과 신성한 직관의 경지를 낳는다는 인식이 형성되었다. 그러나 이때가 정점이었다. 이탈리아의 시는 차츰 관능을 덜 자극하는 표현으로 회귀하기 시작했다. 페트라르카Petrarch〔이상적인 연인 라우라에게 바치는 시들을 써서 르네상스 서정시의 개화에 기여한 이탈리아의 시인이자 학자〕는 정신적인 사랑과 훨씬 자연스러운 매력을 가진 고대의 사랑 사이에서 동요하는 모습을 보인다. 오래지 않아 궁정연애의 부자연스러운 개념은 폐기되었고, 앞으로도 궁정연애의 미묘한 특징은 되살아나지 않을 것이다. 궁정연애의 개념 속에 잠복해 있던 르네상스 시대의 정신적 연애지상주의는 정신적인 면모를 강조하는 연애시라는 새로운 형식을 만들어냈다.

그러나 프랑스와 부르고뉴에서는 연애관이 이탈리아와는 전혀 다르게 발전했다. 프랑스 귀족의 연애관은 『장미 이야기』〔중세 말기에 널리 읽힌 프랑스어로 된 시. 앞부분은 1230년경에 쓰여졌고, 뒷부분은 1280년경에 쓰여졌는데, 궁정 사교계를 상징하는 정원 안에서 한 청년이 장미꽃 봉오리로 상징되는 처녀에게 구애하는 과정을 꿈의 형식으로 그린 것이 앞부분의 내용이다〕의 영향을 크게 받았다. 이 작품은 기사도적인 사랑을 다루면서도 그 사랑이 이루어지지 않아야 한다는 주장은 하지 않았다. 그것은 교회의 훈계에 대한 격렬한 반발이었고, 사랑이 사람의 인생에서 정당한 지위를 차지해야 한다는 이교도적인 주장이었다.

지적·도덕적 관점을 알스 아망디ars amandi[사랑의 예술을 뜻하는 프랑스어] 안에 모셔두는 상류계급이 존재한다는 것은 역사적으로 상당히 예외적인 일이다. 문명의 개념이 사랑의 개념과 그처럼 단단하게 융합되었던 시대는 달리 찾아볼 수 없다. 스콜라철학이 모든 철학 사상을 하나로 통합시키려는 중세 철학의 끈질긴 노력을 대표하고 있는 데 비해서 궁정연애의 이론은 (고상함은 훨씬 떨어지는 분야이긴 하지만) 고귀한 생활과 관련된 모든 것을 포용하려 한다. 『장미 이야기』는 그 체계를 무너뜨린 것이 아니라, 그 경향을 수정하고 그 내용을 풍요롭게 만들었을 뿐이다.[15]

당시는 굉장히 조야한 시대였다. 그러나 성직자들은 고결하다고 보지 않겠지만, 『장미 이야기』가 옹호하는 사랑은 세련되고 용감하고 점잖은 것이다. 이런 인식은 귀족 계급에게만 어울리는 것으로, 여가 시간뿐 아니라 교회의 횡포로부터 어느 정도 자유롭다는 것을 전제로 하는 것이었다. 교회는 사랑을 얻으려는 동기가 뚜렷한 마상시합을 몹시 혐오했지만, 마상시합을 금지하거나 기사도적 사랑을 금지할 힘이 전혀 없었다. 우리는 민주적인 현대 사회에 살고 있기 때문에 세계가 귀족계급에게 여러 차례 빚졌다는 사실을 잊기 쉽다. 기사도적인 사랑이 마련해 놓은 길이 없었다면 르네상스는 사랑을 성공적으로 부활시킬 수 없었을 것이다.

르네상스 시대에 이르자, 이교주의에 대한 격렬한 반발의 결과로 사랑은 (시적이라는 특징을 계속 유지하기는 했지만) 대개는 정신적인 사랑이라는 요소를 잃어버리고 말았다. 르네상스가 중세적 인습을 어떻게 보았는지는 돈키호테와 둘시네아 이야기에서 엿볼 수 있다. 그렇기는 하지만 중세적 전통의 영향력은 아직 시들지 않고 있었다. 필립 시드니의『아스트로펠과 스텔라*Astrophel and Stella*』는 그 전통을 뚜렷이 지니고 있고, 셰익스피어의 『W. H 씨에게 바치는 소네트』도 중세 전통의 영향을 많이 받았다. 그러나 일반적으로 르네상스 시대의 특징적인 연애시는 솔직하고 발랄했다.

침대에 누운 그대여, 나를 조롱하지 말아요
추운 밤이 내 몸을 얼어붙게 하고 있으니

이것은 엘리자베스 시대의 어느 시인이 쓴 시이다. 이 시의 정서는 솔직하고 거침없으며, 정신적인 사랑과는 거리가 멀다. 그러나 르네상스는 중세의 정신적인 연애로부터 시를 구애의 수단으로 이용하는 법을 배웠다.『심벨린*Cymbeline*』[셰익스피어의 희곡]에서 클로텐은 직접 연애시를 쓰지 못하고 삼류작가를 고용한 것 때문에 조롱을 받는다. 그 삼류작가가 지은 「들어봐요, 들어

봐요, 종달새예요」라는 시는 훌륭한 역작으로 평가되기도 한다. 중세 이전에도 사랑에 관한 시는 많았지만, 그것이 구애 방식의 하나였던 경우는 거의 없었다. 물론 중국에도 남편의 부재를 슬퍼하는 여성의 심정을 그린 시가 있고, 인도에도 영혼을 신랑의 출현, 즉 신의 출현을 갈망하는 신부로 묘사한 신비로운 시가 있다. 그러나 남성들은 원하는 여성을 손에 넣는 데 그다지 어려움을 겪지 않았기 때문에 음악과 시를 이용해서 여성들에게 구애를 할 필요가 없었다. 예술의 관점에서 보자면, 여성을 쉽게 손에 넣는 것은 바람직하지 않다. 가장 바람직한 것은 여성을 손에 넣는 것이 불가능하지는 않고 어려운 경우다. 이런 상황은 르네상스 이후에도 계속 유지되었는데, 이런 어려움은 단순히 외적인 요인만이 아니라 인습적인 도덕률의 훈계가 불러일으키는 양심의 가책에서 나오는 내적인 요인도 지니고 있었다.

❧

낭만적인 사랑은 낭만주의 운동에서 정점에 이르렀는데, 그 핵심적인 선구자로 흔히 꼽히는 사람이 셸리Percy Bysshe Shelley다. 사랑에 빠진 셸리의 마음은 시로 표현하기에 알맞은, 아름다운 감정과 풍부한 상상으로 가득 차 있었다. 셸리는 이런 결과를 낳는 감정이 대단히 유익하니 사랑을 자제할 이유가 없다고 보았다. 그러나 그의 이런 주장은 불안한 심리 상태에서 나온 것이었다. 그는 욕망의 실현을 가로막는 장벽 때문에 시를 썼다. 고귀하고 불운한 귀부인 에밀리아 비비아니〔셸리가 사랑한 여인〕가 수녀원에 갇히지 않았다면, 그는 「에피사이키디온*Epipsychidion*」을 쓸 필요를 느끼지 않았을 것이다. 제인 윌리엄스〔셸리가 사랑한 또 다른 여인〕가 정숙한 아내가 아니었다면, 그는 「추억*The Recollection*」을 쓰지 않았을 것이다. 그가 격렬하게 규탄했던 사회적 장해물이야말로 최고의 창작 활동을 자극한 핵심적인 요인이었다. 셸리의 경우에서 볼 수 있듯이, 낭만적인 사랑은 불안한 균형 상태, 즉 인습적인 장벽이 있기는 하지만 뛰어넘을 방도가 완전히 봉쇄되어 있지는 않은 상태를 토대로 하고 있다.

장벽이 너무 강고하거나 아예 존재하지 않는다면, 낭만적인 사랑은 번성하지 못할 가능성이 크다. 극단적 사례로 중국의 제도를 살펴보자. 남성은 아내 말고는 다른 숙녀를 만날 길이 없다. 따라서 아내에게 만족을 느끼지 못하면 성매매 여성을 찾아간다. 그 남성의 아내로 선택된 여성은 대개 결혼하기 전까지 남편의 얼굴 한 번 보지 못한 처지이다. 따라서 이 남성이 가지는 모든 성관계는 낭만적인 의미의 사랑과는 전혀 거리가 멀고 연애시가 탄생할 만한 구애의 노력이 필요한 경우도 전혀 없다. 반대로 완전히 자유로운 상태를 누리는 남성은 제아무리 뛰어난 시적 재능이 있다고 해도 여성의 애정을 얻으려고 최선을 다해 상상력을 발휘할 필요가 없다. 타고난 매력만으로도 구애에 성공할 가능성이 크기 때문이다. 이처럼 연애시는 인습과 자유의 미묘한 균형 위에 자리 잡고 있다. 따라서 이 균형이 깨져 어느 쪽으로든 기울어질 경우 최고의 연애시 탄생은 거의 불가능하다.

그러나 연애시는 사랑의 유일한 목적이 아니며, 낭만적인 사랑은 예술적인 표현이라는 매개 없이도 아름답게 자라날 수 있다. 낭만적인 사랑이야말로 인생이 제공하는 가장 강렬한 기쁨의 원천이라고 나는 생각한다. 열정과 상상력, 그리고 배려심을 바치면서 서로를 사랑하는 남녀 관계는 대단히 소중한 것이고, 이를 알지 못하는 것은 대단히 큰 불행이다. 물론 이런 기쁨은 인생의 주요한 목적이 아니라 인생을 구성하는 하나의 요소에 지나지 않는다. 그렇다고 해도 사회 제도는 마땅히 이런 기쁨을 허용해야 한다고 생각한다.

프랑스 혁명 무렵부터 결혼은 낭만적인 사랑의 결실이어야 한다는 생각이 널리 자리 잡게 되었다. 대부분의 현대인들, 적어도 영어권 국가들에서 생활하는 현대인들은 얼마 전까지만 해도 이런 결혼관이 혁명적인 것이었음을 간과하고 당연한 것으로 받아들이고 있다. 수백 년 전에 쓰인 소설과 희곡들은 대개 젊은 세대가 부모가 배우자를 선택하는 전통적인 결혼에 반발하여 새로운 결혼의 토대를 확립하려는 노력을 다루고 있다. 물론 그런 노력이 기대했던 것처럼 좋은 결실을 맺는지는 의문의 여지가 있다. 말라프로프 부인[셰리던Sheridan의 희극 「연적」의 주인

끓)은 부부 간의 사랑과 미움은 결혼 생활을 하는 동안 점점 줄 어들기 마련이므로 애초에 약간의 미움을 가지고 있는 것이 좋 다고 말했는데, 참으로 일리가 있는 말이다. 낭만적인 사랑에 이 끌렸을 뿐 서로의 성적인 면모를 전혀 모른 채 결혼하는 사람 들은 상대방이 더할 나위 없이 완벽한 인간일 거라고 상상하고, 결혼이 한편의 길고 행복한 꿈이 될 거라고 생각한다. 성에 무지 한 상태로 청순하게 자라서 '성욕을 느끼는 것'과 '마음이 통하 는 것'을 구별할 줄 모르는 여성은 이런 생각을 할 가능성이 높 다. 미국에서는 낭만적인 결혼관이 중시되고 있고, 법률과 관습 역시 미혼 여성의 꿈을 토대로 삼고 있기 때문에, 이혼이 성행하 며 행복한 결혼은 몹시 드물어졌다.

결혼은 부부가 반려 관계에서 느끼는 기쁨보다 훨씬 중요한 의미를 지닌다. 결혼은 남편과 아내가 느끼는 개인적인 감정을 넘어서서 아이를 탄생시킨다는 점에서 사회의 긴밀한 구조의 일 부분을 형성하는 중요한 제도이다. 낭만적인 사랑을 기초로 한 결혼은 바람직할까. 나는 그렇다고 생각한다. 그러나 분명히 짚 어두지만, 행복한 결혼 생활을 지속시키고 결혼의 사회적 목적 을 실현하는 것은 낭만적인 사랑이 아니라 그보다 훨씬 친밀하 고 다정하며 현실적인 사랑이다. 낭만적인 사랑을 할 때는 사랑 의 대상이 정확하게 보이지 않고 신비한 안개에 묻혀서 보일 뿐 이다. 어떤 유형의 여성이 특정한 유형의 남편을 맞아 결혼을 한 뒤에도 이런 안개에 휩싸여 지낼 가능성이 없진 않다. 하지만 이

런 상황은 그 여성이 남편 앞에서 자신의 속마음을 모두 드러
내지 않고 육체적 비밀뿐 아니라 내면의 생각과 감정을 스핑크
스의 비밀처럼 간직할 때만 나타날 수 있다. 그러나 이런 책략을
쓴다면 결혼이 지닌 최상의 가능성은 현실화될 수 없다. 그 가
능성은 환상이 섞여 있지 않은, 애정이 넘치는 친밀한 관계를 토
대로 할 때에만 현실화된다. 낭만적인 사랑이 결혼의 본질이라
는 견해는 지나치게 무정부적이고 결혼에서 자식이 차지하는 중
요성을 간과한다는 점에서 낭만적인 결혼관과 완전히 상반되는
성 바울의 결혼관과 똑같다. 자식이라는 문제만 없다면 성과 관
련된 제도는 아예 없어도 된다. 하지만 자식이 태어나는 순간부
터 자식에게 사랑과 의무를 느끼는 남편과 아내는 더 이상은 부
부 간의 감정을 최고 우위에 둘 수 없음을 인정해야 한다.

6

구속된 사랑과 여성

오늘날 성윤리가 과도적 상황에 놓인 것은 크게 두 가지 요인에서 비롯한다. 그중 하나는 피임법의 발명이고, 또 하나는 여성해방이다. 전자에 대한 논의는 나중으로 미루고 여기서는 후자에 대해서 살펴보자.

여성의 해방은 프랑스 혁명에서 민주화 운동의 일환으로 시작되었다. 앞에서 언급한 바와 같이, 프랑스 혁명은 상속법을 딸들에게 유리하도록 바꾸어놓았다. 메리 울스턴크래프트Mary Wollstonecraft의 『여성의 권리 옹호』(1792)는 프랑스 혁명을 낳은 사상이면서 동시에 프랑스 혁명이 낳은 사상이다. 그녀가 활동하던 시대부터 현재에 이르기까지, 남성과의 평등을 요구하는 여성의 목소리는 갈수록 강력해지고 갈수록 좋은 성과를 거두고 있다. 존 스튜어트 밀John Stuart Mill의 『여성의 예속』은 설득

력 있고 논리가 정연한 책으로 다음 세대 지식층에게 큰 영향을
미쳤다. 내 부모님들은 그의 신봉자였고, 어머니는 1860년대부
터 여성투표권을 지지하는 연설에 나서곤 했다. 열렬한 여권주
의자였던 어머니는 나를 낳을 때 공식적인 의사로 인정받지 못
하고 산파 자격증만 가지고 있었던 최초의 여의사 개릿 앤더슨
Garrett Anderson의 손을 빌렸다. 초기의 여권운동은 중상류층
에 한정되어 있었기 때문에 정치적인 영향력이 크지 않았다. 여
성에게 투표권을 부여하자는 법안이 해마다 의회에 상정되었지
만 통과되지 못했다. 그러나 당시 중류층의 여권주의자들은 「기
혼여성의 재산권 법령」(1882)의 통과라는 대단한 성과를 올렸
다. 이 법령이 통과되기 전까지는 아내의 신탁 재산이 있는 경우
에는 남편이 그 원금에 손을 대지 못한다는 규정이 있기는 했지
만, 기혼여성의 모든 재산은 남편의 관리하에 있었다. 그 후 정
치적인 측면에서 전개된 여성 운동의 역사는 최근의 일이고 잘
알려져 있기 때문에 굳이 되풀이하지 않겠다. 아무튼 대부분의
선진국에서는 대단히 짧은 시일 안에 여성들이 정치적인 권리를
획득하게 되었고, 이와 관련된 견해가 과거에는 유례가 없을 만
큼 단기간에 엄청난 변화를 겪었다. 노예해방도 이와 비슷하지
만 노예 제도는 근대 유럽에는 존재하지 않았고 양성 관계와 같
은 내밀한 관계와도 거리가 멀었다.

내가 보기에, 이렇게 갑작스런 변화가 이루어진 데는 두 가
지 요인이 있다. 하나는 민주주의 이론이 미친 직접적인 영향으

로 여성들의 요구를 무마할 논리적인 구실을 댈 수 없게 되었다.
또 다른 요인은 갈수록 가정 밖에서 경제 활동에 참여하는 여
성들이 늘어나면서 안락한 일상생활을 위해서 아버지나 남편의
호의에 의존하지 않게 되었다는 점이다. 이런 상황은 당연히 세
계대전 중에 최고조에 도달했다. 전쟁 중에는 평상시에 남성들
이 담당하던 일 가운데 많은 부분을 여성들이 담당하지 않을
수 없었다. 전쟁 전에는 여성의 투표권 확보를 막기 위해서 흔히
동원되던 반론 중 하나가 여성들은 평화주의적인 경향이 있다
는 것이었다. 세계대전 중에 여성들은 이 주장이 잘못된 것임을
대대적으로 입증하였으며, 피비린내 나는 활동에 참여한 대가
로 투표권을 인정받았다. 여성이 정치의 윤리적 격조를 끌어올
릴 것이라고 생각했던 이상주의적 선구자들은 실망할 만한 일이
지만 자신들이 오랫동안 노력을 기울여 온 목표를 자신들의 이
상을 무너뜨리는 형태로 달성하는 것이 이상주의자들의 숙명인
것 같다. 여성의 권리는 도덕적인 측면이나 다른 측면에서 여성
이 남성들보다 우월하다는 신념을 기반으로 하는 것이 아니라,
인간으로서의 권리, 다시 말해서 민주주의를 지향하는 일반적
인 논의를 기반으로 한다. 억압받고 있는 계급이나 민족이 권리
를 주장할 때면 늘 그렇듯이, 여권주의 옹호자들은 일반적인 논
의를 강화하기 위해 여성은 도덕적인 차원에 속하는 특별한 장
점을 가지고 있다는 주장을 폈다.
　그러나 여성의 정치적 해방은 이 책의 주제와 직접적인 관

련이 없다. 결혼과 도덕에 관련하여 중요한 것은 여성의 사회적 해방이다. 고대사회에서, 그리고 동양에서는 최근까지도 여성을 격리하는 방식으로 여성의 정절을 확보했다. 여성들이 스스로 자제심을 갖게 하려는 시도는 전혀 이루어지지 않고, 죄를 범할 수 있는 기회를 완전히 박탈하는 방법이 동원되었다. 서구에서는 이런 방법이 적극적으로 채택되지는 않았지만, 아주 어렸을 때부터 혼외 성관계에 대해 공포심을 갖도록 교육하여 착실한 여성들을 양성했다. 이런 교육 방법이 점차 완벽해지면서 외적인 장벽은 점차 제거되었다. 외적인 장벽을 제거하는 데 큰 기여를 한 사람들은 내적인 장벽만으로도 충분하다는 확신을 품고 있었다.

예컨대, 제대로 교육받은 착실한 처녀라면 유혹을 받을 기회를 접하더라도 젊은 남성의 유혹에 넘어가지 않을 테니 외출을 할 때 반드시 보호자를 동반해야 하는 관습을 유지할 필요가 없다고 여겼다. 내가 어렸을 때는, 착실한 여성들은 대개 성관계란 대부분의 여성들이 불편해하는 것, 결혼한 배우자와의 성관계는 의무감에서 참고 견뎌야 하는 것이라고 생각했다. 이들은 이런 생각에서 현실을 훨씬 잘 아는 세대에나 적합한 수준이상의 자유를 아무 거리낌없이 딸들에게 내주었다. 그 결과는 예상했던 것과 다소 다르게 나타나고 있다. 이런 차이는 기혼여성들에 관해서나 미혼여성들에 대해서나 똑같이 존재하고 있다. 빅토리아 시대에는 여성들이 정신적인 감옥에 갇혀 살았고, 지금도 상당히 많은 여성들이 정신적인 감옥에 갇혀 살고 있다. 이 감옥은 의식적으로는 인지할 수 없는, 잠재의식적인 억압에서 생겨난 감옥이었다. 오늘날 젊은이 사이에서는 이런 억압이 쇠퇴하면서 고상한 언행 밑에 묻혀 있던 본능적인 욕구들이 의식 속에 자리 잡게 되었다. 이런 상황은 어느 한 나라 혹은 어느 한 계층에 국한하지 않고 모든 문명국, 모든 계층의 성윤리에 혁명적인 영향을 미치고 있다.

남녀평등의 요구는 애초부터 정치적인 문제뿐만 아니라 성윤리와도 결부되어 있었다. 메리 울스턴크래프트의 태도는 철저히 현대적인 것이지만, 그 뒤를 이은 여권운동의 선구자들은 이런 면모를 본받지 않았다. 오히려 그들은 대부분 엄격한 도덕율을 내세워 이제까지 여성들만 감수해야 했던 도덕적 구속을 남성들에게 부과하기를 원했다. 그렇지만 1914년 이후로, 젊은 여성들은 충분한 이론화 작업을 거치지 않은 채 다른 노선을 택했다. 전쟁으로 인한 흥분감이야말로 이런 새 출발을 촉진한 원인이었다. 그러나 전쟁이 아니었더라도 오래지 않아 벌어질 일이었다. 과거에 여성들이 정절을 지켰던 동기는 대개 지옥불에 대한 두려움과 임신에 대한 두려움이었다. 지옥에 대한 두려움은 정통 신학이 쇠퇴하면서 사라졌고, 임신에 대한 두려움은 피임법 덕분에 사라졌다. 전통적 도덕은 관습과 정신적 타성의 힘에 의해 얼마 동안 간신히 명맥을 이어갔지만 전쟁의 충격으로 완전히 무너지게 되었다. 현대의 여권주의자들은 30년 전의 여권주의자들처럼 남성들의 '악덕'을 일소하려고 안달복달하지 않는다. 오히려 남성이 누리는 것을 여성도 누릴 수 있어야 한다고 주장한다. 그들은 도덕적 속박 속의 평등을 추구했던 선배들과는 달리 도덕적 자유 속의 평등을 추구한다.

여권운동은 아직은 초기 단계에 있으므로 앞으로 어떻게 발전할지 예측할 수 없다. 지금은 여권주의 지지자들과 활동가들이 대개 젊은 나이다. 그들은 관록과 영향력을 지닌 인물들의 지지를 얻지 못하고 있다. 그들의 부모를 비롯해 경찰과 법률, 교회 등 권력의 소유자들은 현실을 알게 될 때마다 여권운동에 맞선다. 그러나 젊은이들은 대개 그들이 고통을 가하려는 상대에게 현실을 알리지 않는 아량을 베푼다. 신세대는 자신들이 비방을 당하고 있는지를 모르는데도 구세대는 현실을 공공연히 밝히는 린지Ben B. Lindsey 판사[11장 참조]와 같은 저술가들이 신세대를 비방하고 있다고 생각한다.

물론 이런 상황은 몹시 불안하다. 문제는 어떤 일이 먼저 벌어질지 알 수 없다는 것이다. 구세대가 앞서 말한 사실을 인식하고 신세대들이 새로 얻은 자유를 박탈하기 위한 행동을 먼저 개시할까? 아니면 그보다 먼저 신세대가 성장해서 존엄하고도 중요한 자리를 획득하여 새로운 도덕에 권위를 부여할까? 어떤 나라들에서는 이런 문제 말고 다른 문제가 발생할지도 모른다. 다른 모든 것과 마찬가지로, 부도덕이 정부의 특권인 이탈리아에서는 '미덕'을 강요하려는 시도가 적극적으로 이루어지고 있다.

러시아의 상황은 정반대다. 정부가 새로운 도덕을 지지하고 있기 때문이다. 독일의 개신교 지역에서는 자유가 확보될 것으로 예상되지만, 가톨릭 지역은 상황이 훨씬 불투명하다. 프랑스는 유서 깊은 전통에서 벗어날 가능성이 거의 없다. 프랑스의 전통에서는 부도덕이 확실하게 묵인되는 관례가 있고, 이를 넘어서는 일은 허용되지 않을 것이다. 영국과 미국에서는 어떤 일이 벌어질지 예상하기 어렵다.

❦

여기서 잠깐 말머리를 돌려서 여성이 남성과 동등한 대우를 받아야 한다는 요구에 내포된 논리적인 의미를 따져보자. 남성은 이론상으로는 아니라도 실제적으로는, 아주 오래전부터 불법적인 성관계를 즐길 자유를 누렸다. 남성은 결혼할 때까지 동정을 지켜야 할 의무도 없었고, 결혼 후 간통을 해도 아내와 이웃에게 알려지지 않는 한 큰 문제가 되지 않았다. 이런 상황이 가능했던 것은 성매매 때문이었다. 그러나 이런 관습은 현대에서는 옹호하기 어렵다. 여성들도 남성들과 똑같은 권리를 가져야 하므로 성매매 남성 집단을 만들어서 (자신들의 남편들과 마찬가지로) 실제로는 정숙하지 않으면서도 정숙한 것처럼 보이기를 바라는 여성들을 만족시키자고 주장할 사람은 거의 없을 것이다. 오늘

80

날에는 만혼晩婚의 풍습이 성행하고 있지만, 같은 계층의 여성과 가정을 꾸릴 수 있는 경제력을 갖출 때까지 금욕생활을 하는 남성은 극소수에 지나지 않는다. 동등한 권리를 요구하는 미혼 여성들은 미혼 남성들이 성욕을 자제하지 않는다면 자신들 역시 성욕을 자제할 필요가 없다고 주장할 것이다.

　이런 상황은 도덕가들의 입장에서 보면 틀림없이 통탄할 만한 일이다. 인습적인 도덕가들도 이런 상황을 깊이 생각하면 자신이 실제로는 이중적인 잣대를 사용하고 있음을 깨달을 것이다. 이중적인 잣대란 곧 성적인 정절은 남성보다 여성에게 훨씬 중요하다고 생각한다는 것을 뜻한다. 그들로서는 자신들의 도덕 이론은 남성에 대해서도 금욕을 요구하고 있다고 말하는 편이 낫다. 이에 대해서는 남성들은 남몰래 죄를 범하기 쉽기 때문에 이런 요구가 남성들에게 강제성을 가질 수 없다는 확실한 반론이 있다. 따라서 인습적인 도덕가들은 자신의 의도와는 달리 남녀의 불평등을 인정하게 될 뿐만 아니라, 젊은 남성이 같은 계층의 미혼 여성들보다는 성매매 여성들과 성관계를 가지는 것이 낫다는 견해를 인정하는 꼴이 된다. 전자와의 관계는 금전을 매개로 하지 않는 애정에서 우러난 즐거운 것이고, 후자와의 관계는 그렇지 않음에도 불구하고 말이다. 당연한 일이지만, 도덕가들은 준수되지 않을 것이 뻔한 도덕을 옹호함으로써 어떤 결과가 나타날지 짐작하지 못한다. 자신은 성매매를 옹호하지 않으므로, 자신의 가르침 때문에 성매매라는 피치 못할 결과가 빚어진다

해도 자기 책임은 아니라고 생각한다. 그러나 이것은 현대의 직업적인 도덕가들이 평균에 못 미치는 지성을 가지고 있다는, 이미 잘 알려진 사실을 입증하는 또 하나의 사례일 뿐이다.

앞서 소개한 상황에 비추어볼 때, 많은 남성들이 경제적인 이유에서 조혼早婚이 불가능하다고 생각하고 많은 여성들이 결혼을 할 수 없는 처지에 있을 경우 남녀평등을 위해서는 여성의 정절을 요구하는 전통적 규범을 완화할 필요가 있다는 것이 명확해진다. 만일 남성들에게 혼전 성관계가 허용된다면(현실에서 그렇듯이) 여성들에게도 허용되어야 한다. 여성이 남성보다 많은 나라에서는 산술적인 인과 관계에 따라서 독신으로 살 수밖에 없는 여성들이 있는데, 이들이 성적인 경험에서 완전히 배제되어야 한다는 것은 어느 누구의 눈으로 보아도 불공평한 것이다. 여성운동의 선구자들은 이런 결론을 고려하지 않았지만, 현대의 여성운동가들은 이런 결론을 분명히 인식하고 있다. 이런 논리에 반대하는 사람들은 여성에 대한 공평한 대우를 지지하지 않는 셈이다.

이처럼 새로운 도덕과 낡은 도덕이 충돌할 때 한 가지 뚜렷한 문제가 떠오른다. 미혼 여성의 순결과 아내들의 정절을 요구할 수 없다면 가족을 보호할 수 있는 새로운 방법을 마련하든지, 가족이 붕괴를 묵인하든지 둘 중 어느 한쪽을 선택해야만한다. 자식의 출산은 혼인 관계 내에서만 이루어져야 하고 일체의 혼외 성관계는 피임법을 이용하여 임신을 방지하는 방향으로 유도되어야 한다는 주장이 있을 수 있다. 이럴 경우, 남편들은 동양인들이 환관의 활용을 인정했듯이 아내의 애인을 용인하는 법을 터득하게 될 것이다. 그러나 이런 계획은 피임법의 효과와 아내들의 정직성을 맹목적으로 신뢰해야 한다는 점에서 실행되기 어렵다. 그러나 이런 어려움은 세월이 흐름에 따라 점점 개선될 것이다. 새로운 도덕과의 충돌을 피할 수 있는 또 다른 길은 중요한 사회 제도로서의 부권의 역할이 줄어들고 아버지의 의무를 국가가 넘겨받는 것이다. 아버지의 의무를 확신하고 자식을 사랑하는 특별한 경우라면, 당연히 그 남성은 오늘날의 아버지들이 아내와 자식을 부양하기 위해서 일반적으로 행하고 있는 바를 자발적으로 수행할 수 있다. 하지만 그는 그렇게 행동해야 할 법률적인 의무가 없다. 이렇게 되면 모든 아이들이 아버지가 확실치 않은 사생아들과 같은 처지에 놓이게 될 것이다. 국가가 이런 상황을 정상으로 여기고 아이들의 양육을 위해서 현재보다 더한 노력을 기울이지 않는 이상, 사정은 달라지지 않을 것이다.

반대로 낡은 도덕을 회복하는 것을 목표로 삼는다면 확실한 조치들이 강구되어야만 한다. 이미 시행되고 있는 조치들도 있긴 하지만, 경험에 의하면 이런 조치들만으로는 충분치 않다. 가장 먼저 교육을 통해서 미혼 여성들을 우둔하고 무지하며 미신에 의존하는 여성으로 만들어야 한다. 이런 교육은 교회의 관리하에 있는 학교들에서 이미 실시되고 있다. 둘째로 성 문제에 관한 정보를 제공하는 책들을 철저히 검열해야 한다. 미국과 영국에서는 법률을 개정하지 않고 경찰이 검열을 강화하는 방식으로 이 요건을 충족시킨다. 그러나 이런 요건들은 이미 존재하고 있고, 이것만으로는 충분치 않다. 무엇보다 강력한 방법은 오직 한 가지, 젊은 여성이 남성과 단둘이 있을 수 있는 기회를 차단하는 것이다. 미혼 여성이 생활비를 벌기 위해 집 밖에서 일을 하는 것은 물론이고, 어머니나 이모, 고모를 동반하지 않은 채 외출하는 것까지 금지해야 하고, 보호자 없이 댄스파티에 가는 통탄할 만한 관습을 확실히 근절해야 한다. 쉰 살 미만의 미혼 여성이 자동차를 소유하는 것을 금지하고, 모든 미혼 여성이 한 달에 한 번씩 경찰 소속 의사들이 시행하는 의료 검진을 받도록 하며 처녀가 아닌 것으로 밝혀진 미혼 여성들은 모조리 재활원으로 보내는 것이 현명하다. 피임법의 사용은 금지하고, 미혼 여성과 혼외 성관계를 맺으면 영원히 지옥불에 떨어진다는 교리와 어긋나는 대화를 나누는 것까지 금해야 한다. 이런 조치들을 수백 년 이상 강경하게 집행한다면 물밀듯 밀려드는 비도덕성의 조류를 막는 데 어느 정도 기여할 것이다. 하지만 나는 권력 남용의 위험을 방지하기 위해서는 반드시 모든 경찰들과 의료진들을 거세해야 된다고 생각한다. 남성들이 선천적으로 비행을 저지를 요인을 가지고 있음을 고려하면, 이런 정책에서 한 걸음 더 나아가는 편이 현명할 것이다. 내 생각 같아서는 도덕가들이 성직자들을 제외한 모든 남성을 거세하자는 주장을 펼치는 것이 좋을 것 같다.[16]

어떤 길을 선택하든 난관과 장해물은 분명히 있을 것이다. 만일 새로운 도덕이 자연스럽게 전개되도록 놓아둔다면, 종래의 추세를 넘어서서 지금까지는 경험하지 못했던 난관이 틀림없이 나타날 것이다. 그렇다고 과거에나 가능했던 구속을 현대 세계에 강제하려고 한다면, 우리는 믿을 수 없을 만큼 엄중한 규제를 받게 될 것이고, 인간의 본성은 이내 이런 규제에 반발하고 나설 것이다. 이는 너무나 명확한 사실이다. 따라서 우리는 어떤 위험이나 난관이 닥치더라도 세계가 퇴보하기보다는 전진하도록 놔두어야 한다. 이를 위해서는 완전히 새로운 도덕이 필요하다. 다시 말해서, 우리는 과거에 인정되던 것과는 판이하게 다른 책임과 의무를 인정해야 한다. 완전히 쇠락한 제도로 회귀하자고 설교하는 일에 자족하는 도덕가들은 새로운 자유에 도덕성을 부여하고 그와 함께 나타날 새로운 의무를 지적하는 일에 아무 기여도 할 수 없다. 내 생각으로는, 새로운 제도는 낡은 제도와는 달리 방만한 충동에 굴복해서는 안 되며 충동을 억제해야 하는 경우와 그렇게 하려는 동기 역시 과거와는 확연히 달라져야만 한다. 분명히 말하지만 성윤리와 관련된 모든 문제들은 새로운 사고방식을 필요로 한다. 변변치는 않으나마 앞으로 쓸 글이 이 과업의 달성에 도움이 되기를 바란다.

7

금단의 지식

새로운 성윤리를 정립하려고 할 때 가장 먼저 자문해야 할 문제는 양성 간의 관계를 어떻게 규제해야 하는가가 아니다. 남성과 여성, 그리고 아이들이 성적인 문제와 관련된 사실에 대해서 인위적인 무지 상태에 갇혀 있는 것이 과연 좋은 것인가라는 문제이다. 이 문제를 가장 먼저 제기하는 까닭은 성적인 무지는 그 개인에게 아주 해로우며, 그런 무지를 전제로 해야만 영속할 수 있는 제도는 결코 바람직하지 않기 때문이다. 분명히 말하지만, 성윤리는 무지를 이용해서 강제되는 것이 아니라 충분한 정보를 입수한 개인들이 자연스레 깨닫는 것이어야 한다. 이것은 정부와 경찰의 지지는 얻지 못하지만 이성에 비추어 볼 때 의심의 여지가 없는 근본 원리의 일부다. 이 원리에 따르면, 드물게 일어나는 우연적인 경우를 제외하고는 무지로 인해서 올바른 행동이 조장되거나 지식으로 인해서 올바른 행동이 기피되는 법은 없다. A가 자신에게는 이익이 되지만 B에게는 이익이 되지 않는 행위를 B에게 시키려고 생각한다면, A는 B의 진정한 이익이 무엇인지 드러내는 정보를 B에게 알리지 않는 편이 유리하다. 이런 정황은 주식거래소에 가보면 쉽게 이해할 수 있지만, 사람들은 대개 윤리라는 수준 높은 영역에도 이런 정황이 있을 수 있다고 생각하지 않는다. 이런 정황은 사실을 은폐하려고 하는 정부 활동의 대부분에서 나타난다. 예를 들면, 어느 나라의 정부든 자국의 패전에 관한 이야기를 일체 차단하려 한다. 패전 사실이 알려지면 정부가 무너지는 상황이 발생할 수 있는데 정부의 실각은 대개는 국민에게는 이익이 되지만 정부에게는 이익이 되지 않기 때문이다.

성적인 사실에 대한 언급을 회피하는 태도는 크게 보면 다른 분야에 속하긴 하지만, 적어도 부분적으로는 이와 똑같은 동기에서 비롯한다. 처음에는 여성들에게만 무지가 강요되었다. 여성들의 무지는 남성의 지배권 확립에 이용되었다. 그러나 점차 여성들은 무지가 정절을 지키는 데 필수적이라는 견해를 묵인하게 되었다. 여성들이 미친 영향도 있겠지만, 남녀를 불문하고 아이들과 젊은 사람들은 될 수 있으면 성과 관련한 사항에 대해서 아는 것이 없어야 한다는 생각이 굳어졌다. 이 단계에 이르자, 무지를 강요하는 것은 지배자의 동기를 넘어서서 불합리한 금기의 영역이 되었다. 무지가 바람직하냐는 문제에 대한 고찰은 이루어지지 않고, 무지가 해롭다는 증거를 내놓는 것이 위법이 되기도 한다. 이 주제와 관련하여『맨체스터 가디언』지에 썼던 글 중 일부를 인용하고자 한다.

미국의 자유주의자들은 메리 웨어 데넷 부인의 재판 결과에 크게 놀라고 있다. 어제 데넷 부인은 우편으로 음란 문서를 보낸 행위에 대해 브루클린 연방배심으로부터 유죄 평결을 받았다. 데넷 부인은 자녀를 얻기 위한 기본적인 사실을 설명한 소책자를 집필했고, 품위 있는 문체로 쓰인 소책자는 격찬을 받고 있을 뿐 아니라 널리 사용되고 있다. 데넷 부인은 5년 징역형 혹은 천 파운드의 벌금형, 또는 이 두 가지 형을 동시에 선고받게 될 것이다.

데넷 부인은 유명한 사회사업가이며 장성한 두 아들의 어머니이고, 11년 전에 두 아들을 교육하기 위해서 이 소책자를 썼다. 처음에는 의학 잡지에 게재되었다가 편집자의 요청에 따라 단행본으로 출간되었다. 이 소책자는 수십 명의 지도적인 의사와 성직자, 사회학자 들에게 인정을 받았고, 수천만 부가 YMCA와 YWCA에 의해서 배포되었으며, 상류 인사들이 거주하는 뉴욕 근교의 고급주택가 브롱스빌의 시립학교들에서도 사용되고 있다.

뉴잉글랜드 태생의 연방판사 웨런 B. 버로우즈는 앞서 소개한 모든 사실을 인정하지 않고, 증언을 하려고 대기하고 있던 유명한 교육자들과 의사들을 증인석에 세우지 않았으며 유명한 작가들이 배심원단 앞에서 데닛 부인의 활동을 지지하는 의견을 발표하지 못하게 했다. 나이가 지긋한 브루클린 출신의 기혼 남성들로 이루어진 배심원단에게 그 소책자를 낭독하는 것으로 재판은 끝났다. 배심원들은 지방검찰관이 H. L. 멩켄[미국의 자유주의 문예비평가]이나 해브록 엘리스Havelock Ellis[영국의 의사이자 성과학자]의 저서를 전혀 읽어본 적이 없음을 확인하고 선발한 사람들이었다.

『뉴욕 월드』는 데닛 부인의 저서 배포가 허용되지 않는다면 미국 젊은이들에게 성과 관련된 사실에 대한 평이하고 정직한 설명을 제공할 방법이 없다고 밝혔는데, 이것은 정확한 견해라고 보아도 틀림없을 것 같다. 이 사건은 상급 법원으로 넘어갈 것이고, 그 판결은 큰 관심을 끌어모을 것으로 예상된다.(1929년 4월 25일)

이 사건은 미국에서 일어났지만, 영국의 법률 역시 미국과 거의 동일하므로 영국에서도 일어날 개연성이 크다. 법률은 젊은이들에게 성 정보를 제공하는 사람이 성 지식이 젊은이들을 위해서 바람직한 행위임을 입증하려고 전문가의 증언을 동원하는 것을 허용하지 않을 것이다. 검찰은 소송사건을 합리적으로 판단하는 데 도움이 되는 책자를 단 한 권도 읽지 않은 무지한 사람들 일색으로 배심원단을 꾸리자고 주장하기 쉽다. 법률은, 아이들과 젊은이들은 성과 관련된 사실을 알아서는 안 되며 그들이 이런 사실을 아는 것이 좋으냐 나쁘냐 하는 문제제기는 부적절하다고 퉁명스럽게 밝히고 있다. 그러나 우리는 법정에 있는 것이 아니고 이 글은 아이들을 대상으로 하는 것이 아니므로, 아이들을 공식적으로는 무지한 상태로 놓아두는 전통적인 관행이 바람직한 것인가 아닌가 하는 문제를 논의해보자.

아이들에 대한 전통적인 교육 방식은 부모들과 교사들이 아이들을 가능한 한 무지의 상태에 놓아두는 것이었다. 아이들은 부모들의 벗은 모습을 단 한 번도 볼 수 없고, 아주 어린 나이에서 벗어난 뒤에는 성별이 다른 형제자매의 벗은 모습을 볼 수 없다. 성기를 만지거나 성기에 관한 이야기를 해서는 안 된다는 훈계를 받고, 성과 관련한 질문을 던지면 몹시 놀란 어조로 "쉿, 쉿"이라는 말만 돌아올 뿐이다. 아기는 어떻게 생기냐고 물으면 황새가 물어다 준다거나 구즈베리 나무 아래에서 캐왔다는 대답만 돌아온다. 아이들은 언젠가는 다른 아이를 통해서 정도의 차이는 있으나 본질적으로는 왜곡된 형태로 사실을 알게 된다. 알려준 아이 역시 부모에게서 똑같은 가르침을 받았기 때문에 그 사실을 '불결하다'고 생각하고 은밀히 이야기한다. 아이들은 아버지, 어머니가 그런 사실을 숨기려고 갖은 애를 쓰는 데 대해, 서로에 대해서 대단히 역겨운 행동을 했고 그 행동을 부끄럽게 여기기 때문이라고 생각한다. 아이들은 또한 자신을 이끌어 주고 가르쳐 주기를 바라던 사람들이 계획적으로 자신들을 속였다는 것을 깨닫는다. 결국 부모와 결혼, 그리고 이성에 대한 아이들의 태도는 돌이킬 수 없을 만큼 왜곡된다. 인습적인 교육을 받은 남녀 가운데는 성과 결혼에 대해서 호감을 느끼는 사람이 거의 드물다. 그들은 부모와 교사들이 기만과 거짓을 미덕으로 여긴다는 사실을 배운다. 그들은 또한 결혼한 사이라고 해도 성관계에는 반드시 혐오스러운 요소가 있고, 종족을 번식할 때 남성은 동물적인 본성에 굴복하고 여성은 고통스런 의무를 감수한다는 것을 배운다. 이런 태도로 인해서 결혼은 남성에게나 여성에게나 불만족스러운 것이 되고, 충족되지 못한 본능은 도덕의 가면을 쓴 잔혹함으로 변질된다.

성 지식의 문제에 대한 정통 도덕가[17]의 견해를 다음과 같이 정리할 수 있다.

성적인 충동은 대단히 강력한 충동으로, 발전 단계에 따라 전혀 다른 모습으로 나타난다. 유아기의 성적 충동은 신체의 특정 부위를 만지면서 놀고자 하는 욕구로 나타난다. 아동기 후반의 성적 충동은 호기심과 '음란한' 이야기를 좋아하는 태도로 나타나고, 청년기의 성적 충동은 더 성숙한 모습을 띠기 시작한다. 성적인 비행은 성적인 사고에 의해서 조장된다. 젊은이들이 육체적으로나 정신적으로 성과는 무관한 문제에 열중하게 만드는 것이 미덕으로 이어지는 가장 좋은 길이다. 따라서 젊은이들 앞에서는 절대로 성에 관한 이야기를 하지 말아야 한다. 젊은이들끼리 성에 관한 이야기를 나누는 것을 최대한 막아야 하고, 어른들은 그런 이야깃거리는 아예 있지도 않은 것처럼 행동해야 한다. 이런 식으로 교육하면, 여성들은 성에 대해서 무지한 상태에서 결혼 첫날밤을 맞고 첫날밤에 경험한 사실에 몹시 충격을 받아서 건전한 도덕주의자들이 바라 마지않는 태도를 가지게 된다.

젊은 남성들의 경우에는 문제가 더 까다롭다. 남성들을 열여덟, 열아홉 살 넘어서까지 완전히 무지 상태로 가둬놓는 것은 불가능하다. 젊은 남성들에게 걸맞은 방법은 자위를 하면 반드시 정신이상을 일으키고, 성매매 여성과 성관계를 하면 무조건 성병에 걸린다고 말해주는 것이다. 이 주장은 사실과 다르기는 하지만, 도덕적인 미덕을 위한 것이므로 선의의 거짓말이라고 할 수 있다. 젊은 남성에게는 또한 어떤 상황에서도, 심지어는 결혼한 뒤에도, 성 문제와 관련한 대화를 해서는 안 된다고 가르쳐야 한다. 이런 가르침을 받고 자란 남성이 결혼을 하면 아내에게 성에 대한 혐오감을 심어주고, 아내는 간통을 범할 위험에서 벗어날 가능성이 높아진다.

혼외 성관계는 죄악이지만 부부 간 성관계는 종족 번식을 위해서 꼭 필요한 것이므로 죄악이 아니다. 그러나 부부 간 성관계는 인류의 타락에 대한 벌로써 인간이 짊어지게 된 불쾌한 의무이므로, 외과 수술을 받을 때와 똑같은 마음으로 대해야 한다. 대단한 고통이 느껴지지 않으면 성행위는 쾌락과 연관되기 쉽다. 그러나 도덕적인 훈계를 충분히 한다면 이런 일을 예방할 수 있다. 남성들은 몰라도 최소한 여성들에 대해서는 그렇게 할 수 있다. 영국에서는 싸구려 출판물에 아내들이 성관계를 통해서 성적인 쾌감을 얻을 수 있고 또 마땅히 그래야 한다는 내용을 게재하는 것은 위법이다. 앞서 소개했듯이, 이런 내용을 다룬 소책자를 음란물이라고 규정한 법원 판례도 있다. 성을 바라보는 이런 입장이 법률과 교회, 그리고 젊은이를 가르치는 구태의연한 교육자들의 태도의 기초를 이루고 있다.

이런 태도가 성과 관련된 영역에 미치는 효과를 살펴보기 전에, 그것이 다른 방면에 미치는 결과에 대해서 간단히 짚고 넘어가겠다. 가장 심각한 결과로서 먼저 제시하고 싶은 점은, 젊은이들의 과학적 호기심을 가로막는다는 것이다. 똑똑한 아이들은 세상의 모든 것을 알고 싶어한다. 기차와 자동차, 비행기에 대해서도 묻고 비는 어떻게 만들어지고 아기는 어떻게 생기느냐고 묻는다. 아이 입장에서는 이런 궁금증들은 모두 같은 차원에 있다. 아이는 파블로프가 말했듯이 '이것은 뭘까'라는 반사 작용을 따르고 있을 뿐이다. 이런 반사는 모든 과학적 지식의 원천이다. 지식 추구욕을 가진 아이가 이런 욕망이 특정한 방면으로 향하는 것은 나쁘다는 것을 알게 되면, 과학적 호기심이라는 욕구 자체가 가로막힌다. 아이는 처음에는 어떤 호기심이 허용되고 어떤 호기심이 허용되지 않는지 이해하지 못한다. 아기가 어떻게 만들어지는지 묻는 것이 나쁜 짓이라면, 비행기가 어떻게 만들어지느냐고 묻는 것 역시 똑같이 나쁜 짓이 될 수 있다. 아이는 과학적 호기심은 위험한 충동이고, 따라서 자유롭게 풀어

놓아서는 안 된다는 결론을 내리게 된다. 어떤 것을 알려고 하기 전에 먼저 그것이 고결한 지식인지 사악한 지식인지 판단하느라 마음을 죄어야만 한다. 성적인 호기심은 위축되기 전까지는 일반적으로 대단히 강한 것이기 때문에, 아이는 자신이 원하는 지식은 사악한 것이고 고결한 지식은 어떤 인간도 원하지 않는 것(예컨대, 구구단)이라는 결론에 이르게 된다. 지식 추구욕은 모든 건강한 아이들의 선천적인 충동이지만, 이것이 손상된 아이들은 천성과는 달리 어리석은 사람이 되고 만다. 나는 인습적인 교육을 받은 여성이 남성보다 어리석다는 것을 부인하지는 않지만, 그것은 대개는 여성들이 어려서부터 성 지식을 얻을 기회가 남성들보다 확실하게 차단되어 있기 때문이라고 생각한다.

대개의 경우, 이런 지적인 손상 말고도 심각한 도덕적 손상이 일어난다. 프로이트가 처음으로 지적한 것과 같이, 또한 아이들과 가깝게 지내는 사람이라면 누구나 금세 알아채듯이, 아이들은 보통 황새와 구스베리 나무 이야기를 곧이듣지 않는다. 따라서 아이들은 부모들이 걸핏하면 자기에게 거짓말을 한다는 결론을 내리게 된다. 한 가지 문제에 대해 거짓말을 하면 다른 문제에 대해서도 거짓말을 할 수 있다. 이렇게 해서 부모들의 도덕적·지적 권위는 무너지고 만다. 더 나아가서 아이들은 부모가 성과 관련한 사안에서 거짓말을 하고 있으니 자신도 성과 관련해서 거짓말을 해도 된다는 결론에 도달한다. 아이들은 끼리끼리 모여 성과 관련된 이야기를 하고, 십중팔구는 몰래 자위를 한다. 이렇게 해서 아이들은 기만과 은폐의 습관이 몸에 배고, 부모들이 주입한 공포감 때문에 아이들의 생활에는 그늘이 드리워진다. 정신분석학자들은 부모와 유모들이 자위가 초래하는 나쁜 결과에 대해 늘어놓는 협박이 어린 시절뿐 아니라 성인이 된 후에도 정신장애를 일으키는 경우가 대단히 많다고 밝히고 있다.

결론적으로, 성 문제와 관련해서 젊은이들을 다루는 인습적인 태도는 사람들을 어리석고, 속임수에 능하고, 소심한 사람으로 만들며, 적잖은 비율의 사람들을 정상의 경계를 넘어서 정신이상 혹은 그와 유사한 상태로 몰아넣는다.

오늘날 젊은이들을 상대해야 하는 지식인들은 이런 사실을 어느 정도는 알고 있다. 그러나 이 장의 서두에 인용한 사건에서 볼 수 있듯이, 법조계와 법률을 집행하는 사람들은 아직까지 이런 사실을 깨닫지 못하고 있다. 아이들을 상대해야 하는 모든 지식인들은 법률을 위반할 것인가, 아니면 자신의 책임하에 있는 아이에게 돌이킬 수 없는 도덕적·지적 손상을 입힐 것인가, 둘 중 하나를 선택해야 하는 처지다. 법률을 바꾸는 것은 어려운 일이다. 나이 많은 남성들은 대부분 성이 사악하고 불결한 것이라고 믿고, 성의 쾌락을 느끼지 못할 정도로 생각이 왜곡되어 있다. 아쉬운 일이지만, 내가 보기에는 현재 중년이거나 노년인 남성들이 죽기 전까지는 법의 개정을 바랄 수 없을 것 같다.

❧

지금까지는 인습적인 태도가 성의 영역이 아닌 다른 영역에 미치는 악영향을 살펴보았다. 이제부터는 성과 관련된 측면에서 살펴보도록 하자. 도덕가들은 성적인 문제에 집착하는 것을 막는 것이 자신의 임무라고 여기고 있다. 오늘날에도 이런 집착은 대단히 흔하다. 이튼 학교(영국 이튼에 있는 명문 사립학교로 주로 왕족, 귀족 등 상류층 자제들이 진학한다)에서 교장으로 근무했던 어떤 이는 최근 남학생들이 나누는 대화가 거의 대부분 어리석고 음란한 것 일색이라고 말했다. 그러나 그곳의 남학생들은 가장 인습적인 방식으로 양육된 학생들이었다. 성을 비밀스럽게 다루는 태도는 젊은이들이 성에 대해 가지고 있는 자연스러운 호기심을 증폭시킨다. 성에 관한 화제가 나올 때 어른들이 다른 화제를 대할 때와 똑같은 태도로 아이가 무슨 질문을 던지더라도 대답을 해주고, 아이가 원하는 만큼, 혹은 그 아이가 이해할 수 있는 만큼 정보를 제공한다면, 아이는 음란하다는 것이 무엇인지 결코 알지 못할 것이다. 음란함은, 절대로 입에 올리면 안 되는 화제가 있다고 생각하는 아이만이 알 수 있는 개념이다. 성적인 호기심은 다른 모든 호기심이 그렇듯이 충족이 되어야 사라진다. 따라서 젊은이들이 성에 대한 집착에 빠지지 않게 하는 최선의 방법은 성과 관련한 정보를 그들이 알고 싶어하는 만큼

96

제공하는 것이다.

나는 이런 이야기를 선험적인 관점이 아니라 경험에 입각해서 하는 것이다. 내가 운영하는 학교[저자는 1927년부터 1935년까지 이상적인 학교 교육을 시행하기 위해서 아내와 함께 사립학교를 운영했다]의 학생들을 만나면서 관찰한 바에 따르면, 아이들의 음란한 태도는 고상한 척하는 어른들의 위선에서 빚어진 결과이다. 나의 두 아이(일곱 살 먹은 아들과 다섯 살 먹은 딸)는 성이나 배설에 어떤 특별한 점이 있다고 배운 적이 없고, 지금까지 고상하다는 개념이나 음란하다는 개념을 전혀 알지 못할 정도로 적극적으로 보호를 받고 있다. 두 아이는 갓난아기가 어떻게 생겨나는지에 대해 자연스럽고 건강한 관심을 보이는데, 그 관심은 엔진과 철도에 보이는 관심이나 다를 바가 없다. 또한 어른들이 있는 곳에서든 없는 곳에서든 그런 화제에 지나치게 몰두하는 경향을 보이지 않는다.

내가 운영하는 학교를 다니는 다른 학생들의 경우를 따져보자. 아이들이 두세 살, 혹은 네 살 때 이 학교에 왔다면 내 아들딸과 똑같이 자랐을 것이다. 그러나 예닐곱 살에 이 학교에 온 아이들은 대부분 성기와 관련된 것은 모두 음란하다고 여기도록 교육을 받아왔다. 그 아이들은 이 학교에서는 그런 사항을 이야기할 때의 어조가 다른 사항을 말할 때와 똑같다는 것을 알고 깜짝 놀란다. 그들은 음란하다고 생각하는 이야기를 하면서 일종의 해방감을 맛보곤 했지만 어른들이 그런 이야기를 막으려하지 않는 것을 알게 되자 차츰 그런 이야기에 싫증을 느꼈다. 결국 이 아이들은 고상하다는 개념을 배운 적이 없는 아이들과 거의 다르지 않을 만큼 순수해졌다. 이 학교에 온 지 얼마 되지 않은 아이들이 음란하다고 생각하는 이야기를 하려고 해도 이 아이들은 아무런 관심을 보이지 않게 되었다. 이 화제를 신선한 공기에 노출시킨 덕분에 전염성이 사라졌고, 어둠 속에 방치되어 있을 동안 번식했던 유해한 세균들이 힘을 잃고 스러졌다. 내가 생각하기에, 일반적으로 음란하다고 여기는 이야기들을 접할 때도 건전하고 점잖은 태도를 보이는 아이들을 육성할 방법은 이것밖에 없다.

기독교 도덕가들이 오물을 뿌려놓은 성교육에서 오물을 말끔히 씻어 내고 싶어 하는 사람들이 충분히 깨닫지 못하는 한 가지 측면이 있다. 성이라는 주제는 본질적으로 배설 작용과 깊이 연관되어 있다. 심리학적으로 볼 때, 배설 작용에 대한 혐오감은 자연스럽게 성에 대한 혐오감으로 옮겨지기 쉽다. 따라서 아이들 앞에서 배설 작용과 관련하여 지나치게 까다로운 태도를 취해서는 안 된다. 물론 위생을 위해서는 어느 정도의 주의가 필요하다. 아이들에게 이런 주의를 주는 이유는 오직 위생 때문이고 자연적인 배설 작용은 본래 혐오스러운 것이 아니라고 설명해 주면 쉽게 이해할 것이다.

이 장에서 내가 논의하려고 하는 바는 성행위가 어떠해야 하는 가가 아니라, 성 지식의 문제에 대한 우리의 태도가 어떠해야 하 는가이다. 나는 젊은이들에게 성 지식을 전달하는 문제에 대해 지금까지 이야기한 내용들을 현대의 모든 현명한 교육자들이 공 감해주기를 바라고, 또한 그러리라고 믿는다. 그러나 내가 지금 부터 시작하려는 논의는 논쟁의 여지가 훨씬 많아서 독자들의 공감을 얻기가 훨씬 어려울 것으로 짐작된다. 지금부터 음란 문 서에 대해 이야기해보자.

영국과 미국의 법률에 따르면, 특정한 상황에서 당국은 음 란하다고 판단한 문서를 폐기할 수 있고, 또한 저자와 출판업자 를 처벌할 수 있다. 영국에서 이를 규정한 법률은 1857년에 제 정된 이른바 「로드캠벨법Lord Campbell's Act」이다. 이 법에는 다 음과 같은 규정이 있다.

음란한 서적이 판매 혹은 배포를 목적으로 어떤 집이나 기타 장 소에 보관되어 있다고 판단할 만한 이유가 있는 고소가 있거나, 한 권 이상의 음란한 서적이 그 장소와 관련하여 판매 혹은 배 포되고 있다는 증거가 있을 경우, 치안판사는 그 서적의 출판이 범죄가 되기에 충분한 성질을 가진 종류의 것이고, 그릇된 행위로 고소하는 것이 적당하다고 확인하면 특별영장을 이용하여 그 서적의 압수를 명할 수 있다. 또한 그 집의 주거인을 소환한 후에는, 동일한 혹은 다른 치안판사가 압수한 서적이 영장에 기술된 성질을 가지고 있고 전술한 목적을 위해서 보관되었다는 것을 확인하면 그 서적의 폐기를 명할 수 있다.[18]

이 법령에 나오는 '음란'이라는 말은 법률적으로 정확히 정의되어 있지 않다. 실제로는 치안판사가 어떤 출판물을 음란한 것이라고 판단하면, 그 출판물은 법률적으로 음란한 문서가 된다. 치안판사는 그 출판물이 다른 상황에서라면 음란한 것으로 여길 수 있는 내용을 포함하고 있기는 하지만 이 경우에 한해서는 유익한 목적에 쓰이고 있다는 전문가의 증언을 들을 의무가 없다. 다시 말하자면, 소설이나 사회과학 논문, 혹은 법률 개정안에 성적인 사항을 기술하는 사람은, 어떤 늙고 무지한 남성이 우연히 그 서적을 읽고 불쾌감을 느낄 경우 자신의 저작이 폐기될 수도 있다는 불안에 시달려야 한다. 이 법률은 대단히 유해한 결과를 초래한다. 잘 알려져 있듯이, 해브록 엘리스의 『성 심리의 연구Studies in the Psychology of Sex』 1권은 이 법률의 적용을 받아 유죄판결을 받았다. 다행히 미국은 이런 경우에 대해서 훨씬 관대한 반응을 보인다.[19] 해브록 엘리스의 목적이 부도덕하다고 생각하는 사람은 아무도 없을 것이다. 또한 짜릿한 느낌을 즐기고 싶어서 음란물을 찾는 사람들이 이처럼 두껍고 학문적이며 진지한 책을 읽는 일도 없을 것이다. 물론 일반적인 치안판사가 아내나 딸 앞이라면 입도 떼지 않을 내용이라고 해도 아무런 논의 과정도 거치지 않고 판결을 내렸을 리는 없다. 하지만 이런 서적의 출판을 금지한다면 초보적인 연구자들이 이 방면의 사실을 알 수 있는 방법이 없어진다. 인습적인 관점에서 볼 때, 해브록 엘리스의 저서가 가진 못마땅한 특징 가운데 하나는 수많은 사례들에 대한 기록일 것이다. 이런 사례들은 기존의 방법이 미덕이나 정신 건강을 이끌어 내는 데 얼마나 비효율적인지를 분명히 드러내고 있다. 이런 저술은 기존의 성교육 방법을 합리적으로 판단할 수 있는 자료를 제공한다. 그런데도 법률은 사람들이 관련 자료를 손에 넣는 것을 허용할 수 없으며, 이 분야에 관한 사람들의 판단은 앞으로도 계속 무지에 기초해서 이루어져야 한다고 선포하고 있다.

『고독의 우물Well of Loneliness』[래드클리프 홀Radclyffe Hall이 1928년에 출간한 소설. 레즈비언 이야기를 다뤄서 영국에서는 금서 판결을 받았으나 미국에서는 백만 부 이상이 팔렸다]에 대해 유죄 판결이 내려진 것은 소설에서 동성애를 다루는 것을 위법으로 보는 검열의 또 다른 측면을 부각시키고 있다. 법률의 반계몽주의적인 태도가 훨씬 덜한 유럽 여러 나라의 연구자들은 동성애와 관련하여 엄청나게 많은 지식을 가지고 있지만, 영국은 학술 문서의 형태로든, 소설의 형태로든 이런 지식을 보급하는 것을 허용하지 않는다. 영국에서는 여성 간의 동성애까지는 아니라도,

남성 간의 동성애는 위법이다. 이러한 점과 관련하여 법률 개정의 논의 역시 대단히 어렵다. 그런 논의 자체가 음란하다는 이유에서 위법이 될 수 있기 때문이다. 이 문제를 연구하는 사람들은 절감하겠지만 이 법률은 야만적이고 무지한 미신의 산물이기 때문에, 어떤 합리적인 논의를 통해서도 동성애를 변호할 방법이 없다. 근친상간도 마찬가지다. 몇 년 전에 특정한 형태의 근친상간을 범죄로 규정하는 새로운 법률이 제정되었는데, 이 법률에 대한 찬반 논의를 하는 것 자체도 로드캠벨법 아래서는 위법이다. 이런 논의가 위법성을 가지지 않으려면, 아무런 힘도 발휘할 수 없을 만큼 추상적이거나 조심스럽게 표현되어야만 한다.

로드캠벨법으로 인해 빚어지는 흥미로운 결과가 또 하나 있다. 고등교육을 받은 사람들이나 알 수 있는 장황한 전문 용어를 사용해서 많은 논제를 서술할 수는 있지만, 일반인들이 이해할 수 있는 용어로 서술하는 것은 허용되지 않는다. '성교'라는 단어를 인쇄물에 표현하는 것은 어느 정도 주의만 하면 허용이 되지만, 이 단어의 단음절로 된 동의어를 사용하는 것은 허용되지 않는다. 이것은 최근에 소설 『슬리브리스 에런드*Sleeveless Errand*』[노라 제임스Norah James가 1929년에 출간한 소설. 성에 관한 용어를 쓴 것 때문에 경찰에 압수되었다] 사건에서 결정된 사항이다. 이렇게 단순한 것을 금지하는 규정이 심각한 결과를 빚는 경우가 많다. 예를 들어, 마거릿 생어Margaret Sanger[미국의 간호

사로 산아제한 운동의 새로운 전기를 마련했다〕 부인은 여성 노동자
들을 대상으로 산아제한에 관한 소책자를 썼는데, 이 서적은 여
성 노동자들이 이해할 수 있다는 이유로 음란하다는 판결을 받
았다. 이에 반해서, 마리 스톱스Marie Stopes〔영국 최초의 가족계
획 센터를 개설했다〕가 쓴 저술들은 상당한 양의 교육을 받은 사
람들만 이해할 수 있는 용어를 사용하고 있으므로 위법이 아니
다. 결과적으로 보자면 유복한 계층에게 산아제한을 가르치는
것은 허용되지만, 임금 노동자들과 그들의 아내들에게 산아제한
을 가르치는 것은 범죄가 되는 상황이다. 나는 우생학 협회에 이
사실에 주의를 기울일 것을 요청했다. 우생학 협회는 임금 노동
자들이 중류 계층의 사람들에 비해서 출산율이 높은 것을 안타
까워하면서도, 이런 현실을 초래한 법률의 개정에 대해서는 신
중하게 자제하는 태도를 보이고 있다.

많은 사람들이 음란 문서를 규제하는 법률이 이처럼 통탄
스러운 결과를 낳는다는 사실을 인정하면서도 그런 법률이 꼭
필요하다고 생각한다. 나는 음란 문서를 금지하는 법률이 있는
한, 이와 같은 바람직하지 않은 결과는 불가피하다고 생각한다.
나는 이런 현실에 비추어 이 문제와 관련해서는 어떤 법률도 제
정하지 않는 편이 낫다는 데 찬성하는 입장이다. 이 명제는 두
가지 측면에서 뒷받침된다. 그중 하나는 어떤 법률에서나 악을
금하게 되면 반드시 선이 금지된다는 것이고, 다른 하나는 성 교
육이 합리적이라면 의문의 여지가 없을 만큼 노골적인 음란물

의 출판이 허용되어도 전혀 악영향을 미치지 않는다는 것이다.

첫 번째 측면은 영국에서 로드캠벨법이 적용되어 온 역사에 의해서 충분히 입증된다. 그 법률에 관한 토론을 읽은 사람은 누구나 알 수 있듯이, 로드캠벨법은 노골적인 음란물의 발매 금지를 유일한 목표로 제정되었고, 당시에는 이 법이 노골적인 음란물이 아닌 다른 유형의 문학에는 적용될 수 없도록 기초되었다고 여겼다. 그러나 이런 생각은 경찰과 치안판사의 머리가 나쁘다는 점을 충분히 인식하지 못한 데서 나온 것이다. 검열의 문제는 모리스 에른스트Morris Ernst와 윌리엄 시글Wil-liam Seagle의 저서에서 훌륭하게 다루고 있다.[20] 두 사람은 영국과 미국의 경험을 파헤치고, 다른 나라의 상황을 간단히 훑고 있다. 경험을 파헤친 내용에 따르면, 특히 영국 희곡의 경우에, 색정을 자극하기 위해서 기획된 경박한 희곡은 깐깐한 사람으로 취급받고 싶지 않은 검열관에게서 합격 판정을 받은 데 반해서, 「워렌 부인의 직업*Mrs. Warren's Profession*」〔버나드 쇼가 1893년 발표한 희곡. 성매매 문제를 다루었다는 이유로 공연할 극장을 구하지 못해 30여 년간이나 무대에 오르지 못했다〕과 같이 중요한 문제를 제기하는 진지한 희곡이 합격 판정을 받기까지는 수십 년이 걸렸다. 「첸치*The Cenci*」〔셸리가 1819년에 발표한 운문 희곡. 근친상간과 부모 살해를 다룬다는 이유로 영국에서는 1922년에야 처음으로 무대에 올랐다〕와 같이 탁월한 작품은 성 안토니우스〔사막의 수도사로 불리는 문헌상 최초의 수도사. 미녀로 변신한 악마의 유혹을 받았다〕

에게조차 색정을 일으키지 않을 수 있을 정도로 음란한 말은 단한 마디도 들어 있지 않았지만, 대법관의 남성적인 가슴에서 치밀어오르는 혐오감을 극복하기까지는 백 년의 세월이 걸렸다.

결론적으로 말해서, 무수한 역사적인 증거를 토대로 판단하건대 검열은 진지한 예술 작품 혹은 과학적인 가치가 있는 저작을 금지하는 일에 사용되고 있을 뿐이고 외설스러운 의도를 가진 사람들은 어찌해서든 법률의 올가미를 빠져나갈 방도를 찾아낸다.

그러나 검열을 반대하는 데는 더 중요한 이유가 있다. 아무리 노골적인 음란물이라도 비밀에 부쳐 흥미를 더욱 자극하는 것보다는 부끄러운 것으로 취급하지 않고 버젓이 공개할 때 훨씬 적은 해악을 미친다. 검열법이 있더라도 유복한 계층의 남성들은 대부분 청년 시절에 음란물을 볼 뿐 아니라, 손에 넣기 힘든 음란물을 소유하고 있는 것을 자랑으로 여긴다. 인습적인 남성들은 그런 음란물이 자신에게는 해가 되지 않지만 남들에게는 굉장히 유해하다고 생각한다. 음란물은 분명히 일시적인 색정의 감정을 불러일으킨다. 그러나 성적으로 원기왕성한 남성들이라면 어떤 상황에서도 그런 감정이 솟구치기 마련이다. 얼마나 자주 색정을 느끼는가는 그 남성의 신체적인 상태에 따라서 다르고, 어떤 상황에서 그런 감정을 느끼는가는 그 남성이 어떤 사회적 인습에 길들여져 있느냐에 따라서 다르다. 빅토리아 시대 초기의 남성들은 여성의 발목만 보아도 충분한 자극을 받았지만, 현대의 남성들은 허벅지를 보고도 전혀 흥분하지 않는다. 이런 차이는 그저 의복의 유행과 관련한 것일 뿐이다. 벌거벗고 다니는 것이 유행이 되면 사람들은 알몸을 보고도 아무런 자극을 받지 않을 것이고, 여성들은 어느 야만 부족의 여성들이 하듯이 성적인 매력을 고조시키기 위해서 옷을 입는 쪽을 선택할 수밖에 없을 것이다. 문학과 회화도 마찬가지다. 표현이 훨씬 솔직해진 시대를 사는 남성들은 빅토리아 시대의 남성들을 흥분시켰던 작품들을 보고도 전혀 자극을 받지 못한다. 성적 매력의 허용 한도를 제한하면 할수록, 여성들은 아주 작은 노력만으로도 성적 매력을 끌어올릴 수 있다. 노골적인 음란물이 발산하는 매력의 90퍼센트는 도덕가들이 젊은이들의 마음속에 주입한 음란한 감정에서 비롯하는 것이고, 나머지 10퍼센트는 생리적인 것이기 때문에 법률의 내용이 어떻든 관계없이 발생할 것이다. 동의하는 사람이 거의 없을 것 같기는 하지만, 나는 이런 점에서 음란 출판물을 규제하는 그 어떤 법률도 제정되어서는 안 된다고 확신한다.

벌거벗는 것에 대한 금기는 성이라는 주제와 관련하여 공평한 태도가 형성되는 것을 가로막는 장해물이다. 아주 어린아이들과 관련해서는 이 점을 인정하는 사람들이 많다. 아이들은 다른 아이들이나 부모들이 자연스러운 상황에서 벌거벗은 모습을 보아도 아무 반응을 보이지 않는다. 아이가 세 살 무렵이 되면 아버지와 어머니의 다른 점에 관심을 가지게 되고, 자신과 성별이 다른 형제의 차이를 비교하는 시기가 잠깐 나타난다. 그러나 이 시기는 금세 지나가고, 그 후에는 벗은 몸을 보아도 옷 입은 사람을 볼 때처럼 별다른 흥미를 느끼지 않는다. 부모들이 아이들 앞에서 벌거벗은 모습을 보이기를 꺼리면, 아이들은 반드시 무언가 비밀이 있구나 하는 느낌을 가지게 된다. 그리고 이런 느낌을 품은 아이들은 음란하고 저속해진다. 음란을 피할 수 있는 방법은 오직 하나, 비밀을 만들지 않는 것이다.

화창한 날씨의 야외처럼 적절한 환경에 있을 때 벌거벗은 상태인 것이 좋다는 데는 여러 가지 건강상의 중요한 이유가 있다. 살갗을 노출하여 햇빛을 쬐면 건강에 대단히 좋다. 아이들이 야외에서 옷을 입지 않고 뛰어다니는 것을 보고 있으면 옷을 입고 있을 때보다 훨씬 자유롭고 우아하게 몸을 움직이는 모습에 감명을 받게 된다. 어른들도 마찬가지다. 벌거벗기 좋은 장소는 햇빛이 화창하게 내리쬐는 야외나 물속이다. 만일 이것이 관습적으로 허용된다면, 벌거벗는 행위는 더 이상 성적인 자극을 일으키지 않을 것이고, 몸을 더 자유롭게 움직일 것이며 살갗이 공기와 햇빛과 접촉하므로 건강이 좋아질 것이고, 미의 기준이 얼굴만이 아니라 몸과 몸가짐에도 적용되어 건강의 기준과 거의 일치하게 될 것이다. 이런 점에서 그리스 사람들의 관습은 추천할 만한 가치가 있다.

8

사랑이 인생에서 차지하는 위치

대부분의 사회에서 사랑을 대하는 일반적인 태도는 두 가지다. 사랑은 시와 소설과 희곡의 주요한 주제이지만 다른 한편으로 진지한 사회학자들이 완전히 무시하기도 하고, 경제나 정치를 개혁하려는 계획에서 특별히 필요한 것이 되지도 않는다. 나는 이것이 옳지 않은 태도라고 생각한다. 내가 보기에 사랑은 인간의 삶에서 대단히 중요한 것이고, 사랑의 자유로운 발전에 쓸데없이 간섭하는 제도는 나쁜 제도다.

적절한 상황에 사용되었을 경우 사랑이라는 단어는 이성 간에 이루어지는 일체의 관계를 나타내는 것이 아니라, 육체적이면서 동시에 심리적인 관계를 뜻한다. 사랑은 다양한 강도의 감정을 일으킨다. 「트리스탄과 이졸데*Tristan und Isolde*」[독일의 작곡가 바그너가 작곡한 오페라. 트리스탄과 이졸데의 전설을 바탕으로

1865년에 초연된 작품이다)에서 표현되는 것과 같은 사랑의 감정을 무수히 많은 남녀가 경험한다. 사랑의 감정을 예술적으로 표현하는 재능은 희귀한 것이지만, 다른 곳은 몰라도 적어도 유럽에서는 감정 그 자체가 희귀한 것은 아니다. 어떤 사회에서는 이런 감정이 다른 사회에 비해서 훨씬 일반적인 경우가 있다. 내 생각에, 이런 차이는 민족의 성격이 아니라 관습과 제도에서 비롯되는 것이다. 중국에서는 이런 감정이 희귀하고 역사적으로 사악한 후궁의 꾀임에 넘어간 나쁜 황제들의 특징으로 그려진다. 전통적인 중국 문화는 일체의 강렬한 감정을 반대했고, 어떤 상황에 처해도 이성으로 감정을 통제해야 한다고 생각했다. 이런 면에서 전통적인 중국 문화는 18세기 초와 닮았다. 낭만주의와 프랑스 혁명, 세계대전을 경험한 우리는 인간 생활에서 이성이 앤 여왕 재임기의 사람들이 바라던 것만큼 우위를 차지하고 있지 않다는 걸 인식하고 있다. 이성은 이성의 우위를 부인하는 정신분석학을 만들어 냈다. 현대 생활에서 이성의 지배를 벗어난 세 가지 주요한 활동을 꼽자면, 종교, 전쟁, 사랑을 들 수 있다. 세 가지 모두 이성의 지배를 벗어난 것이지만, 사랑은 반反이성적인 것이 아니다. 즉, 이성적인 인간은 사랑이라는 실체를 이성적으로 즐길 수 있다. 앞의 여러 장들에서 살펴본 이유들로 인해서, 현대 세계에는 종교와 사랑 사이에 반목이 존재한다. 내가 보기에, 이것은 불가피한 대립이 아니며, 기독교가 다른 종교들과는 달리 금욕주의에 뿌리를 두고 있기 때문에 생겨난 것이다.

그러나 현대 세계에서 사랑은 종교보다 더 위험한 적과 마주서 있다. 그것은 노동을 하면 경제적으로 성공한다는 신조다. 대부분의 사람들, 특히 미국 사람들은 남성들이 사랑 때문에 출세에 지장을 받아서는 안 되며, 그런 일을 허용하는 사람은 어리석은 사람이라고 생각한다. 그러나 모든 인간사가 그렇듯이, 여기서도 반드시 중용이 필요하다. 사랑을 위해서 출세를 고스란히 포기하는 사람은 비극적인 영웅으로 대접을 받을 수 있을지 모르지만, 결국은 어리석은 사람이다. 그러나 출세를 위해서 사랑을 고스란히 포기하는 사람은 어리석기만 할 뿐 결코 영웅 대접을 받지 못한다. 하지만 모든 사람이 돈을 차지하기 위해 다투는 사회에서는 이런 일이 필연적으로 발생한다.

현대 미국의 전형적인 사업가의 생활을 살펴보자. 그는 어른이 되고부터 경제적 성공을 위해서 모든 사고력과 활동력을 투입한다. 다른 모든 활동은 그저 대수롭지 않은 기분전환거리로 취급한다. 젊은 시절에는 이따금 성매매 여성을 만나서 육체적 욕구를 만족시켰고, 지금은 아내가 있지만, 두 사람의 관심사는 전혀 다르며, 마음을 털어놓을 만큼 가까운 사이도 아니다. 늦은 밤이 되어서야 일에 지쳐 집에 돌아가고, 아침에는 아내가 깨기 전에 일어난다. 돈 벌기 투쟁에 필요한 몸을 만들려면 운동이 필수적이니 일요일에는 골프를 한다. 아내의 관심사를 매우 여성적인 것이라 여기고 그것을 허락하기는 하지만, 자신이 직접 참여할 생각은 전혀 하지 않는다. 아내와 사랑을 할 시간도 없고 불류의 사랑을 할 시간도 없다. 직장일로 외박을 하게 될 때면 이따금 성매매 여성을 찾는다. 아내는 아마도 성적으로 냉담한 태도를 취할 것이다. 아내의 마음을 얻으려고 시간을 내본 적이 없으니 이상할 것도 없는 일이다. 그는 잠재의식 속에서 불만을 느끼고 있지만, 그 까닭을 알지 못하고, 대개는 직장 일과 바람직하지 않은 다른 방법들에 의지해 불만을 잊는다. 예를 들면, 프로 권투를 구경하거나 급진주의자들을 박해하는 식으로 가학적인 쾌락에 몰입하는 것이다. 아내 역시 만족을 느끼지 못하기 때문에, 저급한 교양에서 배출구를 찾고 너그럽고 자유롭게 생활하는 이들을 싸잡아 공격하는 것으로 미덕의 옹호자를 자처하면서 불만을 삭인다. 이렇게 해서 남편과 아내의 성적인 불만은 공공정신이나 높은 도덕적 기준이라는 탈을 쓴, 인간에 대한 혐오감으로 둔갑한다.

이런 불행한 상황은 대개 인간의 성적인 욕구를 잘못 이해한 데서 비롯한다. 성 바울은 사람들이 결혼 관계에서 바라는 것은 오직 하나, 성관계를 가질 기회라고 생각했다. 이런 생각은 대체로 기독교 도덕가들의 가르침에 의해서 조장되었다. 도덕가들은 성에 대한 혐오감 때문에 성 생활의 미덕을 전혀 경험하지 못한다. 따라서 어렸을 때 이 도덕가들의 가르침을 받았던 사람들은 자신이 가진 최선의 가능성을 알아채지 못한 채 세상을 방랑한다. 사랑은 성교의 욕구를 훨씬 넘어선 것이다. 사랑은 생애의 대부분에 걸쳐서 대부분의 남녀를 괴롭히는 고독에서 벗어날 수 있도록 하는 중요한 탈출구이다. 대부분의 사람들 마음속에는 냉혹한 세상과 군중의 잔혹성에 대한 뿌리 깊은 두려움이 있으며 또한 사랑에 대한 갈망도 있다. 사랑에 대한 갈망은 남성들의 경우 거칠거나 야비하거나 거만한 태도에 가려져 있고, 여성들의 경우에는 잔소리와 나무람으로 가려져 있는 경우가 많다. 열정적인 사랑을 주고받는 동안에는 이런 감정이 사라진다. 열정적인 사랑은 자아의 단단한 벽을 깨부수고, 둘이 하나로 통합된 새로운 존재를 낳는다. 자연은 인간을 혼자 살아갈 수 있는 존재로 만들어 놓지 않았다. 인간은 다른 인간의 도움을 받지 않고서는 자연의 생물학적인 목적을 달성할 수 없다. 문명인은 사랑 없이는 성적 본능을 완전히 충족시킬 수 없다. 이 본능은 육체뿐만 아니라 정신적으로도 존재의 전부를 관계 속에 투입하지 않을 경우에는 완전히 충족되지 않는다. 친밀함과 상호 간의 열정적인 사랑을 알지 못하는 사람들은 인생이 제공하는 최고의 것을 놓치고 있다. 그들은 의식적으로는 아니더라도 무의식적으로는 이 사실을 알고 있고, 그로 인한 실망감 때문에 시샘과 압박감, 잔혹성으로 기울어지게 된다. 따라서 사회학자의 중요한 임무는 열정적 사랑의 응당한 자리를 되찾아 주는 것이다. 이런 경험을 하지 못한 남성과 여성은 완전한 정신적인 성장을 이룰 수 없고, 자신 밖의 세계에 대해서 너그러운 온정을 느끼지 못한다. 이런 온정이 없이 행해지는 사회 활동이 해를 끼치리라는 것은 의심할 여지가 없다.

대부분의 남성들과 여성들은 적절한 조건이 제공될 경우 생애의 일정 시기에 열정적인 사랑을 느낄 것이다. 그러나 경험이 없는 사람들이 열정적인 사랑과 단순한 매력을 구분하기란 매우 어렵다. 사랑하지 않는 남자에게 키스를 하고 싶은 마음이 생겨날 리 없다고 교육을 받아온 양갓집 처녀들이라면 특히 그럴 것이다. 성적 경험이 있는 여성은 단순한 사랑을 쉽사리 구분할 수 있지만 결혼할 때까지 동정을 유지해야 하는 여성은 일시적이고 사소한 성적 매력의 덫에 걸리곤 한다. 여기서 불행한 결혼이 시작되는 경우가 많다. 서로 사랑하는 사이라도 어느 한쪽이 사랑을 죄악이라고 생각한다면 사랑에 금이 갈 수 있다. 물론 사랑이 죄악이 되는 경우도 충분히 있을 수 있다. 예컨대, 파넬Charles Stewart Parnell[아일랜드 독립운동을 이끈 민족주의자. 1890년에 유부녀와의 오랜 기간에 걸친 불륜이 발각되어 많은 추종자들이 그에게 등을 돌렸다]은 간통을 저지름으로써 아일랜드가 바라던 독립의 실현을 여러 해 늦추었다는 점에서 분명히 죄를 지었다. 그러나 아무런 근거 없는 죄의식 역시 사랑에 악영향을 미친다. 사랑이 최대의 효험을 발휘하려면, 그것은 자유롭고 너그러우며, 그 어떤 구속도 받지 않고, 진심에서 우러난 것이어야 한다.

인습적인 교육은 사랑에, 심지어는 부부 간의 사랑에까지 죄의식을 심어 놓았다. 이런 죄의식은 여성뿐 아니라 남성의 잠재의식 속에서도, 또한 낡은 전통을 고수하는 사람뿐 아니라 의식적으로 인습에 얽매이지 않는 견해를 가진 사람의 잠재의식 속에서도 작용한다. 이런 죄의식은 다양한 영향을 발휘한다. 남성들은 죄의식 때문에 성관계에서 잔혹하고, 서투르고, 매정하게 처신하는 경우가 많다. 성관계에 대해 이야기를 나누면서 여성의 감정을 확인할 생각을 하지 못할 뿐 아니라, 마지막 행위를 향해 차츰차츰 다가가는 과정이야말로 대부분의 여성들이 쾌감을 느끼게 하는 데 필수적이라는 사실을 제대로 인식하지 못한다. 실제로 남성들은 여성이 쾌감을 느껴야 하며, 여성이 쾌감을 느끼지 못하는 것은 남자 탓이라는 사실을 알지 못하는 경우가 많다. 인습적인 교육을 받은 여성들은 자신이 냉담하다는 것에 대해 자부심을 느끼고 엄청난 육체적 자제심이 있으며 육체적 접촉을 쉽게 허용하지 않으려는 태도를 보인다. 노련한 구애 기술을 가진 남성은 여성의 이런 소심한 태도를 극복할 수 있겠지만, 이런 태도를 정숙함의 표식이라고 여겨 칭찬하는 남성은 이를 극복하기 어렵다. 결국 결혼하여 많은 세월을 보낸 부부도 어색하고 형식적인 관계에서 벗어나지 못한다. 우리 할아버지 세대에는 남편이 아내의 벗은 몸을 볼 수 없었고, 아내는 그런 말만 들어도 질겁을 했을 것이다. 이런 태도는 아직도 생각보다 널리 퍼져 있으며, 이런 입장에서 벗어나 진보적인 태도를 가진 사람들 사이에서도 과거의 자제심이 상당히 뚜렷하게 남아 있는 경우가 많다.

오늘날의 세계에는 사랑의 충분한 발전을 가로막는 심리적인 장해물이 하나 더 있다. 그것은 많은 사람들이 느끼고 있는, 자신의 개성이 손상될지도 모른다는 두려움이다. 이는 어리석으면서도 상당히 현대적인 공포이다. 개성 그 자체는 목적이 아니다. 개성은 유익한 결과를 확보하기 위해서 세상과 관계를 맺어야 하고, 또한 그 과정에서 고립된 성격을 털어버려야 한다. 유리 상자 안에 보관된 개성은 시들어 버리지만, 인간관계 속에서 자유롭게 뻗어나가는 개성은 풍성하게 자라난다. 사랑과 자식과 노동은 개인이 세상과 풍요로운 관계를 맺을 수 있게 해주는 중요한 원천이다. 보통은 사랑이 시간상으로는 가장 먼저다. 더구나 사랑은 자식에 대한 사랑을 최대한도로 발전시키기 위해서 꼭 필요하다. 자식은 부모가 지닌 특징들을 물려받는 경우가 많은데, 서로 사랑하지 않는 부부는 각자 자식에게서 자신의 특징을 볼 때만 기뻐하고, 상대방의 특징을 볼 때는 괴로워할 테니 말이다.

노동이 언제나 인간과 외부 세계의 풍요로운 관계 형성을 가능하게 하는 것은 아니다. 그것이 가능하냐 아니냐는 노동을 수행하는 정신 상태가 어떠냐에 달려 있다. 오로지 금전적인 동기에서 비롯한 노동은 이런 가치를 지닐 수 없고, 사람이나 사물, 혹은 어떤 미래상에 대한 헌신적인 열정을 현실 속에 실현하는 노동만이 이런 가치를 지닐 수 있다. 오로지 소유욕에서 비롯한 사랑 역시 오로지 금전욕에서 비롯한 노동과 마찬가지로 아무런 가치가 없다. 가치 있는 사랑이 되기 위해서는 사랑하는 사람의 자아를 자기 자신의 자아처럼 중요하게 여기고, 상대방의 감정과 욕구를 자신의 것처럼 여겨야 한다. 다시 말해서, 자아 중심의 감정을 의식적으로만이 아니라 본능적으로 확장시켜서 상대방까지 포용할 수 있어야 한다. 오늘날은 이 모든 것이 어려움에 부딪히고 있는데, 그 부분적인 원인은 투쟁적이고 경쟁적인 사회 풍조와 개신교 및 낭만주의 운동에서 유래한 어리석은 개인숭배 풍조에서 찾을 수 있다.

우리가 지금 논의하고 있는 진정한 의미의 사랑은 인습에서 벗어난 현대인들 사이에서 새로운 위험에 직면해 있다. 이제 사람들은 사소한 충동만으로도 성관계에 대한 욕구가 일어나 어떤 상황에서도 성관계를 가로막는 도덕적 장해물을 의식하지 않게 되었고, 성과 진정한 감정, 그리고 사랑의 감정을 분리해서 생각하는 버릇을 가지게 되었다. 심지어는 성을 증오의 감정과 관련시키는 경우도 있다. 올더스 헉슬리Aldous Huxley[영국의 소설가. 성의 자유를 공공연히 주창하였다]의 소설에는 좋은 사례가 있다. 헉슬리 소설의 주인공들은 성 바울과 마찬가지로, 성관계를 생리적인 배출구로만 본다. 그들은 성관계와 깊이 연관될 수 있는 더 높은 가치에 대해서는 전혀 개의치 않는다. 이런 태도에서 조금만 더 나아가면 금욕주의가 부활하게 된다. 사랑에는 고유한 이상과 그 자체에 내재하는 도덕적 기준이 있다. 이런 이상과 기준은 기독교 교리 속에서는, 또한 다수의 젊은이들이 지니는 일체의 성도덕에 대한 무분별한 반항심 속에서는 생겨나지 않는다. 사랑이 없는 성관계는 본능을 충분히 만족시킬 수 없다. 사랑이 없는 성관계가 결코 이루어져서는 안 된다는 이야기가 아니다. 이 명제를 충족시키려면 엄격한 장벽을 세워야 하고, 따라서 사랑 또한 대단히 어려워질 것이기 때문이다. 내가 말하려는 요지는 사랑이 없는 성관계는 별 가치가 없으며, 사랑으로 이어지기를 기대하는 실험으로 여겨져야 한다는 것이다.

앞서 살펴보았듯이, 사랑이 인생에서 차지하는 합당한 지위를 인정하자는 것은 훌륭한 주장이다. 그러나 사랑은 무정부적인 힘이다. 자유롭게 내버려둘 경우 사랑은 법률이나 관습이 세워놓은 경계 내에 머무를 리가 없다. 사랑은 아이들과 무관한 영역에서는 큰 문제가 되지 않는다. 그러나 아이들 문제가 대두되면, 전혀 다른 영역으로 넘어가게 된다. 이 영역에 들어서면 사랑은 더 이상 독립적인 것이 아니라 종족 번식이라는 생물학적 목적에 이바지하는 것이어야 한다. 따라서 자녀와 관련된 사회적 윤리가 확립되어야 한다. 이 사회적 윤리와 열정적인 사랑의 권리 사이에 충돌이 일어나면 후자가 짓밟히는 경우도 있을 것이다. 그러나 현명한 윤리는 이런 충돌을 최소화할 것이다. 사랑은 그 자체가 유익한 것일뿐 아니라, 부모가 서로 사랑하는 경우에는 자식에게도 유익한 것이기 때문이다. 자식들의 이익에 어긋나지 않는 한도 내에서는 되도록 사랑에 개입하지 않는 것이 현명한 성윤리의 주요한 목적이어야 한다. 이에 대한 논의는 가족에 대한 고찰을 끝낸 뒤로 미루어 두도록 하자.

9

결혼을 불행하게 만드는 것들

이 장에서는 결혼을 자식들과는 아무런 관계가 없는 양성 관계로만 살펴보겠다. 결혼은 법률적인 제도라는 점에서 다른 성관계와는 구분된다. 대부분의 사회에서 결혼은 종교적인 제도이기도 하지만, 결혼에서 가장 중요한 것은 법률적인 측면이다. 법률적인 제도는 원시인뿐만 아니라, 원숭이와 다른 여러 동물 사이에 존재하는 관습을 구체화한 것에 지나지 않는다. 동물들은 수컷의 협조가 없이는 새끼를 기를 수 없을 때, 사실상 결혼이라고 할 만한 관습을 따른다. 동물들의 결혼은 대개 일부일처제이며, 전문가들에 따르면 유인원 사이의 결혼이 특히 그렇다고 한다. 이 전문가들의 견해를 신뢰한다면, 이 행복한 동물들은 인간 사회가 겪고 있는 문제들 때문에 골치를 앓지는 않는 것 같다. 일단 짝을 찾은 수컷은 더 이상 다른 암컷들에게 아무런 매력을 느끼지 못하고, 일단 짝을 찾은 암컷은 더 이상 다른 수컷들을 상대로 매력을 발산하지 못한다. 따라서 유인원들은 종교의 도움을 받을 기회가 없기도 하지만, 죄악이라는 개념을 전혀 알지 못한다. 본능을 따르는 것만으로도 정절을 지키는 데 부족함이 없기 때문이다. 일부 증거에 따르면, 미개인들 가운데서도 특히 원시적 종족들이 이와 비슷한 상황에서 생활하고 있는 것으로 보인다. 부시맨족은 일부일처제를 철저히 고수하고 있고, 지금은 사라진 태즈메이니아 원주민들은 아내에 대해서 항상 정절을 지켰다고 한다. 문명인들 사이에서도 이따금 일부일처주의적인 본능의 희미한 흔적들이 드러난다. 관습이 행동에 얼마나 강한 영향력을 미치는가를 고려하면, 일부일처주의가 현대인의 본능에 그다지 큰 영향을 미치지 못한다는 것이 오히려 놀랄 일이다. 그러나 이것은 인간의 정신적 특징이 구현해 낸 한 가지 사례에 지나지 않는다. 이로부터 인간의 악덕이 생겨날 뿐 아니라 상상력에 의지하여 관습을 타파하고 새로운 행동 방침을 개척하는 지성이 생겨나기 때문이다.

원시적인 일부일처주의에 처음으로 타격을 가한 것은 아마도 경제적 동기의 개입이었을 것이다. 이런 동기가 성적인 행위에 영향을 미치게 되면, 예외 없이 불행한 일이 벌어진다. 경제적인 동기는 본능을 기초로 한 관계를 노예 관계 혹은 매매 관계로 바꾸어 놓는다. 과거의 농경 및 목축 사회에서 처자식은 남성의 경제적인 자산이었다. 아내는 남편을 위해서 일을 했고, 아이들은 대여섯 살이 넘으면 밭일과 가축 돌보는 일에서 한몫을 담당하기 시작했다. 따라서 최고의 권세를 누리는 남성은 될 수 있으면 많은 아내를 거느리려고 했다. 일부다처주의가 어느 사회의 일반적인 관습이 되기는 거의 불가능하다. 일반적으로 여성의 수는 남성의 수를 크게 초과하지 않기 때문이다. 일부다처주의는 지배자들과 부유한 자들의 특권이다. 많은 아내들과 자식들은 귀중한 재산이고, 그들을 소유함으로써 기득권이 더욱 강화된다. 따라서 아내의 주요한 기능은 금전적인 이익을 제공하는 가축의 기능과 동일한 것이고, 아내의 성적인 기능은 부차적인 의미를 지닐 뿐이다. 이런 수준의 문명에서는 남편이 아내와 헤어지는 것이 대체로 쉽다. 단, 이 남성은 아내가 가져온 혼인 지참금을 아내의 가족에게 돌려주어야 한다. 그렇지만 아내가 남편과 헤어지는 것은 일반적으로 불가능하다.

대부분의 반￥문명사회에서 간통을 대하는 태도는 이런 견해와 일치한다. 아주 낮은 수준의 문명사회에서는 간통이 대체로 용인된다. 사모아 남자들은 여행을 떠나야 할 때 자신들이 없는 동안 아내가 위안삼아 간통을 하리라는 것을 충분히 예상한다고 한다.[21] 그러나 문명 수준이 약간 더 높은 사회에서 여성이 간통을 하면 가혹한 처벌, 심지어는 죽음을 면치 못했다. 멍고 파크Mungo Park〔스코틀랜드 출신의 아프리카 탐험가〕가 소개한 멈보 점보Mumbo Jumbo 이야기는 내가 어렸을 때부터 알고 있던 이야기인데, 최근에 나는 미국의 지식인들이 멈보 점보란 말을 콩고의 신이라는 뜻으로만 사용하는 것을 알고 마음이 상당히 좋지 않았다. 멈보 점보는 사실은 신이 아니고, 콩고와는 아무 관계가 없다. 멈보 점보는 니제르 강 상류 지방 남성들이 죄를 범한 여성들에게 겁을 주기 위해서 고안해 낸 가짜 악마였다. 멍고 파크 이야기는 어쨌든 종교의 기원과 관련한 볼테르 류의 견해를 상기시킨다. 현대의 인류학자들은 야만인들의 행위가 이성에 근거한 비열함이 개입돼 나타나는 것이라고 인정하기를 꺼려하여 이러한 견해를 신중히 숨겨왔다. 그곳에서는 남성이 남의 아내와 성관계를 가지는 것은 당연히 죄가 되지만, 미혼 여성과 성관계를 가지는 것은 혼인 시장에서 그 여성의 가치가 떨어지는 일만 없으면 전혀 비난을 받지 않았다.

기독교가 소개되면서 이러한 관점은 변화했다. 결혼에서 종교가 차지하는 역할이 대단히 커졌고, 결혼 관련 법률을 위반한 사람은 소유권 침해가 아닌 금기 위반이라는 이유로 비난을 받게 되었다. 남의 아내와 성관계를 가지는 것은 여전히 죄악으로 규정되었지만, 교회는 일체의 혼외 성관계가 신에게 죄를 짓는 것이라는 강경한 입장을 취했다. 마찬가지 이유에서, 교회는 예전에는 남성들에게 쉽게 허용되던 이혼 역시 승인할 수 없는 죄라고 규정했다. 결혼은 성례가 되었고, 따라서 평생 유지해야 하는 관계가 되었다.

이것은 인간의 행복에 이득을 준 것일까, 손실을 준 것일까? 딱 잘라 대답하기는 어렵다. 농촌 지역 기혼 여성의 생활은 대단히 혹독했고, 대체로 문명 수준이 지극히 낮은 곳에서는 더욱 심했다. 부족 여성들은 대부분 스물다섯 살이면 늙은이가 되고, 아름다운 면모는 완전히 사라졌다. 여성을 가축으로 취급하는 관점은 남성들에게는 당연히 기분 좋은 것이었겠지만, 여성들에게는 평생 고통과 고난에 시달려야 한다는 것을 뜻했다. 기독교는 여성들(특히 상류 계층 여성들)의 지위를 깎아내린 측면이 있긴 하지만, 최소한 신학상으로는 남녀 평등을 인정하고, 여성을 단순히 남성의 소유물로 여기는 관점을 거부했다. 기혼 여성이 남편을 버리고 다른 남성을 선택할 권리는 없었지만, 종교생활을 위해서 남편을 떠나는 것만은 허용되었다. 일반적으로 대다수의 여성들의 경우 지위 개선에 이르는 길은 기독교적인 관점에 입각한 경우가 기독교 이전의 관점에 입각한 경우보다 훨씬 수월했다.

❧

오늘의 세계를 돌아보면서 어떤 조건이 대체로 결혼의 행복을 강화하고 어떤 조건이 불행을 강화하는지 자문하다 보면, 우리는 다소 이상한 결론에 이르게 된다. 문명화 수준이 높은 사회일수록 한 사람의 배우자와 평생토록 행복을 유지할 가능성이 적어 보인다. 아일랜드 농민들은 최근까지도 부모의 결정에 따라 결혼했지만 그들을 잘 아는 사람들은 이들의 부부 생활이 대체로 행복하고 정숙했다고 이야기한다. 일반적으로 사람들 사이의 차이가 적을수록 결혼 생활이 편안하다. 이 남자나 저 남자나 별 차이가 없고, 이 여자나 저 여자나 별 차이가 없으면 다른 사람과 결혼하지 못한 것을 유감스럽게 여길 만한 특별한 이유가 없다. 그러나 다양한 취미와 희망, 관심사를 가진 사람들은 배우자도 자신과 비슷하기를 바라기 쉽고, 그 기대가 충족되지 않으면 불만을 느낀다. 그러나 기독교는 결혼을 성의 관점에서만 보기 때문에 부부 간에 갈등이 생기는 이유를 이해하지 못할 뿐 아니라 이로 인해 심각한 불화가 빚어지는 경우가 많다는 것을 이해하지 못한 채 결혼의 영속성만을 지지한다.

행복한 결혼에 도움이 되는 또 하나의 조건으로 독신 여성이 희소하고 기혼 남성이 다른 여성을 만날 기회가 없어야 한다. 아내 아닌 다른 여성과 성관계를 가질 가능성이 없으면, 대부분의 남성들은 아내와의 관계를 최대한 이용하려 할 것이고, 유난히 나쁜 경우만 아니라면 참아 낼 만하다고 생각할 것이다. 결혼에서 굉장한 행복을 기대하는 여성이 아니라면, 기혼 여성의 사정도 마찬가지다. 다시 말해서, 남편과 아내 모두 결혼 생활에 엄청난 행복을 기대하지 않는다면, 그 결혼은 흔히 말하는 행복한 결혼이 될 가능성이 높다.

마찬가지 이유에서, 사회적 관습이 확고한 것 역시 흔히 말하는 불행한 결혼을 예방할 가능성이 높다. 결혼은 취소할 수 없는 최종적인 결합이라는 인식이 있는 한 집 밖을 돌아다니다 보면 어딘가에서 더 황홀한 행복을 찾을 수 있지 않을까라는 상상력이 발동할 여지가 없다. 따라서 남편과 아내가 일반적인 행동 기준(그 기준이 어떤 것이든 간에)에서 크게 이탈하지만 않으면 가정의 평화가 확보될 수 있다.

오늘날의 문명사회는 결혼의 행복을 이루는 데 필요한 이런 조건들을 전혀 갖추지 않았고, 따라서 결혼하고 처음 몇 년이 지난 뒤까지 행복이 계속되는 경우가 그리 많지 않다. 불행을 빚어내는 원인들 가운데는 문명이 발전함에 따라 강화되는 것도 있고 사라지는 것도 있다. 사라지는 것부터 살펴보자. 가장 중요한 것은 잘못된 성 교육이다. 오늘날에는 잘못된 성 교육이 농민들 사이에서보다 유복한 사람들 사이에서 더 성행하고 있다. 농민의 자식들은 어릴 때부터 기초적인 성 지식을 익힌다. 성과 관련한 행위는 인간 사이에서뿐 아니라 동물 사이에서도 이루어지니, 동물의 성행위를 보는 것만으로도 많은 지식을 얻을 수 있다. 덕분에 농민의 자식들은 성에 대한 무지와 지나친 결벽증에서 벗어날 수 있다. 반면에 정성 어린 교육을 받은 유복한 계층의 자식들은 성적인 문제와 관련된 실제적인 지식을 거의 접할 수 없다. 더구나 요즘 부모들은 대부분 책을 이용해서 자식들을 가르칠 뿐, 농민의 자식들이 어릴 때부터 몸으로 체득하는 실제적인 지식과 같은 것을 제공하지 못한다. 기독교적 가르침이 성공적으로 실현되는 때는 성적인 경험이 전혀 없는 남녀가 결혼을 할 때다. 이런 경우는 대부분 불행한 결과가 나타난다. 인간 사이의 성적인 행동은 본능적인 것이 아니다. 성적인 경험이 없는 신랑과 신부는 성과 관련된 사실에 무지한 것이 수치스럽고 불안해서 어찌할 줄 모른다. 신부만 아는 것이 없고 신랑은 성매매 여성들에게서 얻은 지식이 있을 경우에는 그나마 다행이다. 대부분의 남성들은 결혼을 한 후에도 여성의 환심을 사려고 노력하는 과정이 필요하다는 것을 알지 못하고, 좋은 환경에서 자라난 여성들은 자신이 육체적으로 냉담하고 서먹한 태도를 유지하면 결혼 생활이 위태로워질 수 있다는 것을 알지 못한다. 이런 상황은 올바른 성 교육을 통해 바로잡을 수 있다.

사실, 지금 젊은 세대는 부모 세대와 조부모 세대에 비해 사정이 크게 나아졌다. 예전에는 여성이 성관계에서 쾌감을 덜 느끼기 때문에 남성보다 도덕적으로 우월하다는 것이 여성들의 일반적인 생각이었다. 이런 생각이 있다면 남편과 아내 사이에 솔직한 교제가 이루어질 수 없다. 이런 상황은 당연히 순리에 어긋나는 것이다. 성을 즐기지 못하는 것은 도덕적인 것이 아니라, 심리적으로 혹은 생리적으로 결함이 있는 것이다. 음식을 맛있게 먹지 못하는 것도 역시 마찬가지다. 백 년 전에는 음식을 맛있게 먹지 않는 것이 기품 있는 여성이 취해야 할 도리라는 인식이 있었다.

그러나 오늘날 결혼을 불행으로 몰고 가는 그 밖의 여러 가지 원인들은 쉽사리 해결되지 않는 것들이다. 내 생각으로는, 도덕적인 제약을 개의치 않는 문명인들은 대부분 남녀를 불문하고 본능적으로 많은 상대를 구할 것이다. 깊은 사랑에 빠지면 몇 해 동안 한 사람에게 완전히 몰입하기도 하겠지만, 언젠가는 성적인 면에 익숙해져서 날카로운 열정이 무디어지고, 예전에 느꼈던 기쁨을 되살리기 위해 다른 사람을 찾기 시작할 것이다. 물론 이런 충동은 도덕을 고려해서 통제될 수 있지만, 충동이 일어나는 것 자체를 막을 수는 없다. 여성의 자유가 신장됨에 따라, 기혼 남녀가 불륜을 저지를 기회는 예전에 비해 훨씬 많아졌다. 기회는 생각을 낳고, 생각은 욕망을 낳고, 종교적인 도덕 관념이 없다면 욕망은 행동을 낳는다.

여성의 해방은 여러 가지 측면에서 결혼 생활을 더욱 어렵게 만든다. 옛날에는 아내는 남편에게 맞추어 살아야 했지만, 남편이 아내에게 맞추어 살아갈 필요는 없었다. 요즘에는 많은 아내들이 자신의 개성과 인생을 스스로 꾸려나갈 권리가 있다는 구실을 내세워 일정 정도를 넘어서까지 남편에게 맞추어 살려 하지 않는다. 이에 반해서, 남편들은 여전히 남성 지배의 전통을 동경할 뿐, 변화된 상황에 맞추어 살아야 할 이유를 깨닫지 못한다. 이런 문제는 불륜과 관련해서 특히 심하게 두드러진다. 옛날에는 남편이 가끔씩 불륜을 저질렀고, 아내는 대부분 그 사실을 알지 못했다. 만에 하나 아내에게 불륜을 발각당하면 남편은 잘못을 인정하고 진심으로 뉘우치고 있노라고 아내를 설득했다. 이에 반해서 아내는 대체로 정숙하게 행동했고, 만에 하나 남편이 아내가 불륜을 저지른 것을 알게 되면 그 결혼은 파탄이 났다. 요즘 부부 사이에서 흔히 볼 수 있듯이, 서로에 대해 정절을 지키기를 강하게 요구하지는 않지만 본능적인 질투심이 여전히 남아 있어서 겉으로는 아무런 갈등이 없는 것 같아도 더 이상 굳건한 친밀감이 지속될 수 없는 경우가 많다.

또 하나의 어려움이 요즘 부부들의 원만한 결혼 생활을 가로막고 있는데, 이것은 사랑의 가치를 잘 알고 있는 부부들이 특히 심하게 느끼는 어려움이다. 사랑은 그 감정이 어떤 속박에도 얽매이지 않고 자발적으로 일어날 때에만 건강하게 자라난다. 사랑을 의무로 여기는 사고는 사랑을 질식시키기 쉽다. 아무개를 사랑하는 것이 의무가 된다면 이는 그 사람에 대한 증오심을 키우는 가장 확실한 방법이 될 것이다. 사랑과 법률적인 서약을 결합시키는 결혼은 결국 두 마리 토끼를 쫓다가 둘 다 놓치는 꼴이 된다. 셸리는 이렇게 말한다.

나는 그 위대한 교파에 한 번도 마음 둔 적이 없네.
그 교파의 가르침을 따르려면,
누구든지 많고 많은 사람들 중에서
애인이나 친구를 단 하나만 골라야 하고,
그 나머지는 제 아무리 슬기롭고 너그러워도
차가운 망각 속으로 보내야 하나니.
그러나 그 가르침은

오늘날의 도덕이 정해놓은 규범이어라.

또한 가련한 노예들이

지친 발걸음으로 걸어가는 잘 다져진 길이어라.

죽은 자들 틈에 섞여 안식처에 이를 때까지

세상의 넓은 길을 따라서

사슬에 묶인 친구 하나, 혹은 시샘 많은 원수 하나와 더불어

길고 지루하기 짝이 없는 여행을 하는 노예들이.

〔셸리의 「에피사이키디언」 중에서 인용〕

배우자가 아닌 다른 사람에게서 다가오는 사랑을 일체 배척하고 결혼에만 마음을 쏟는 사람에게는 의심할 나위 없이 이해심과 동정심, 공감 의식, 그리고 소중한 인간적 접촉의 기회가 줄어들 수밖에 없다. 극히 이상주의적인 관점에서 볼 때 이런 태도는 바람직한 요소들에 해를 끼치게 된다. 이런 윤리관은 구속적인 윤리관과 마찬가지로, 인생 전반에 대하여 늘 무언가를 금지할 기회만 찾는 경찰관 같은 사고방식을 조장하기 쉽다.

결혼 생활은 앞서 든 여러 가지 이유(그 이유 가운데 태반은 누가 보기에도 유익한 것과 밀접히 결부되어 있음에도 불구하고) 때문에 어려움에 부딪히게 되었다. 결혼이 행복한 삶을 가로막는 장해물이 되지 않게 하려면, 결혼에 대한 새로운 인식이 정립되어야 한다. 사람들이 흔히 제안하고, 미국에서도 대대적으로 실행에 옮겨지고 있는 해결책은 쉽게 이혼할 수 있도록 하는 것이다.

인정 많은 사람이라면 누구나 그렇듯이, 나의 입장은 현재 영국 법률에서 인정되는 것보다 훨씬 많은 이혼 사유가 인정되어야 한다는 것이다. 그러나 나는 쉽게 이혼할 수 있도록 하는 것은 결혼 생활의 어려움을 해결할 수 있는 방안이 아니라고 생각한다. 부부 사이에 자식이 없을 경우에는 부부가 아무리 점잖게 행동하려고 애를 쓰고 있다고 해도 이혼이 바람직한 해결책인 경우가 많다. 그러나 나는 자식이 있을 때는 안정된 결혼 관계가 굉장히 중요하다고 생각한다(이에 대해서는 나중에 가족과 관련한 논의에서 다시 살펴볼 것이다).

결혼 생활이 원만하고 부부가 합리적이고 점잖게 행동한다면 그 결혼은 평생토록 지속될 확률이 높지만, 그런 경우라도 혼외 성관계가 전혀 일어나지 않으리란 법은 없다고 생각한다. 열정적인 사랑으로 결혼해서 사랑스러운 자식까지 얻은 부부 사이에는 깊은 유대감이 생기기 때문에, 성적인 열정이 식거나 부부 중 어느 한쪽 혹은 양쪽이 다른 사람에게 성적인 열정을 느끼게 된 경우에도 반려자에 대해 무한히 소중한 감정을 느끼게 된다. 질투심은 이런 원만한 결혼 생활을 방해한다. 질투심은 본능적인 감정이지만 나쁜 것이라는 인식이 있으면 통제될 수 있고, 이를 정당한 도덕적인 분개심의 표현이라고 여겨서는 안된다. 오랜 세월 동안 깊은 감명을 주는 사건을 숱하게 겪으면서 지속된 반려자 관계는 풍요로운 내용을 담고 있지만, 짧은 기간의 사랑은 제 아무리 큰 기쁨을 준다고 해도 결코 그만큼 풍요로운 내용을 품을 수 없다. 시간이 가치를 높이는 데 어떤 역할을 할 수 있는지 헤아릴 줄 아는 사람이라면 이런 반려 관계를 새로운 사랑 때문에 허투루 내팽개치는 일은 없을 것이다.

결론적으로 말하자면, 문명사회의 남성과 여성이 행복한 결혼 생활을 이루는 것은 가능하다. 물론 이것이 가능하려면 수많은 조건이 충족되어야 한다. 부부 쌍방이 완벽히 평등하다고 느낄 수 있어야 하고, 서로의 자유에 간섭하지 말아야 한다. 부부 사이에는 육체적, 정신적으로 완벽한 친밀감이 형성되어야 하고, 가치의 기준이 어느 정도 일치해야 한다(가령 한 사람은 금전만을 소중히 여기고, 다른 사람은 선행만을 소중히 여긴다면 그 결혼은 비참해진다). 이런 모든 조건이 충족된다면, 결혼은 두 명의 인간이 이룰 수 있는 가장 유익하고 가장 중요한 관계가 될 수 있다고 생각한다. 지금까지는 이런 결혼이 현실화되는 경우가 흔치 않았는데, 그 주된 원인은 남편과 아내가 서로에게 경찰관 행세를 해온 데 있다. 결혼이 지닌 이런 가능성을 현실화하고자 한다면, 남편과 아내는 법률의 규정이 어떠하든 관계없이 사적인 생활 영역에서 자유롭게 행동해야 한다는 사실을 깨달아야만 한다.

10

고상한 도덕의 뒷면

정숙한 여성들의 정조를 대단히 중요한 문제로 여기는 사회의 결혼 제도는 사실상 그 제도의 일부라고 여겨도 될 만한 또 다른 제도, 즉 성매매 제도에 의지할 수밖에 없다. 윌리엄 레키Wil-liam Lecky〔아일랜드의 역사가로 1869년에 『유럽 도덕사』를 출간했다〕는 성매매는 신성한 가정과 우리의 순결한 아내와 딸들을 보호하는 안전장치라는 유명한 글귀를 남겼다. 빅토리아 시대의 정서에 표현 방식 역시 낡았지만, 그 글귀에 담긴 사실을 부인할 도리는 없다. 도덕가들은 아무 근거 없이 레키의 주장에 대해 분개하고 그를 비난한다. 레키의 주장이 사실이 아니라는 것을 입증하지는 못하고, 남성들이 도덕가들의 가르침을 따른다면 성매매는 존재하지 않을 것이라는 진심어린 주장을 편다. 남성들이 자신의 가르침을 따르지 않으리라는 것을 잘 알고 있으면서도 그런 상황을 가정하다니 너무나 어처구니 없는 태도다.

성매매는 왜 필요한가? 많은 남성들이 미혼으로 지내거나 여행을 하느라 아내와 떨어져 지내야 하는데도 금욕 생활을 감수할 마음이 없으며 인습적인 도덕관 때문에 정숙한 여성에게 접근할 방도도 없다. 따라서 사회는 특정한 계층의 여성들을 따로 떼어내 이런 남성들의 욕구를 충족시키는 일에 배치한다. 이런 욕구를 인정한다는 것이 수치스럽기는 하지만 그 욕구를 대단히 불만족스러운 상태로 방치하는 것은 위험하다고 여기기 때문이다.

성매매 여성을 활용할 때의 장점은 그 여성은 별다른 준비 없이 즉시 만날 수 있는 상대이며, 그 직업 이외에 다른 생활은 하지 않기 때문에 눈에 띄지 않게 숨기는 것이 어렵지 않고, 이 여성과 관계를 하고도 위신을 깎이는 일 없이 아내와 가정, 교회로 돌아갈 수 있다는 데 있다. 아내와 딸들의 미덕과 교회 교구 위원들의 겉치레에 불과한 미덕을 지켜준다는 점에서 이 불쌍한 성매매 여성이 하는 행위는 의심의 여지가 없는 봉사임에도 불구하고, 그 여성은 도처에서 누구에게나 멸시당하고 폐인으로 취급받으며 성매매와 관련된 경우 외에는 일반인들과의 접촉이 허용되지 않는다. 이렇듯 터무니없이 불공정한 대우는 기독교의 득세와 함께 시작되어 지금까지 지속되고 있다. 성매매 여성의 가장 큰 죄는 그 존재 자체가 도덕가들이 내세우는 주장의 공허함을 폭로하고 있다는 데 있다. 프로이트가 명명한 무의식의 검열관이 의식적인 사고의 출현을 차단하는 것과 마찬가지로, 성매매 여성은 눈에 뜨이지 않는 곳으로 추방되어야 한다. 그러나 바로 그런 이유 때문에 성매매 여성은 그런 추방자들이 으레 그렇듯이 의도하지 않은 복수를 수행한다.

> 그러나 무엇보다도 한밤중의 거리를 지나면서
> 나는 듣는다
> 어떻게 젊은 창녀의 저주가
> 갓 태어난 아기의 눈물을 마르게 하고
> 결혼-영구차에 재앙의 그림자를 던지는가를
> 〔윌리엄 브레이크의 「경험의 시」 중에서 인용〕

성매매가 태곳적부터 멸시받고 은밀히 행해져 온 것은 아니다. 사실, 그 기원은 대단히 고결했다. 애초에 타인에게 성을 공여했던 여성은 신이나 여신을 섬기는 여사제로서, 이들은 신을 예배하는 행위의 일환으로 지나가는 낯선 이를 위해 봉사했다. 당시 이 여사제는 사람들에게 존경을 받았으며, 남성들은 여사제를 이용하면서도 그녀를 존중했다. 기독교 초기의 교부들은 이 제도에 대해 독설을 퍼붓는 장문의 글에서 이교 신앙이 음란할 뿐 아니라 사탄의 교활한 간계에서 비롯한 제도라고 주장했다. 결국 사원들이 폐쇄되고 도처에 이윤 획득을 목표로 삼는 상업적인 성매매가 자리잡았다. 그러나 이를 통해서 얻은 이윤은 성매매 여성들이 아니라 이들을 사실상의 노예로 부리고 있던 자들에게 돌아갔다. 독립적으로 활동하는 성매매 여성들(이들의 존재가 지금처럼 일반화된 것은 아주 최근의 일이다)은 당시에는 극히 예외적으로만 존재했고, 대개는 사창가나 공중목욕탕, 혹은 그 밖의 여러 매춘굴에 몸담고 있었다. 인도는 종교적인 성 공여에서 상업적인 성매매로 넘어가는 전환기가 아직 완료되지 않은 상태다. 『어머니 인도Mother India』의 저자 캐서린 메이오는 인도를 비판하는 한 가지 근거로 종교적 성 공여가 잔존한다는 점을 들고 있다.

남아메리카 지역에서는 성매매가 여전히 성행하고 있지만,[22] 세계적으로 성매매는 차츰 쇠퇴하고 있는 추세인 것 같다. 이런 상황을 야기한 부분적인 원인으로는, 예전에 비해서 여성들이 종사할 수 있는 생계 수단이 다양해지고 상업적인 동기 때문이 아니라 자기만족을 위해서 자발적으로 남성들과 혼외 성관계를 맺는 여성들이 크게 늘어난 점을 들 수 있다. 그렇지만 성매매가 완전히 근절될 수는 없다고 생각한다. 오랫동안 항해를 하다가 뭍에 오른 선원들을 예로 들어보자. 이들이 사랑하는 마음이 솟아나서 자신에게 다가올 여성들을 기다릴 만큼 참을성이 있을 리 없다. 또한 불행한 결혼 생활에 아내를 보기만 해도 진저리를 치는 숱한 남성들을 생각해보라. 이들은 집을 벗어나서 편안함과 해방감을 느끼고 싶어할 것이고, 될 수 있으면 정신적으로 부담이 되지 않는 방식으로 누리기를 원할 것이다. 그럼에도 사람들이 성매매가 최소한도로 줄어들기를 바라는 데는 몇 가지 중요한 이유가 있다. 성매매를 반대하는 근거는 크게 세 가지다. 첫째는 사회의 건강성을 위태롭게 한다는 점이고, 둘째는 여성들에게 심리적인 손상을 입힌다는 점이고, 셋째는 남성들에게 심리적인 손상을 입힌다는 점이다.

이 중에서 가장 중요한 것은 사회의 건강성을 위태롭게 하는 문제다. 성병은 대개 성매매를 통해서 퍼져나간다. 이 문제를 성매매 여성들의 명단을 작성하고 국가 차원에서 검진을 실시하는 방법으로 해결하려는 시도는 의학적인 관점에서만 보면 그다지 큰 효과를 거두지 못하고 있다. 경찰이 성매매 여성들은 물론, 성매매를 직업으로 삼으려는 의도는 없었는데도 우연히 법률의 올가미에 걸려든 여성들에게까지 권력을 휘두른다는 점에서, 이런 시도는 자칫하면 짜증스러운 폐해가 될 가능성이 있다. 성병이 죄를 지은 사람이 받아 마땅한 형벌이라는 인식이 사라진다면 성병 문제는 훨씬 더 효과적으로 해결될 수 있다. 발병 가능성을 크게 줄일 수 있는 사전 예방책을 활용하는 것도 한 가지 방법이다. 그러나 많은 사람들이 죄악을 부추긴다는 이유로 이런 예방책을 널리 알리는 것을 달갑게 여기지 않고 있다. 성병에 걸린 사람들 역시 흔히 그 사실을 수치스럽게 여기고 치료를 미룬다. 성병에 대한 사회의 인식이 예전에 비해서 크게 개선된 것은 사실이다. 사회의 인식이 더욱더 개선된다면 성병이 크게 줄어들 것이다. 그렇지만 성매매가 완전히 사라지지 않는

한, 그 어떤 병보다 위험한 병을 퍼뜨리는 경로를 차단할 길은 없을 것이다.

현재와 같은 형태의 성매매에 종사하는 생활은 누가 보기에도 바람직한 생활이 아니다. 성병에 걸릴 위험성만 보더라도 성매매는 백연白鉛 공장에서 일하는 것만큼이나 위험하다. 그러나 그런 위험성을 제쳐놓더라도 성매매는 퇴폐적인 생활이며 나태와 과음으로 이어지기 쉽다. 성매매에는 여성 종사자가 일반인에게 멸시를 당하고, 때로는 자신을 찾는 고객들에게조차 홀대를 받는다는 심각한 결점이 있다. 또한 성매매 여성들은 수녀와 마찬가지로 본능을 거스르는 생활을 해야 한다. 앞서 든 모든 이유에서, 기독교 국가에 존재하고 있는 성매매는 대단히 바람직하지 않은 생활 수단이라 할 수 있다.

얼핏 보기에 일본의 사정은 전혀 다른 것 같다. 일본에서는 성매매가 직업으로 인정받고 존중받는다. 심지어 부모의 권고에 따라 그 직업을 선택하는 경우도 있고, 결혼 지참금을 마련하는 방편으로 이용되는 경우도 드물지 않다. 일부 소식통에 따르면, 일본인들은 매독에 대해 어느 정도 면역성이 있다고 한다. 따라서 일본인들은 성매매 여성이라는 경력을 도덕이 훨씬 엄격한 사회만큼 비천한 것으로 취급하지 않는다. 어쩔 수 없이 성매매가 남아 있을 수밖에 없다면, 유럽에서 흔히 볼 수 있는 형태가 아니라 일본식의 형태로 존재하는 편이 훨씬 낫다. 도덕의 기준이 엄격한 사회일수록 성매매 여성의 삶은 더욱 후퇴할 수밖에 없다.

성매매 여성과 성관계를 가지는 남성은 그 행위가 아무리 습관화되었다고 해도 심리적인 측면에서 나쁜 영향을 받을 가능성이 높다. 남성은 성관계를 가질 때 상대방을 기쁘게 할 필요가 없다는 생각에 익숙해질 것이다. 또한 그 남성은 일반적인 도덕을 중시하면서도 성관계를 맺는 모든 여성을 경멸하는 버릇이 들기 쉽다. 결혼을 성매매와 동일시하거나, 정반대로 결혼을 성매매와는 되도록 멀찌감치 떨어진 것으로 취급할 경우, 대단히 불행한 결과가 빚어질 수 있다. 자신이 깊이 사랑하고 존경하는 여성에게 성욕을 느끼지 못할 수도 있다. 프로이트 학파는 오이디푸스 콤플렉스라고 부르지만, 내가 생각하기에 이런 태도는 사랑하는 여성과 성매매 여성을 가능한 한 멀찍이 떼어놓고 싶어하는 욕구에서 비롯하는 것 같다. 많은 남성들, 특히 구태의연한 사고방식을 가진 남성들은 이처럼 극단적인 태도까지는 아니라도, 자기 아내를 지나치게 깍듯이 존중하는 태도를 보이기도 한다. 이런 식의 지나친 존중은 아내들을 심리적인 동정 상태에서 벗어나지 못하게 하고 성적 쾌감을 경험하지 못하게 한다. 반면에 남성이 상상 속에서 자기 아내를 어느 성매매 여성과 동일시할 경우에는 정반대의 불행이 빚어진다. 그 남성은 두 사람이 원할 때에만 성관계가 이루어질 수 있고, 길든 짧든 간에 반드시 어느 정도의 구애 과정을 거쳐야 한다는 사실을 잊어 버린다. 결국 그는 아내를 거칠고 잔혹하게 대하고, 아내의 마음속에 쉽게 지워지지 않는 혐오감을 심어 놓는다.

성에 경제적 동기가 개입되면 크건 작건 간에 반드시 불행이 빚어진다. 성관계는 서로에게 기쁨을 주는 것이어야 하고, 이런 기쁨은 두 사람에게서 자연스러운 충동이 일어날 때에만 얻어진다. 그렇지 않은 성관계는 아무런 가치가 없다. 타인을 성욕 해소의 도구로 이용하는 것은 인간에 대한 존중심(일체의 진정한 도덕성은 여기에서 우러난다)이 결여된 행동이다. 제아무리 진지하게 임한다고 해도 이런 행동으로는 감수성이 예민한 사람의 마음을 끌 수 없다. 그런데도 육체적인 충동에만 몸을 맡기고 이런 행동을 강행하게 되면 양심의 가책을 느끼기 쉽고, 이렇게 양심의 가책을 느낄 때 그 남성의 가치 판단은 심한 혼란을 겪게 된다. 성매매뿐 아니라 결혼도 거의 비슷하다. 여성들의 가장 일반적인 생활 수단은 결혼이다. 여성이 원하지 않는 성관계를 감내하는 경우는 성매매 관계보다 결혼 관계에서 훨씬 더 많이 발생할 듯싶다. 미신적인 요소가 없는 경우, 성관계에서 도덕성의 본질은 상대방을 존중하는 마음, 그리고 상대방의 욕구를 헤아리지 않고 상대방을 개인적인 욕구 충족의 수단으로 이용하는 것을 내키지 않아하는 마음에 있다. 성매매는 바로 이런 원칙을 위배하고 있다는 점에서, 제아무리 성매매 여성이 존중받고 성병의 위험이 사라진 경우라도 바람직하지 않은 것이다.

해브록 엘리스는 성매매에 대한 흥미로운 연구에서 이를 옹호했다. 나는 그 주장의 근거가 확실치 않다고 생각한다. 그는 주신제主神祭에서부터 이야기를 시작한다. 주신제는 대부분의 초기 문명에 존재한 것으로, 평소에는 절제해야 하는 무질서한 충동을 배출할 수 있는 기회였다. 해브록 엘리스에 따르면, 성매매는 주신제로부터 발전했으며 과거에 주신제가 수행했던 역할을 하고 있다. 많은 남성들이 속박과 예법, 그리고 인습적인 결혼이라는 고상한 제약 때문에 완전히 만족하지 못한다. 그런 남성들은 이따금 성매매 여성을 찾아가는 것을 자신에게 허용된 가장 반사회적인 배출구라고 생각한다. 그러나 해브록 엘리스의 주장은 형식적인 면에서는 훨씬 현대적이지만, 근본적으로는 레키의 주장과 다를 바가 없다. 억압적인 성생활을 하고 있는 여성 역시, 남성과 마찬가지로, 해브록 엘리스가 말한 것과 같은 충동에 빠지기 쉽다. 여성의 성생활이 자유로워지면, 남성은 순전히 금전적인 동기를 앞세운 직업여성과 성관계를 맺지 않고도 성적인 충동을 만족시킬 수 있을 것이다. 이것이야말로 여성의 성적 자유가 보장될 때 얻을 수 있는 무수한 이점들 가운데 하나다. 내가 관찰한 바에 따르면, 예로부터 내려오는 성적인 금기에 얽매이지 않는 사고와 감정을 가진 여성들은 결혼 생활에서 빅토리아 시대의 여성들보다 훨씬 더 충만한 만족감을 찾을 수 있을 뿐 아니라 상대에게도 그런 만족감을 줄 수 있다.

낡은 도덕이 쇠퇴하면 성매매 역시 쇠퇴한다. 젊은 남성들은 예전 같으면 이따금 성매매 여성을 찾아갔겠지만, 이제는 자신의 취향에 맞는 여성들을 만난다. 두 사람 모두에게 자유롭고 육체적인 요소만큼이나 중요한 심리적인 요소가 크게 작용하여 열정적인 사랑을 품고 있는 관계를 맺을 수 있다. 진정한 도덕의 관점에서 볼 때, 낡은 체제에 비해서 엄청난 진보라고 할 수 있다. 도덕가들은 예전처럼 감추기 어렵기 때문에 이런 상황을 유감스럽게 여기지만 도덕가의 귀로 흘러들어 가지 않게 하는 것이 도덕의 첫 번째 원칙은 아니다. 젊은이들 사이에 형성된 새로운 자유가 잔혹하지 않은 남성과 까다롭게 굴지 않는 여성으로 이루어진 세대를 만들어 내고 있으니 나는 무척 기쁘다. 이러한 자유에 반대하는 사람들은 자신들이 사실상 성매매의 존속을 옹호하고 있다는 사실을 직시해야만 한다. 성매매는 지나치게 엄격한 도덕의 중압에 맞서는 유일한 안전판 역할을 하고 있기 때문이다.

11

새로운 시대의 결혼법

합리적인 윤리관에서 보면, 자식이 없는 결혼 생활은 제대로 된 결혼 생활이 아니다. 자식을 얻지 못하는 부부에게는 쉬운 이혼이 보장되어야 한다. 성관계는 자식의 출산을 통해서만 사회적으로 중요한 의미를 지니게 되고, 또한 법률 기관의 인정을 받을 수 있는 자격을 가지게 되기 때문이다. 물론 이것은 기독교의 입장과는 다르다. 기독교는 성 바울의 영향을 받아서, 결혼은 자녀를 출산하는 수단이 아니라 간음을 방지하는 수단이라는 입장을 고수하고 있다. 그러나 최근에는 성직자들조차, 모든 남녀가 결혼하기 전까지 동정을 지켜야 한다는 관습이 예외없이 준수되지는 않는다는 것을 알고 있다. 성매매 여성들과 성관계를 하고도 깔끔하게 숨기는 남성들의 과실은 비교적 쉽게 묵인되었다. 그러나 인습적인 도덕가의 입장에서 직업적인 성매매 여성이 아닌 보통 여성들의 부도덕한 행동을 묵인하기란 훨씬 어렵다. 세계대전이 끝난 뒤부터 미국, 영국, 독일, 북유럽에서 큰 변화가 일어나고 있다. 점잖은 가정 출신의 많은 젊은 여성들이 '정조'를 지킬 가치가 있다는 생각을 하지 않게 되었다. 젊은 남성들 또한 성매매 여성과의 관계에서 배출구를 찾는 것이 아니라, 비슷한 처지의 젊은 여성과 관계를 맺고 지내다가 경제적으로 형편이 좋아지면 그 여성과 결혼을 한다. 이런 변화는 영국에서보다 미국에서 더 빠르게 진행되고 있는데, 금주법과 자동차 덕분인 것 같다.

금주법 덕분에 즐거운 파티에 가는 사람들은 어느 정도는 술에 취하는 것이 일반화되었다. 상당히 많은 비율의 젊은 여성들이 자동차를 가지고 있기 때문에 부모나 이웃의 눈에 띄지 않는 곳에서 쉽게 애인을 만날 수 있게 되었다. 린지 판사가 쓴 책에는 이런 상황이 기술되어 있다.[23] 나이든 사람들은 지나친 과장을 하고 있다고 그를 비난하지만, 젊은 사람들은 그렇게 생각하지 않는다. 나는 린지 판사의 주장을 확인하기 위해서 일시적인 여행자[러셀 본인을 가리킨다]가 할 수 있는 한 최대한의 노력을 기울여 젊은 남성들과 대화를 나누었다. 그들은 린지 판사가 이야기한 사실들을 전혀 부인하려 하지 않았다. 미국에서는 상당한 사회적 지위를 확보한 젊은 여성들 가운데 매우 많은 비율이 혼전 성 경험을 가지고 있을 뿐 아니라, 애인을 여러 명씩 사귀는 경우도 꽤 있는 것 같다. 또한 본격적인 성교를 하지 않고도 욕구를 충족하는 특이한 방법이 유행하면서, 성교 행위로 넘어가지 않고 입을 맞추고 애무를 하는 행동이 대단히 흔하게 이루어지고 있다.

그렇지만 나는 현재의 상황을 달갑게 여기는 입장이 아니다. 이런 상황에는 인습적인 도덕가들이 억지로 새겨놓은 바람직하지 않은 특징들이 반영되어 있다. 내가 보기에, 인습적인 도덕의 개혁이 이루어지지 않으면 이런 바람직하지 않은 특징들은 결코 사라지지 않을 것이다. 밀주密酒의 경우나 마찬가지로, 은밀히 행해지는 성관계는 은밀한 음주 행위만큼이나 나쁘다. 미국에서는 경제 사정이 풍족해지면서, 금주법이 실시되기 전에 비해 젊은 남성들의 취태가 몹시 심각해졌고 젊은 여성들에게서는 더욱 심각해졌다는 사실을 부인할 사람은 없으리라고 본다. 교묘하게 법망을 피해가다 보면 자연스럽게 자신의 솜씨에 대해 자부심과 묘미를 느끼게 된다. 음주와 관련하여 법망을 교묘하게 피해가는 사람들이 있듯이, 성과 관련해서도 당연히 인습을 교묘하게 피해가는 사람들이 있다. 사람들은 이런 대담한 행동이 성적인 흥분을 고취하는 최음 효과를 발휘한다고 생각하기도 한다. 이런 상황에서 성관계는 자칫하면 가장 어리석은 형태로 변질되기 쉽다. 즉, 사랑 때문이 아니라 허세 때문에, 때로는 도취감 때문에 성관계를 맺는 것이다. 이런 경우 성관계는 음주 행위와 마찬가지로 당국의 감시를 피할 목적에서 쾌감이 느껴지지 않는 농축된 형식으로 이루어지게 된다. 미국에서는 결혼한 사이가 아닌 남녀 간에 모든 인격을 바쳐서 협력하는, 품위 있고, 이성적이며, 진심 어린 활동으로서의 성관계가 이루어지지 않는 것 같다. 이런 점에서는 도덕가들이 성공을 거두고 있다. 간음을 막지는 못하고, 간음을 반대함으로써 오히려 간음을 매력적인 것이라고 느끼게 하여 그것을 확산시키는 데 일조하고 있다는 이야기다. 술은 무조건 나쁜 것이고, 과음 역시 나쁜 것이라고 주장하여 그런 인식을 퍼뜨리는 데 성공했고, 간음에 대해서도 마찬가지였다. 그들의 영향을 받아 젊은이들은 일상적인 대화를 나누거나, 함께 일을 하거나, 마음을 털어놓는 일 따위로 얽히는 일 없이 순전히 성관계만을 가진다. 몹시 소심한 젊은이들은 본격적인 성관계는 엄두도 내지 못하고 성적 흥분 상태를 길게 유지하는 행위에 만족하여 성욕을 충족되지 않은 상태로 방치한다. 이런 행위는 신경을 쇠약하게 할 뿐 아니라, 나중에 성의 즐거움을 만끽하는 것을 어렵게 하거나 불가능하게 할 수 있다. 미국의 젊은이들 사이에서 성행하고 있는 성적 흥분은 늦은 밤까지 계속되는 파티와 깊은 관련이 있기 때문에 많은 일을 제대로 할 수 없고, 수면 부족이 되기 쉽다는 단점도 있다.

더욱 중대한 문제는 공인된 도덕이 현재 상태로 지속되는 한 불행한 사태가 발생할 위험이 있다는 점이다. 운이 좋지 않으면, 어느 도덕 수호자의 귀에 어떤 젊은이의 행동에 대한 소문이 들어갈 수도 있다. 그는 좋은 기회라고 생각하고 그 젊은이에게 병적이라 할 만큼 가혹한 비난을 퍼부을 것이다. 또한 미국 젊은이들은 안전한 피임 정보를 얻을 수가 없기 때문에 뜻하지 않은 임신으로 당황하는 일이 드물지 않게 일어난다. 이런 경우 일반적으로 낙태 시술이 이루어지는데, 이것은 위험하고 고통스러우며 불법적일 뿐 아니라 비밀에 부치기도 어렵다.

또 다른 불행한 결과는 젊은 세대의 도덕과 늙은 세대의 도덕 사이에 생기는 현격한 격차에서 비롯한다. 오늘날 미국에서는 부모 자식 간에 친밀감과 화목함이 전혀 없는 경우가 많고, 자식에게 도움이 될 만한 충고를 하거나 포용할 능력이 부족한 부모들이 많다. 젊은이들이 난관에 부닥쳐서 이야기를 꺼내면 부모들은 여지없이 노여움을 터뜨리거나 비난을 하는 등, 신경질적인 반응을 보인다. 이런 부모 자식 관계는 자식이 사춘기에 이르고 나면 아무런 쓸모도 없게 된다. 딸의 애인에게 "내 딸이랑 자라. 그리고 좋으면 결혼해"라고 말하는 트로브리안드 섬의 주민들[24]이 훨씬 트인 사람들이다.

미국 젊은이들은 불완전하기는 하지만 자유를 누리고 있다. 지금까지 살펴본 대로 여러 가지 결점이 있기는 하지만, 앞 세대가 처한 상황에 비하면 엄청난 혜택을 누리는 셈이다. 그들은 까다로운 예법과 금기, 합리적 근거가 없는 권위에 대해서 앞 세대들에 비해 훨씬 자유롭다. 또한 나는 이 젊은이들이 앞 세대에 비해서 잔인성과 야수성, 난폭성이 덜할 것이라고 생각한다. 앞세대의 미국인들은 성관계로 배출하지 못해 통제할 수 없을 지경이 된 충동을 폭력으로 발산하며 살았다. 지금의 젊은 세대는 중년이 되어도 젊었을 때의 행동을 완전히 잊어버리지는 않고, 지금은 비밀유지가 어려워서 거의 실행에 옮길 수 없는 여러 가지 성적인 실험들을 묵인하게 될 것이라 기대한다.

영국에는 금주법이 없고 자동차 수도 적기 때문에 미국만큼 진척된 수준은 아니지만 영국도 거의 비슷한 상황이다. 내가 보기에 영국과 유럽 대륙에서는 성적 욕구를 완전히 충족시키지 않고 단순히 성적 흥분 상태를 지속시키기만 하는 관행이 훨씬 적은 것 같다. 또한 약간의 예외는 있겠지만, 영국의 점잖은 사람들은 대체로 미국의 점잖은 사람들만큼 성윤리를 규탄하려는 열정에 가득 차 있지 않다. 그러나 이런 차이는 정도의 차이에 지나지 않는다.

❧

린지 판사는 오랫동안 덴버의 청소년재판소장으로 있었다. 그 자리는 현실을 파악하는 데에는 누구도 견줄 수 없을 만큼 좋은 직위였다. 그는 "우애결혼companionate marriage"이라는 새로운 제도를 제안했다가 유감스럽게도 공직을 잃고 말았다. 그가 청소년들에게 죄의식을 일깨우는 대신 그들의 행복을 증진시키는 일에 직위를 이용하고 나섰다는 소문이 돌자, KKK단과 가톨릭교도들이 합세하여 그를 쫓아낸 것이다. 우애결혼은 젊은

이들의 성관계를 지금과 같은 난잡한 상태로 방치하는 것이 아니라 어느 정도 안정된 상태로 만들려는 시도라는 점에서 현명한 보수주의자가 내놓은 제안이다. 린지 판사는 젊은이들이 아내와 자녀를 부양할 만한 돈이 없어서 결혼을 하지 못하고 있다는 사실에 착안했다. 아내가 생계를 위해 일하는 것은 관례에 어긋나기 때문이다. 그의 논지는 젊은 사람들에게 일반적인 결혼과는 다른 새로운 결혼 생활을 허용해야 한다는 것이다. 이 새로운 형태의 결혼은 일반적인 결혼과는 구별되는 세 가지 특징이 있다. 첫째, 당분간은 아이를 낳을 생각을 하지 말아야 하고, 그러기 위해서 가장 편리한 피임 지식을 습득해야 한다. 둘째, 출생한 아이가 없고 아내가 임신한 상태도 아닌 경우에는 합의에 의한 이혼이 가능해야 한다. 셋째, 이혼을 할 경우 아내가 이혼 부양료를 받을 권리가 인정되지 않아야 한다. 그는 이 제도가 법률에 의해서 확립되면, 상당히 많은 젊은이들(예컨대 대학생들)이 주신제와 같이 난잡한 현재의 상황에서 벗어나, 공동생활을 수반하는 상당히 지속적인 배우자 관계를 맺으리라고 주장한다. 이는 나도 공감하는 대목이다. 그는 결혼한 젊은 학생이 미혼 학생보다 공부를 더 잘한다는 증거를 내놓는다. 일과 성의 결합은 흥분을 일으키는 난잡한 파티와 자극적인 만취 상태보다 반영구적인 관계 속에서 더 쉽게 이루어진다는 것은 의심할 나위가 없다. 두 젊은이가 함께 사는 데 드는 비용은 따로따로 살 경우보다 적을테니 경제적인 이유에서 결혼을 미루어야 한다는 논리는 더

147

이상 통하지 않을 것이다. 나는 린지 판사의 제안이 법률로 구체화되면 매우 유익한 영향이 있을 것이고, 이러한 영향력은 도덕적 관점에도 작용할 것이라고 확신한다.

그러나 미국 전역의 모든 중년층과 모든 신문은 린지 판사의 제안에 경악했다. 그들은 린지 판사가 가정의 신성함을 위협하고, 당장 자녀 출산 계획이 없는 결혼을 용인함으로써 육욕을 합법화할 기회를 열어 놓으며, 혼외 성관계의 성행을 지나치게 과장하여 순결한 미국 여성들의 명예를 훼손하고 있다고 주장한다. 그들은 또한 직업을 가진 대부분의 남자들이 30세에서 35세까지는 거뜬하게 금욕 생활을 유지할 수 있다고 주장한다. 이런 여러 가지 주장들이 나왔지만, 내가 보기에는 자신이 주장하는 바를 진심으로 확신하는 사람은 일부에 지나지 않는 것 같다. 나는 린지 판사에게 쏟아진 수많은 비난들을 신중하게 검토한 끝에, 중요한 함의를 지닌 주장은 두 가지뿐이라는 생각에 이르렀다. 하나는 그리스도가 린지 판사의 제안을 결코 용인하지 않으리라는 주장이며, 또 하나는 오늘날 저명한 성직자들이 린지 판사의 제안을 승인하지 않는다는 것이다. 내 생각에 이 두 가지 가운데 두 번째 주장이 더 유력할 뿐 아니라 타당한 주장인 것 같다. 첫 번째 주장은 입증할 방법이 없는 완전한 가설에 불과하기 때문이다. 어느 누구도 린지 판사의 제안이 인간의 행복을 감소시킨다고 지적하지 않는 것을 보면서, 나는 전통적인 도덕을 지지하는 사람들은 이런 사항을 전혀 중시하지 않는다는 결론을 내릴 수밖에 없다.

나는 우애결혼이 올바른 방향을 향한 일보 전진이며 많은 이익을 제공할 것이라고 확신하지만, 그것만으로는 충분치 않다고 생각한다. 나는 자식과 관련되지 않은 일체의 성관계는 순전히 사적인 일로 여겨야 하며, 남녀가 자식을 낳지 않고 함께 살기로 결정한다면, 당사자 아닌 사람이 거기에 간섭해서는 안 된다고 생각한다. 내가 보기에는 남녀가 사전에 성적인 경험이 없는 상태에서 자녀 출산을 목적으로 하는 결혼이라는 중대사에 뛰어드는 것은 결코 바람직하지 않다. 첫 성 경험은 사전 지식이 있는 사람과 하는 것이 좋다는 것을 입증하는 증거들이 많이 있다. 인간의 성행위는 본능적인 것이 아니다. 후배위 방식을 벗어난 이후의 성행위는 분명히 그러하다. 굳이 이 점을 고려하지 않더라도, 성적인 면에서 서로 적합한지 확인하지도 않은 채 평생 이어갈 관계를 맺는 것은 합리적이지 못하다. 집을 사려는 사람에게 새 집을 보여주지도 않고 매매대금을 완납하라고 하는 것만큼이나 어처구니없는 일이다. 결혼의 생물학적 기능을 제대로 인식한다면 아내가 첫 임신을 하기 전까지는 결혼이 법적인 구속력을 가지지 않도록 하는 것이 합리적이다. 현재는 성관계가 불가능한 결혼에 대해서만 무효를 인정하고 있는데 결혼의 진정한 목적은 성관계에 있다기보다는 자녀 출산에 있으므로, 자녀가 태어날 것이 예상되는 시점 이전에는 결혼의 완전한 구속력이 인정되어서는 안 된다. 이런 관점이 확립되기 위해서는 무엇보다도 먼저 자녀 출산과 단순한 성관계를 구별하는 인식이 형성되어야만 한다. 피임법이 도입되면서 이런 인식이 형성되기 시작했다. 피임법은 성관계와 결혼의 전체적인 양상을 바꾸어놓았고, 예전에는 무시할 수 있었던 이러한 구별을 불가피한 것으로 만들었다. 사람들은 성매매의 경우처럼 오로지 성관계만을 위해서 결합하기도 하고, 린지 판사가 제안한 우애결혼처럼 성적인 요소를 포함하는 반려 관계를 위해서 결합하기도 하며, 또는 가족을 만들 목적으로 결합하기도 한다. 이렇게 천차만별인 양성 관계를 아무런 구분이 없이 하나로 뭉뚱그려 혼동하는 도덕은 오늘날의 상황에는 적합하지 않다.

12

오늘날 가족의 존재 이유

지금쯤 잊어버린 독자도 있겠지만, 우리는 앞에서 이미 모계 가족과 부계 가족, 그리고 각 가족 형태가 원시적인 성윤리에 미친 영향에 대해서 살펴보았다. 이제 성적인 자유를 제한하는 합리적인 근거로 꼽을 수 있는 가족에 대한 논의로 다시 돌아가자.

앞서 성과 죄에 대한 장황한 논의에서 보았듯이 성과 죄를 결부시키는 관점은 초기 기독교 이전에도 있었지만, 기독교는 그 것을 최대한 이용했고 오늘날 그 관점은 일반인들의 자연스러운 도덕적 판단으로 굳어졌다. 성관계는 사악한 것이고 결혼과 자녀 출산에 대한 욕구가 결합될 때에만 그 사악함을 제거할 수 있다는 기독교적 성윤리에 대해서는 더 이상 논의하지 않겠다. 이 장에서는 자녀의 이익을 보장하기 위해서 성관계가 얼마나 안정적이어야 하는지 살펴볼 것이다. 우리가 안정적인 결혼을 이야기할 때는 반드시 가족이라는 요인을 고려해야 한다. 이것은 간단한 문제가 아니다. 아이의 입장에서 가족의 일원이 되는 편이 좋은가 나쁜가는 그것 말고 어떤 대안이 있느냐에 따라 달라진다. 일반적인 가정보다 훨씬 나은 훌륭한 고아원도 있으니 말이다. 다음으로는, 아버지가 가정생활에서 담당하는 역할이 필수적인 것인지 살펴보아야 한다. 가족을 위해서 어머니가 반드시 정절을 지켜야 한다는 것은 아버지의 일방적인 관점일 뿐이기 때문이다. 또한 가정이 자녀의 개인적인 심리에 미치는 영향(프로이트가 다소 불길한 분위기로 다루었던 주제)에 대해서도 살펴보아야 한다. 경제 제도가 아버지의 중요성을 증대 혹은 감소시키는 데 어떤 영향을 미치는지도 살펴볼 것이다. 국가가 아버지의 역할을 대체하는 것이 좋은지, 아니면 플라톤이 주장했던 것처럼 아버지와 어머니 모두의 역할을 대체하는 것이 좋은지 따져 보아야 한다. 일반적인 경우 아버지와 어머니가 모두 있는 것이 자식들에게 가장 좋은 환경을 제공한다는 견해에는 적극 찬동하지만, 부모 중 어느 한편이 양육자로서의 의무를 수행하지 못하거나, 부부 사이가 지나치게 좋지 않아 자녀의 이익을 위해서는 헤어지는 편이 바람직한 경우 등, 다양한 사례들도 살펴보아야 한다.

종교적인 근거에서 성적인 자유에 반대하는 사람들은 대개 자식에게 해를 끼치는 것이라는 이유를 들어 이혼을 반대한다. 그러나 종교적 편향에서 비롯한 주장은 객관적이지 않다. 예컨대, 종교적인 관점에서 보면, 부모 중 어느 한쪽이 매독을 앓고 있어 매독에 걸린 아이가 태어날 가능성이 있다 해도 이혼이나 피임은 결코 허용되지 않는다. 이처럼 어린아이를 극단적인 상황으로 내몰아놓고도 아이를 위해서였다고 울먹이는 것은 잔인한 원칙을 합리화하려는 구실에 지나지 않는다. 우리는 결혼에 자녀의 이익을 결부시키는 것에는 애초에 똑떨어지는 해답이 있을 수 없음을 인정하고 일체의 선입관이 개입되지 않은 상태에서 이 문제를 논의해야 한다. 여기서 몇 마디 부연 설명을 하고 넘어가겠다.

가족은 인류 이전에 발생한 제도이다. 어머니가 임신하고 수유를 하는 동안에는 아버지의 협조가 자식의 생존에 필수적이라는 점이 가족의 생물학적인 기원이다. 그러나 원시사회에서 아버지가 가족을 돕는 이유는 문명사회에서 아버지가 가족을 돕는 이유와 같지 않다. 이는 앞서 트로브리안드 군도 주민들의 사례에서도 확인한 바가 있고, 유인원의 사례에서도 충분히 추론할 수 있다. 원시 사회의 아버지는 자식이 자기와 생물학적으로 연관되어 있다는 것을 알지 못한다. 그는 자신이 사랑하는 여자가 낳은 아이를 자식이라고 여긴다. 그는 아기가 태어나는 것을 직접 봄으로써 이 사실을 확인했고, 바로 이 사실 때문에 그와 자식 사이에는 본능적인 유대감이 형성된다. 원시 사회에서 남편은 아내의 불륜을 알게 되면 당연히 본능적인 질투심을 일으킨다. 그러나 아내의 정절이 생물학적으로 중요한 의미를 지닌다는 것을 알지 못한다. 자식을 자신의 소유물이라고 여기지 않기 때문이다. 아이는 자기 아내와 처남의 소유물이고, 자신과 아이와의 관계는 단지 사랑을 주고받는 관계라고 여긴다.

그러나 지능이 발달함에 따라서 남성은 선과 악을 알게 해 주는 나무 열매를 먹게 된다. 자식이 자신이 뿌린 정액에서 비롯된 것임을 깨닫게 되고, 따라서 아내의 정절을 확실히 보장할 방안을 강구해야 한다. 아내와 자식은 남성의 소유가 되고, 어느 정도 경제가 발전한 단계에서는 그들이 무척 귀중한 소유물이 된다. 그는 종교에 의지해 아내와 자식에게 자신에 대한 의무감을 지운다. 자식에게 아버지에 대한 의무감을 심는 것이 특히 중요하다. 자식이 어릴 때는 아버지가 더 힘이 세지만, 자식은 기력이 왕성한 어른이 되는 반면에 아버지는 늙어서 쇠약해지는 때가 오기 마련이다. 이 단계에 이르면, 자식의 존경심은 아버지의 행복을 보장하는 필수적인 요건이 된다. 이 문제와 관련한 십계명은 사람들을 혼란스럽게 만들 여지가 있다. 그 계명은 이렇게 표현되어야 마땅하다. "네 부모를 공경하라, 그리하면 이 땅에서 그들의[저자는 이 단어를 강조하여 표현하고 있다] 날들이 길리라[출애굽기 20장 12절에는 "네 부모를 공경하라, 그리하면 너의 하나님 나 여호와가 네게 준 땅에서 네 생명이 길리라"고 되어 있으나, 러셀은 "그리하면 너의 부모의 생명이…"라고 써져야 옳다고 보고 있다]. 고대 문명에서 확인되는 존속살인에 대한 공포는 존속살인이 얼마나 견디기 힘든 유혹이었는지를 보여준다. 사람들은 일반적으로 자신이 저지르리라고는 상상도 할 수 없는 범죄(예컨대, 사람을 죽여 인육을 먹는 것)에 대해서는 심각한 공포를 느끼지 않으니 말이다.

가족 제도를 정점으로 끌어올린 것은 고대의 목축 및 농경 사회의 경제 조건이었다. 당시 사람들 대부분은 노예 노동력을 이용할 수 없는 처지였고, 따라서 노동력을 얻을 수 있는 가장 쉬운 방법은 자식을 낳아서 기르는 것이었다. 자식들이 반드시 아버지를 위해 일하도록 하려면, 종교와 도덕의 총력을 기울여 가족이라는 제도를 신성화할 필요가 있었다. 장자 상속권은 차츰 가족 단위를 방계(傍系)로까지 확장시키고, 가장의 권력을 강화했다. 왕과 귀족의 권위는 본질적으로 이러한 사상적 질서에서 기인한 것이다. 제우스를 신과 인간의 아버지로 여겼던 것을 보면 알 수 있듯이, 신의 권위도 이런 점에서는 다를 바 없었다.

이 시기까지는 문명 발달이 가족 제도를 강화했지만, 그 이후에는 정반대의 움직임이 나타나기 시작했다. 결국 서구 세계에서는 과거가 남긴 희미한 그림자에 지나지 않을 만큼 가족이 쇠퇴했다. 가족의 쇠퇴에는 경제적인 요인도 있었고, 문화적인 요인도 있었다. 정점에 이른 가족 제도는 도시 주민들이나 뱃사람들에게는 적합하지 않았다. 현대를 제외한 모든 시대에서 상업은 문화를 만들어낸 주요한 동인이었다. 사람들은 상업을 통해 자기가 몸담은 사회가 아닌 다른 사회의 관습과 접촉하면서 전통적인 편견에서 벗어나게 되었다. 예컨대 그리스의 뱃사람들은 동시대인에 비해서 가족에 대한 예속성이 훨씬 덜했다. 베니스와 네덜란드, 그리고 엘리자베스 시대의 영국에는 사람들을 가족의 구속에서 벗어나게 하는 바다의 위력을 확인할 수 있는 예들이 많다. 그러나 이런 이야기는 주제에서 벗어난다. 여기서 우리의 관심을 끄는 것은 가족을 떠나 오랜 항해에 나서는 사람은 부득이하게 가족의 통제에서 벗어나게 되고, 가족 역시 점차 약화된다는 사실이다.

모든 문명의 상승기에는 농촌 인구가 도시로 밀려드는 특징이 나타나는데, 이것 역시 해상 교역과 마찬가지로 가족을 약화시킨다. 사회의 하층계급에서 가족의 약화를 촉진시킨 보다 중요한 요인은 노예 제도였다. 노예 소유주는 노예의 가족 관계를 거의 고려하지 않았다. 그는 마음 내키는 대로 노예 부부를 갈라놓을 수 있고, 마음에 드는 여자 노예를 골라 성관계를 맺을 수 있었다. 그러나 이런 상황이 귀족 가족을 약화시키지는 않았다. 몬타규 가문과 캐풀렛 가문의 분쟁〔셰익스피어의 『로미오와 줄리엣』에서 두 가문의 분쟁〕에서 볼 수 있듯이, 귀족 사회에서는 가문 간의 분쟁에서 이기려는 욕구와 위신을 지키려는 욕구 때문에 가족의 응집력이 유지되고 있었다. 고대 도시 국가뿐 아니라 중세 말과 르네상스기의 이탈리아 도시에서도 이런 특징이 확인된다. 그러나 로마 제국이 세워진 지 백 년 만에 귀족 계급은 그 지위를 상실하고, 노예와 무산자의 종교로 시작된 기독교가 마침내 승리를 거두었다. 초기 기독교가 가족에 대해 대단히 적대적이었고, 기존의 그 어떤 윤리보다도(불교 윤리를 제외하면) 가족의 지위를 낮게 보는 윤리를 정립하면서 하층계급의 가족은 점차 약화되었다. 기독교 윤리가 중시하는 것은 영혼과 신의 관계이지, 인간과 인간의 관계가 아니다.

그러나 불교의 경우에는 순수하게 경제적인 원인을 과도하게 강조하는 태도를 보이지 않는다는 점에서 우리에게 시사하는 바가 있다. 나는 불교가 전파될 당시에 인도의 상황에 대해서 잘 알지 못하기 때문에 개인의 영혼을 중시하는 불교의 방침이 경제적인 원인에서 비롯한 것인지 알 수 없지만, 그럴 만한 원인이 있었던 것 같지는 않다. 인도에서 융성기를 맞은 불교는 원래 왕후들이 신봉하는 종교였던 것으로 짐작된다. 따라서 가족과 관련된 사상이 다른 어느 계급보다 왕후들에게 강한 영향을 미쳤을 것이다. 그러나 속세를 천시하고 구원을 추구하는 풍조가 일반화되면서 불교 윤리에서 가족은 매우 부수적인 위치를 차지하게 되었다.

위대한 종교 지도자들(마호메트와 공자를 제외하고)은 일반적으로 사회적, 정치적 사정에 매우 무관심하였고, 명상과 고행, 자기 부정에 의지해 영혼을 완성하고자 하였다. 역사 시대가 시작될 때 이미 존재하고 있었던 종교들과는 달리, 역사 시대 이후에 발생한 종교는 일반적으로 개인주의적이며, 인간이 저 혼자 외로이 모든 의무를 완수할 수 있다고 생각하는 경향을 보인다. 물론 이 종교들은 사회적 관계를 형성하고 있는 인간이 그 관계에 따르는 의무를 수행해야 한다고 주장하지만, 대개는 이러한 관계를 형성하는 것을 의무로 보지 않았다. 이것은 특히 기독교에서 두드러진다. 기독교는 늘 가족에 대해서 모호한 태도를 취하고 있다. 기독교 복음서 가운데는 "아버지나 어머니를 나보다 더 사랑하는 자는 내게 합당하지 아니하고[마태복음 10장 37절]"라는 구절이 있는데, 이것은 요컨대 사람은 부모가 옳지 않다고 생각하는 것이라도 스스로 옳다고 판단하면 마땅히 행해야 한다는 뜻이다. 이것은 고대 로마인이나 인습을 고수하는 중국인이라면 결코 찬동하지 않을 견해다. 기독교의 이러한 개인주의적 요소의 적용은 서서히 진행되었지만, 모든 사회적 관계를 점진적으로 약화시켰다. 이런 개인주의는 특히 가장 열성적인 기독교 신자들 사이에서 두드러지고 가톨릭보다는 개신교에서 더욱 두드러진다. 개신교에서는 인간이 아니라 신에게 복종해야 한다는 원칙에서 비롯한 무정부주의적인 요소가 전면에 부각되고 있기 때문이다. 신에 대한 복종은 실제로는 각자의 양심에 따르는 것을 의미하는 것인데, 양심은 사람마다 다를 수 있다. 그러므로 양심과 법률 사이에는 때때로 충돌이 일어나는데, 이때 독실한 기독교도라면 법률의 지시사항보다는 자신의 양심에 따르는 사람을 높이 사야 한다고 느낄 것이다.[25] 고대 문명에서는 아버지가 곧 신이었지만, 기독교에서는 신이 곧 아버지다. 따라서 인간에 불과한 어버이의 권위는 약화된다.

최근 들어 나타나는 가족 쇠퇴의 주된 원인이 산업혁명에 있다는 것은 의심할 나위가 없다. 그러나 가족의 쇠퇴는 산업 혁명 이전에 이미 개인주의 이론이 등장하면서 시작되었다. 젊은이들은 부모의 명령에 따르지 않고 자기 의지대로 결혼할 권리를 주장하였다. 결혼한 아들이 아버지 집에 사는 관습은 사라졌고, 아들이 교육 기간을 마치면 바로 집을 떠나 경제적으로 독립하는 것이 관례가 되었다. 공장에서 일을 할 수 있을 만큼 자란 어린 아이들은 과로로 쓰러져 죽지 않는 한은 부모에게 생활비를 벌어다 주는 원천이 되었다. 그러나 공장법은 어린 자식에게 기대어 살아가던 사람들의 반발을 제압하고 아이들을 소득 원천으로 삼는 이러한 관행을 종식시켰다. 결국 아이들은 생계의 수단이 되기는커녕 경제적 부담이 되었다. 이런 상황에서 피임 방법이 널리 알려지면서 출생률이 낮아지기 시작했다. 어느 시대에나 평범한 사람이 낳는 자녀의 수는 스스로 양육비를 감당할 수 있는 만큼으로, 넘치지도 모자라지도 않는다고들 한다. 일반화할 수 있는 견해인지는 모르겠지만, 이것은 오스트레일리아의 원주민과 랭커셔 지방의 방적 노동자, 그리고 영국의 귀족에게는 들어맞는 이야기다. 내가 보기에 이러한 견해는 이론적으로 정확한 근거에 입각했다고 할 수는 없지만, 흔히들 생각하는 것처럼 터무니없는 이야기는 아니라고 생각한다.

오늘날 가족의 지위는 국가의 활동으로 인하여 최후의 보루인 자녀 양육에서조차 더더욱 약화되고 있다. 전성기의 가족은 연로한 가장과 많은 수의 장성한 아들과 며느리, 손자, 그리고 때로는 증손자로 이루어져 있었고, 이들은 모두 한 집에서 살면서 하나의 경제적 단위로서 협동하며, 현대 군국주의 국가의 국민들처럼 외부 세계에 맞서 단합을 이루고 있었다. 오늘날의 가족은 아버지와 어머니 그리고 어린 자식들로 축소되었다. 어린 자식들은 국가가 정한 법령에 따라 대부분의 시간을 학교에서 보내면서, 부모가 바라는 것이 아니라 국가가 바람직하다고 생각하는 것을 배운다(그러나 종교의 경우에는 여기에서 제외되는 측면이 있다). 영국에서 아버지의 처지는 자식들에 대해 생살여탈生殺與奪의 권리를 가졌던 로마인 아버지의 처지와는 전혀 다르다. 만에 하나 영국에서 어떤 아버지가 백 년 전에 일반적인 아버지들이 도덕적 교육을 위해 불가피하다고 여겼던 방식으로 자기 자식을 취급했다가는 학대죄로 기소될 가능성이 높다. 국가는 의학적, 치과적 치료를 제공하고 빈민 가정의 아이들에게 음식을 제공한다. 이처럼 아버지의 역할은 대부분 국가로 넘어가고 최소한도로 축소되었다. 이것은 문명이 진보하는 과정에서 발생하는 필연적인 결과다. 원시 사회에서 아버지는 (새들이나 유인원들의 경우와 마찬가지로) 꼭 필요한 존재였다. 아버지의 역할은 경제적인 이유뿐만 아니라, 자식과 아내를 폭력에서 보호하기 위해서도 꼭 필요했다. 두 번째 역할은 오래전에 국가의 손으로 넘어갔다. 아버지를 여읜 아이가 아버지가 있는 아이보다 살해될 위험성이 더 높다고 할 수는 없다. 오늘날 유복한 계층의 아버지는 살아서보다 죽어서 더 충실하게 경제적 역할을 수행한다. 아버지가 죽으면 자기 몫의 생활비를 축내지 않고 자식에게 재산을 물려줄 수 있으니 말이다. 이미 벌어놓은 돈으로 생활하는 계층에서는 아버지가 경제적으로 유용한 존재이다. 그러나 노동자 계층에서는, 양육비를 부담하는 아버지가 없는 아이들에게 최소한도의 보호 조치가 시행되어야 한다고 주장하는 인도주의적 사회 여론으로 인하여 아버지의 경제적 위상이 끊임없이 축소되고 있다. 현재 아버지의 위상이 높은 계층은 중류 계층이다. 아버지가 살아서 상당한 소득을 올리고 있다면, 자식들은 비용이 많이 드는 교육을 받는 등 좋은 혜택을 받을 수 있고, 또 그렇게 받은 교육 덕분에 사회적인 지위와 경제적인 지위를 유지할 수 있다. 반면에 어릴 때 아버지를 여읜 아이는 사회적 지위가 추락할 가능성이 크지만 생명보험에 가입하는 관습 덕분에 이런 불안정한 상태는 크게 감소되고 있다. 전문직 계층 가운데서도 신중한 아버지는 생명보험에 가입함으로써 자기 자신의 유용성을 감소시키는 데 크게 기여하고 있다.

현대 사회에서 대부분의 아버지들은 자식들의 얼굴을 자주 볼 시간도 없을 만큼 열심히 일을 한다. 아침이면 자식들과 말 한 마디 나눌 겨를도 없이 바쁘게 출근을 하고, 저녁이면 자식

161

들이 이미 자고 있을 때(혹은 그럴 만한 시간에) 퇴근한다. 아버지를 '주말에 오는 사람'이라고만 알고 있는 아이들도 있다. 아이들을 돌보는 것은 중요한 일이지만, 아버지는 이 일에 거의 참여하지 못한다. 실제로 이런 의무는 어머니와 교육 당국이 분담한다. 자식들과 함께 지내는 시간은 무척 짧지만, 아버지는 대개 자식에게 강한 애정을 느낀다. 일요일에 런던의 가난한 동네로 가보면, 엄청나게 많은 아버지들이 어린 자식들과 함께 어울리면서 자식들을 알아가는 짧은 기회를 마음껏 즐기고 있는 모습을 볼 수 있다. 그러나 아버지의 입장에서 보면 어떨지 몰라도 아이들의 입장에서 그런 관계는 그리 대단치 않은 놀이일 뿐이다.

상류 계층과 전문직 계층은 대개 어린 아이를 보모에게 맡기고, 조금 자란 아이는 기숙학교에 보낸다. 어머니는 보모를 선택하고 아버지는 학교를 선택한다. 이들은 이런 방식으로 자식에게 영향력을 유지할 수 있지만, 이것은 노동자 계층은 엄두도 내지 못할 일이다. 그러나 모자 사이의 친밀성은 부유한 사람들보다 임금노동자들이 대체로 높다. 부유한 계층의 아버지는 휴일이면 시간을 내서 자식과 놀아주기는 하지만 자식의 교육 문제에 일체 참여하지 않는다는 점에서 노동자 계층의 아버지와 다를 바 없다. 물론 부유한 아버지는 경제적으로 자식을 부양할 책임과 자식이 진학할 학교를 결정할 권리가 있지만, 자식과 직접적인 접촉이 진지하게 이루어지는 경우는 드물다.

사춘기를 맞은 자식과 부모 사이에는 충돌이 일어나기 쉽다. 자식은 자기의 일을 스스로 처리할 능력이 있다고 생각하는 반면, 부모는 자식에 대한 근심이 태산 같이 크기 때문이다. 그러나 이런 근심은 자식에게 영향력을 행사하고 싶은 욕구가 위장되어 나타난 표현인 경우가 많다. 부모들은 늘 사춘기에 일어나는 여러 가지 도덕적 문제들을 직접 처리해야 한다고 생각한다. 그러나 젊은이들은 부모들이 고압적인 태도로 내놓는 의견을 좀처럼 믿지 못하고 대개는 부모 몰래 자기 마음대로 행동한다. 따라서 이런 상황에서 부모들은 일반적으로 자식에게 큰 도움을 줄 수 없다.

지금까지 오늘날의 가족이 안고 있는 약점들에 대해서만 살펴보았다. 이제는 어떤 점에서 가족의 효용성이 유지되고 있는가를 살펴볼 차례다.

현대에 가족이 중요한 역할을 하는 이유는 무엇보다도 가족이 부모로서의 감정을 부모에게 주입한다는 점이다. 아마도 여성이나 남성이 느끼는 부모로서의 감정은 행동을 좌우하는 데 다른 어떤 감정보다 더 중요한 역할을 할 것이다. 자식을 둔 남녀는 대부분 자식들을 위해서 자신들의 삶을 조절한다. 극히 평범한 남녀들이 자식들 때문에 이기심에서 벗어난 특정한 행동을 한다. 자식들을 위해 생명보험에 가입하는 것이야말로 가장 뚜렷하고 적당한 사례일 것이다. 백 년 전의 경제적 인간이 보던 교과서에는 자식에 관한 내용이 아예 없었다. 경제학자들은 머릿속으로는 당연히 경제활동을 하는 인간들에게 자식이 있다고 생각하면서도 아버지와 자식 사이에 일반적인 경쟁은 당연히 존재하지 않는다고 생각했다. 사람들이 생명보험에 가입하는 심리는 고전 정치경제학에서 다루어지는 여러 가지 동기들에서 완전히 배제되어 있었다. 그러나 고전 정치경제학은 심리학을 완전히 배제한 채 성립할 수 있는 것이 아니다. 재산에 대한 욕망은 부모로서의 감정과 밀접히 연관되어 있기 때문이다. 리버스William Halse Rivers[영국의 생물학자이자 인류학자]는 더 나아가 모든 사유재산이 가족애에서 비롯한다고 주장했다. 그는 어떤 종류의 새들은 번식기에만 땅을 사유하고 그 기간이 지나면 땅을 사유하지 않는다는 사실을 소개하고 있다. 내 생각에 대부분의 사람들은 자식을 낳으면 그전보다 욕심이 많아진다. 이것이 흔히 말하는 본능적인 효과다. 다시 말하자면 이런 효과는 자연발생적인 것이며 잠재의식이라는 원천에서 솟아나는 것이다. 나는 가족이 이런 측면에서 인류의 경제적 발전에 헤아릴 수 없을 만큼 막대한 영향을 미쳤으며, 오늘날도 저축을 할 수 있을 만큼 경제 사정이 넉넉한 사람들 사이에서는 여전히 가족이 지배적인 요소로 작용한다고 생각한다.

이런 점에서 아버지와 자식 사이에 기묘한 오해가 일어나

기 쉽다. 부지런히 일하는 아버지는 게으른 아들에게 자신이 평
생토록 노예처럼 일해 온 것은 순전히 자식을 위해서였다고 말
할 것이다. 이에 반해서 아들은 아버지가 돌아가신 다음에 큰
재산을 물려받는 것보다는 지금 당장 5파운드 지폐 한 장과 사
소한 친절을 받는 편을 훨씬 좋아할 것이다. 뿐만 아니라 아들
은 아버지가 직장에 가는 것이 자식에 대한 사랑 때문이 아니
라 습관에 젖어서 하는 일이라는 사실을 알아차린다. 따라서 자
식은 아버지가 허풍선이라고 확신하고, 아버지는 자식을 낭비만
하는 놈이라고 확신한다. 그러나 자식의 태도는 공정치 못하다.
자식이 보는 것은 중년의 아버지, 즉 개인적인 습관이 이미 모두
형성되어 있는 아버지의 모습일 뿐이다. 자식은 눈에 보이지 않
는 무의식 속의 힘이 그러한 습관을 만들어냈다는 것을 알지 못
한다. 아버지는 젊어서 가난에 쪼들렸을지도 모른다. 그래서 첫
아이가 태어나는 순간 본능적으로 자기가 겪은 고생을 자식에
게는 절대로 물려주지 않겠노라고 맹세했을지도 모른다. 이것은
대단히 중요한 결심이다. 이 결심은 굳이 의식적으로 되새기지
않아도 이후의 모든 행동을 지배한다. 이것이 바로 가족이 아직
까지도 막강한 영향력을 유지하고 있는 한 가지 비결이다.

　어린아이의 입장에서 부모는 중요한 존재다. 부모는 자신의
형제자매 말고는 다른 그 누구에게도 베풀지 않는 애정을 자신
에게 베풀기 때문이다. 부모가 베푸는 사랑에는 좋은 측면도 있
고 나쁜 측면도 있다. 가족이 심리적인 측면에서 자식에게 어떤

영향을 미치는지는 다음 장에서 살펴볼 것이다. 이 장에서는 가족이 아이의 성격 형성에 매우 중요한 영향을 미치며, 부모 없이 자란 아이들은 좋은 쪽으로든 나쁜 쪽으로든 보통 아이들과는 상당히 다를 수밖에 없다는 점만 이야기하고 넘어가겠다.

　귀족 사회, 혹은 개인의 명망을 인정하는 사회에서 가족은 어떤 중요한 개인들이 역사적으로 연속성을 가진다는 것을 알리는 표지 역할을 한다. 관찰한 바에 따르면, 다윈이라는 이름을 가진 사람들은 어릴 적에 스눅스라고 개명한 사람들에 비해서 과학 분야에서 더 뛰어난 업적을 이루는 것으로 보인다. 가족의 성이 부계가 아니라 모계로 계승되어도 이런 영향력은 지금과 다름없이 강력할 것이다. 이러한 경우에 유전과 환경의 역할을 정확히 구분할 수는 없다. 그러나 나는 프랜시스 골턴Francis Galton[영국의 유전학자]과 그 제자들이 유전 때문에 일어난다고 생각하는 현상들에서도 가족의 전통은 대단히 중요한 영향을 미치고 있다고 생각한다. 가족적 전통의 영향을 잘 보여주는 한 가지 사례를 살펴보자. 사무엘 버틀러Samuel Butler[영국의 소설가]가 무의식적인 기억의 이론을 내놓고 신新라마르크 유전학설[획득형질이 유전된다는 학설]을 주창한 데는 어떤 이유가 있었다고 한다. 즉 버틀러는 가족에 얽힌 사연 때문에 찰스 다윈의 견해에 찬성해서는 안 된다고 생각했던 것으로 보인다. 버틀러의 할아버지는 다윈의 할아버지와 의견이 대립했고, 버틀러의 아버지 역시 다윈의 아버지와 의견이 대립했기 때문에, 그도 역시 다윈과 그렇게 해야 했다. 버나드 쇼의 희곡『므두셀라로 돌아가라*Back to Methuselab*』[버나드 쇼가 1922년에 쓴 5편의 연작 희곡. 에덴동산에서부터 당시까지를 우화적인 희곡으로 표현하여 창조적 진화에 관한 철학을 표명했다]이 탄생하게 된 것 역시, 성격이 까다로웠던 다윈과 버틀러의 할아버지들로부터 비롯한 것이다.

피임법이 상용화되고 있는 오늘날, 가족의 가장 큰 의의는 자식을 낳는 습관을 보존한다는 점일 것이다. 만일 남성에게 자식에 대한 소유권이 없고 자식과 다정한 관계를 맺을 기회가 주어지지 않는다면, 그는 자식을 낳아야 할 이유가 없다고 생각할 것이다. 당연한 이야기지만, 경제 제도가 약간만 바뀌어도 어머니만으로 성립되는 가족이 탄생할 수 있다. 그런 가족은 성적인 정절을 지켜야겠다는 동기를 전혀 제공하지 않기 때문이다. 그러나 지금 이야기하고 있는 것은 그런 가족이 아니다. 지금 우리는 안정된 결혼의 존립 이유를 제공하는 가족에 대해서 이야기하고 있다. 부유한 계층(사회주의에 의해서 폐지되지 않는다고 가정하면)은 예외겠지만, 아버지라는 존재는 머지않아 완전히 사라질 수도 있다. 이때 여성은 한 사람의 아버지가 아니라 국가와 더불어 자식을 양육할 것이다. 여성이 여러 남성과 성관계를 하는 경향이 있다면, 아버지가 누군지 판정하지 못할 수도 있다. 실제로 어머니가 전혀 상대방을 가리지 않는다면, 누가 아버지인지 알 수 없을 것이다. 만일 그렇게 되는 날에는, 남성들의 심리와 행동은 큰 변화를 겪을 것이다. 내 생각으로는, 그 변화는 일반인들이 예상하는 것보다 훨씬 심각할 것이다. 이것이 남성에게 좋은 영향을 미칠지 나쁜 영향을 미칠지는 단언할 수 없다. 만에 하나 그런 일이 일어나면, 이성에 대한 사랑 못지않게 중요한 유일한 감정, 즉 부성이 남성들의 삶에서 사라지게 될 것이다. 이성에 대한 사랑 자체는 갈수록 위축될 것이고, 사람들은 자신이 죽은 뒤의 일에 관심을 가지는 것은 갈수록 어려워질 것이다. 남성은 의욕이 감퇴하여 일찌감치 업무에서 은퇴할 수도 있다. 또한 남성들은 역사에 대한 관심도, 역사적 전통이 이어진다는 의식도 줄어들 것이다. 동시에, 문명인에게서 흔히 볼 수 있는 견줄 데 없을 만큼 맹렬하고 야만적인 감정, 즉 유색인종으로부터 처자식을 지키려고 할 때 뿜어 나오는 격정 역시 사라지고 말 것이다. 내 생각으로는 남성의 호전적인 성향과 성취욕 역시 줄어들 것 같다. 이런 상황에서 비롯한 이득과 손실을 계산하는 것은 거의 불가능하지만, 그 영향력은 틀림없이 심각하고 광범위할 것이다. 결론적으로 말하자면, 가부장제 가족은 여전히 중요한 의의를 지니고 있다. 하지만 그 의의가 얼마나 오래 지속될지는 알 수 없다.

13

가족의 심리학

이 장에서는 가족 관계가 개인의 성격에 어떤 영향을 미치는지 살펴볼 것이다. 이 주제는 자식에게 미치는 영향, 어머니에게 미치는 영향, 그리고 아버지에게 미치는 영향, 이렇게 세 가지로 나눠 볼 수 있다. 물론 이 셋을 따로 떼어놓는 것은 틀림없이 어려운 일이다. 가족은 긴밀하게 결합된 단위이며, 부모에게 영향을 미치는 요인은 자식에게도 영향을 미치기 때문이다. 그럼에도 나는 세 가지 항목을 구분하여 논의를 진행할 생각이다. 사람은 누구나 아버지 혹은 어머니가 되기 이전에 가족 가운데서 자식으로 자라나는 법이므로, 먼저 자식과 관련된 문제부터 살펴보는 것이 자연스러울 것 같다.

프로이트의 학설에 따르면, 어린아이가 다른 가족 성원에게 느끼는 감정은 어느 정도는 위험한 성질을 가지고 있다. 사내아

이는 성적인 경쟁자라는 생각에 아버지를 미워하고, 어머니에게
는 전통적 도덕이 끔찍스레 혐오하는 감정을 느끼며, 형제자매
를 미워한다. 자신이 독차지하고 싶은 부모의 관심 일부를 형제
자매가 가져가기 때문이다. 이런 사나운 격정은 뒷날의 인생에
서 동성애부터 열광적인 욕구에 이르기까지 매우 다양하고 끔
찍한 결과를 낳는다.

이러한 프로이트 학설은 예상보다는 심한 혐오감을 불러일
으키지는 않았다. 물론 그 학설을 지지했다는 이유만으로 교수
들이 해임되고, 이 학설에 입각하여 행동했다는 이유만으로 영
국 경찰이 세계적으로 손꼽히는 훌륭한 인물[26]을 추방하는 일
이 있었던 것은 사실이다. 그러나 기독교 금욕주의의 영향력이
어찌나 대단했는지, 사람들은 프로이트가 제기했던 유아의 증오
심 문제보다도 프로이트가 성을 강조하고 있다는 사실에 더 큰
충격을 받았다. 그러나 아동기의 격정에 관한 프로이트의 견해
가 타당한가를 판단할 때 우리는 반드시 편견을 버려야 한다. 미
리 말해두지만, 나는 최근 여러 해 동안 많은 어린이들을 겪으면
서, 프로이트 학설에는 내가 예전에 생각했던 것보다 훨씬 많은
진실이 있음을 깨닫게 되었다. 그렇기는 해도 프로이트의 학설
은 진실의 일면만을 다룰 뿐이며, 그 일면은 조금이라도 양식이
있는 부모라면 대수롭지 않게 여길 만한 것이라고 생각한다.

오이디푸스 콤플렉스부터 이야기를 풀어보기로 하자. 유아
기의 성욕은 프로이트 학설 이전의 사람들이 생각했던 것보다

훨씬 강하다. 나는 유아기의 이성애異性愛 충동은 프로이트의 저작을 읽은 사람들이 추측하는 것보다 훨씬 강하다고까지 생각한다. 슬기롭지 못한 어머니는 자신도 모르는 사이에 어린 아들의 이성애적 충동을 자신에게 집중시키는 잘못을 저지르기 쉽다. 그렇게 되면 당연히 프로이트가 지적한 바와 같은 불행한 결과가 빚어질 것이다. 하지만 어머니가 만족스러운 성생활을 하고 있다면 이런 일이 일어날 가능성은 훨씬 줄어든다. 그런 어머니라면 어른을 상대로 해서만 추구해야 하는 감정적 만족을 자기 자식에게서 찾으려 하지 않을 테니 말이다. 부모의 순수한 충동은 자식을 돌보려는 충동이지, 자식에게 사랑을 달라고 조르려는 충동이 아니다. 어머니가 성생활에 만족한다면, 자식에게서 감정적인 반응을 얻으려고 하는 온당치 못한 행동을 자연스럽게 자제할 것이다. 이런 측면에서 보면, 행복한 여성이 불행한 여성보다 더 좋은 어머니 역할을 할 가능성이 높다. 그러나 어떤 여성도 자신이 항상 행복할 거라고 확신할 수는 없다. 그러므로 자신이 불행하다고 느낄 때라도 자식에게 지나치게 많은 것을 요구하는 잘못을 저지르지 않기 위해서는 어느 정도 자제를 해야 한다. 이런 정도의 자제를 실행에 옮기는 것은 그리 어렵지 않다. 그러나 예전에는 이러한 자제의 필요성이 인식되지 않았기 때문에, 어머니가 자식에게 끊임없는 애무를 아낌없이 퍼붓는 것이 온당한 행동이라고 여겨졌다.

유아기의 이성애적 감정은 다른 아이들과 함께 지냄으로써 자연스럽고, 건전하며, 해롭지 않은 배출구를 찾을 수 있다. 그렇게 되면 이성애적 감정도 놀이의 일부가 되고, (모든 놀이가 그렇듯이) 성인기의 활동을 예습할 수 있는 기회가 된다. 서너 살이 넘은 아이들의 경우에는, 다른 남자아이들과 여자아이들, 특히 자신과 나이 차이가 날 수밖에 없는 형제자매 말고도 같은 또래의 아이들과 어울려야만 감정이 발달한다. 지금과 같은 소규모 가족은 다른 친척 관계가 끼어들 틈이 없고 지나치게 폐쇄적이고 답답하기 때문에 유아의 건전한 발육에 바람직하지 않지만, 그렇다고 해서 소규모 가족 자체가 아이가 자라나는 환경의 일부 구성 요소로서 바람직하지 못하다고 말할 수는 없다.

어린아이의 마음속에 바람직하지 않은 감정을 불러일으킬 여지가 많은 것은 어머니뿐만이 아니다. 보모와 시중드는 여자, 그리고 몇 년 후 학교에 입학하고부터 만나는 학교 선생은 어머니만큼이나, 아니 실제로는 어머니보다 훨씬 더 위험하다. 이들은 일반적으로 성에 굶주려 있기 때문이다. 교육 당국은 어린이를 상대하는 사람은 반드시 침울한 미혼 여성이어야 한다는 견해를 가지고 있다. 이러한 견해는 심리학에 대한 극단적인 무지를 드러내는 것일 뿐 아니라, 어린아이들의 감정 발달 과정을 유심히 관찰한 사람이라면 도저히 받아들일 수 없는 것이다.

형제자매에 대한 질투심은 매우 흔히 볼 수 있는 것이다. 이런 질투심은 어른이 된 뒤에도 가벼운 신경장애뿐 아니라 살인 충동을 일으키는 원인이 되기도 한다. 가벼운 질투심은 신경을 쓸 필요가 없지만, 심각한 질투심은 예방해야 한다. 심각한 질투심은 부모를 비롯해 어린아이를 돌보는 사람들이 조금만 신경써서 자신의 행동을 통제한다면 충분히 예방할 수 있다. 편애하는 태도는 반드시 버려야 한다. 장난감을 줄 때, 재미나게 놀아줄 때, 그리고 다정한 말 한 마디를 할 때에도, 지나치게 까다롭다 싶을 만큼 공평하게 대해야 한다. 새로 아이가 태어났을 때는 부모가 예전만큼 자신을 소중히 여기지 않는다는 생각을 하지 않도록 큰 아이들에게 신경을 써야 한다. 내가 보기에 아이들이 심하게 질투를 하는 집안에는 대개 이러한 단순한 교훈을 무시하고 넘어간 부모들이 있다.

결국 이제 우리는 아이들에게 심리적으로 유익한 영향을 미칠 수 있는 가족생활의 필요조건을 점검해 보아야 한다. 부모, 특히 어머니의 성생활이 불행해서는 안 된다. 부모는 어린 자녀에게 나이에 어울리지 않는 반응을 요구하는 정서적 관계가 되지 않도록 자식과의 관계에 신경을 써야 한다. 자식들을 절대로 편애하지 말고, 모든 자식을 완전히 공평한 태도로 대해야 한다. 그리고 서너 살이 넘은 아이는 유일한 환경이었던 가정에서 벗어나 하루 중 상당 시간을 또래와 어울리며 지낼 수 있게 해야한다. 이러한 조건들이 충족된다면 프로이트가 우려한 불행한결과가 일어날 여지가 없을 것이다.

부모의 사랑이 아이의 발전을 촉진한다는 것은 의심할 나위가 없다. 어머니에게 아이를 사랑하는 따뜻한 마음이 없다면 그 아이는 자칫 허약해지고, 소심해지고, 도벽 같은 나쁜 버릇이 들 수 있다. 부모의 사랑은 어린아이에게 이 험한 세상에서 안전하다는 느낌을 주고, 자신을 둘러싼 환경에 대한 실험과 탐구에 대담하게 나설 수 있게 한다. 부모의 따뜻한 사랑을 받고 있다는 느낌은 아이들의 정신생활에 꼭 필요하다. 아이는 자신이 약하기 때문에 보호를 받을 필요가 있다는 것을 본능적으로 알고 있다. 이런 보호를 보장할 수 있는 것은 오직 사랑뿐이다. 아이가 행복하고 활달하며 대범하게 자라려면 아이 주변에 온정을 베푸는 사람이 있어야 하는데, 이런 온정은 부모의 사랑이 아니고는 얻기 어렵다.

현명한 부모가 자식의 행복을 위해서 베풀 수 있는 또 하나의 기여는 가능한 한 가장 좋은 방법으로 성과 수태에 관련된 사실들을 가르쳐줄 수 있다는 점이다(얼마전까지만 해도 이런 서비스를 하는 부모는 거의 없었다). 성이란 자신이 태어날 수 있게 한 아버지와 어머니 사이의 관계라고 배우는 아이는 성을 생물학적인 목적과 결부시켜서 가장 훌륭한 형태로 배우는 셈이다. 옛날 아이들은 거의 예외 없이 음란한 농담의 소재이자 수치스러운 쾌락의 원천으로 성을 처음 접했다. 그들은 은밀히 주고받는 음란한 대화를 통해 성을 처음 접하면서 쉽사리 지워지지 않는 깊은 인상을 받았기 때문에, 그 뒤로는 성을 화제로 해서 점잖은 이야기를 나눌 수 없었다.

가족생활이 대체적으로 바람직한가 아닌가를 따지기 위해서는, 먼저 실행에 옮길 수 있는 대안이 무엇인지 살펴보아야 한다. 있을 법한 대안은 두 가지로, 그중 하나는 여가장제 가족이며 다른 하나는 고아원 같은 공공기관이다. 어느 쪽이든 그 사회의 관습이 되기 위해서는 엄청난 경제적 변화가 이루어져야 한다. 여기서는 이런 대안이 실행에 옮겨졌다고 가정하고 각각의 대안이 아이들 심리에 미치는 영향에 대해 살펴보도록 하자.

먼저 여가장제 가족부터 살펴보자. 아이들은 아버지가 누군지는 모르고 어머니만을 알고 지낼 것이다. 여성은 자식이 필요하다는 생각이 들어야만 아이를 낳을 것이고, 아이 아버지가 아이에게 특별한 관심을 보이기를 기대하지 않으며, 제각각 다른 아이들을 위해서 굳이 같은 아버지를 선택할 필요를 느끼지 않을 것이다. 경제적 환경이 완벽하다고 가정할 때 아이들은 이런 제도에서 어떤 고통을 겪게 될까? 아버지가 아이들의 심리에 미치는 효용은 무엇일까? 내 생각에 아버지가 아이들의 심리에 미치는 가장 중요한 효용은 앞서 언급하였던 바와 같이 성을 서로 사랑하는 부부의 성 생활과 자녀 출산에 결부시켜 생각하게 한다는 점이다. 또한 아이가 서너 살이 넘으면 여성적인 인생관뿐 아니라 남성적인 인생관을 접하는 것이 좋다. 사내아이의 경

175

우에는 특히 아버지와의 접촉이 지능에 중요한 영향을 미친다. 그럼에도 불구하고 나는 그로 인한 혜택이 대단히 클 거라고는 생각하지 않는다. 내가 아는 바로는 평균적으로 볼 때 어려서 아버지를 여읜 아이들이 아버지 밑에서 자라는 아이들에 못 미치는 것은 아니다. 이상적인 아버지가 있다면 아버지가 없는 것보다 훨씬 낫겠지만, 이상에 못 미치는 아버지들이 많은 현실에 비추어볼 때, 아예 아버지가 없는 편이 아이들에게는 유리할 수도 있다.

방금 한 이야기는 현재와는 전혀 다른 관습이 형성되어 있다는 가정하의 이야기다. 어떤 관습이 존재하는 경우 아이들은 그 관습이 지켜지지 않는 모습을 보면 상처를 입는다. 아이들 입장에서는, 아버지든 어머니든 어느 한 쪽이 곁에 없다는 느낌만큼 고통스러운 것은 없다. 오늘날 흔하게 이루어지고 있는 이혼 문제도 마찬가지다. 예전에 부모와 같이 살면서 두 사람 모두에게 애정을 느끼게 된 아이는, 부모가 이혼하는 순간 자신을 지켜주는 보호막이 갈가리 찢겨져버렸다고 생각한다. 실제로 이러한 상황에 처한 아이는 자칫하면 각종 공포 증상과 정신장애 증상을 일으키기 쉽다. 아이가 부모 두 사람 모두에게 애정을 느끼게 된 상황에서 이혼을 하는 부모는 막중한 책임을 떠안아야 한다. 내가 생각하기에, 이혼이 빈번하게 일어나는데도 그것이 예외적인 것으로 취급되는 사회보다는 아버지라는 개념이 아예 없는 사회가 아이들에게 유리할 것이다.

플라톤은 아이들을 아버지뿐 아니라 어머니에게서도 떼어 놓아야 한다고 주장했는데, 이 주장은 사람들에게서 많은 공감을 얻지 못하고 있다. 앞에서 이유를 밝힌 바 있지만, 나는 아이가 성장하려면 부모의 사랑이 반드시 필요하다고 생각한다. 그런 사랑을 부모 중 어느 한 사람에게서라도 받을 수 있다면 다행이지만, 어느 쪽으로부터도 받을 수 없다면 매우 유감스러운 일이다. 우리의 가장 큰 관심사인 성윤리의 관점에서 볼 때, 중요한 문제는 아버지의 효용이 무엇인가 하는 것이다. 단정적으로 말하기는 어렵지만, 아버지는 긍정적인 상황에서는 어느 정도 제한된 효용을 가지지만, 부정적인 상황에서는 포악하고 성급하고 싸우기 좋아하는 본성 때문에 좋은 영향보다는 해를 끼치기 쉽다. 따라서 아이들의 심리에 미치는 효용이라는 관점에서 아버지를 옹호할 수 있는 근거는 그다지 강력하지 않다.

현재 가족이 어머니의 심리에 어떤 영향을 미치는지 평가하기는 매우 어렵다. 내 생각으로는, 임신기와 수유기의 여성은 대개 남성의 보호를 바라는 본능적인 성향(이것은 의심할 나위 없이 유인원들로부터 이어져 내려온 감정이다)을 지닌다. 오늘날과 같이 대단히 거친 세상에서 남성의 보호를 받을 수 없는 여성은 지나치게 전투적이고 자기주장이 강해지기 쉽다. 그러나 남성의 보호를 바라는 이런 감정이 전적으로 본능에서 우러나는 것은 아니다. 국가가 출산을 앞두고 있거나 아이를 기르고 있는 어머니와 어린아이들에 대해 적절한 보호를 제공한다면 이런 감정이 크게 약화될 것이고, 경우에 따라서는 완전히 소멸할 수도 있다. 내가 보기에, 가정에서 아버지의 자리가 사라질 경우 여성이 입게 되는 가장 큰 피해는 남성과의 관계에서 느끼는 친밀감과 진지함이 크게 감소한다는 점일 것이다. 인간은 본질적으로 이성에게서 많은 것을 배워야 하는 존재다. 아무리 열정적이라고 해도 단순한 성관계만으로는 그 많은 것을 다 배울 수 없다. 서로 협력하여 자식을 기르는 중대한 일을 수행하면서 오랜 세월에 걸쳐 반려 관계를 유지하는 관계는 남성이 자식에게 전혀 책임감을 느끼지 않는 관계에 비해서 두 사람에게 훨씬 큰 의의와 풍요로움을 제공한다.

나는 극소수의 예외는 있겠지만, 어머니가 매사에 남편과 협력하면서 행복한 결혼 생활을 꾸려가는 가정이, 어머니가 순전히 여성적인 분위기에서만 생활하거나 남성과의 관계를 하찮게 여기는 가정에 비해 자식의 정서 교육에 훨씬 좋은 영향을 미친다고 생각한다. 그러나 우리는 이와 다른 경우를 대단히 많이 접한다. 드물지 않게 일어나는 일이지만, 몹시 불행한 결혼 생활을 하고 있는 여성이 바람직한 감정을 가지고 자식을 대하기란 대단히 어렵다. 이런 여성은 남편과 헤어지면 틀림없이 더 좋은 어머니 노릇을 할 것이다. 결국 우리는 행복한 결혼 생활은 좋은 것이지만, 불행한 결혼 생활은 나쁜 것이라는 대단히 평범한 결론에 도달하게 된다.

가족이 개인의 심리에 미치는 영향과 관련하여 가장 중요

178

한 문제는 아버지에게 미치는 영향이다. 부성父性과 그에 수반되는 열정의 중요성은 앞에서 이미 여러 번 지적한 바가 있다. 앞에서 우리는 부성이 고대 역사에서 가부장제 가족의 발전과 여성의 예속에 관해 어떠한 역할을 수행했는지, 그리고 부성이 얼마나 강력한 감정이었을지 살펴보았다. 추측하기 어려운 여러 가지 이유가 있겠지만, 고도로 문명화된 사회에서 부성은 다른 사회에서만큼 강하지 않다. 로마 제국의 상류 계층은 부성을 전혀 느끼지 않았던 것 같고, 현대의 지식인 남성들 가운데도 부성을 거의, 혹은 전혀 가지고 있지 않은 사람들이 많다. 그럼에도 불구하고, 대부분의 남성들은 고도로 문명화된 사회에 살고 있더라도 부성을 여전히 간직하고 있다. 결혼하지 않고도 성적 만족을 얻는 것이 어렵지 않은데도 남성들이 결혼을 선택하는 것은 성 때문이라기보다는 부성 때문인 것으로 보인다. 자식을 가지고 싶은 마음은 남성보다 여성이 더 보편적으로 가지고 있다는 견해가 있지만, 내 나름으로는 정반대가 아닌가 한다. 오늘날 대다수의 결혼에서 자식은 여성이 남성의 바람을 충족시키려고 양보할 때 나타나는 결과에 지나지 않는다. 여성은 아이를 낳기 위해 출산과 고통과 미의 손상을 감수해야 하지만, 남성은 그런 걱정을 할 필요가 없다. 남성이 가족의 수를 제한하려고 하는 것은 대개 경제적인 이유 때문이다. 여성이 자식의 수를 제한하려 하는 데는 경제적인 요인 말고도 여성 나름의 특별한 이유가 있다. 전문직 남성이 자발적으로 물질적 안락을 희생하면서까지 자식에게 자신이 속한 계층에서 필수로 여기는 교육을 시키는 사례에서도 자식을 가지려고 하는 남성의 강렬한 욕구를 분명히 읽을 수 있다.

아버지라는 자리에서 비롯하는 권리를 누릴 수 없다면, 현대의 남성들이 과연 자식을 낳으려고 할까? 만일 일체의 책임을 질 일이 없다면, 남성들이 앞뒤 가리지 않고 자식을 낳을 것이라고 말하는 사람도 있다. 하지만 내 생각은 전혀 다르다. 자식을 원하는 남성은 거기에 따르는 책임을 지고 싶어한다. 게다가 피임 방법이 발달한 오늘날에는 남성이 성적 쾌락을 추구하다가 그저 우발적으로 자식을 얻게 되는 일이 그리 많지 않다. 어떤 법률이 시행되더라도 한 남성과 한 여성이 영구적으로 결합해 살 수 있는 길은 항상 열려 있을 것이고, 그런 관계가 이루어진다면 그 남성은 오늘날의 남성들이 아버지가 되면서 누리는 것을 언제나 똑같이 누릴 수 있을 것이다. 만에 하나 법률과 관습이 개정되어, 자식에 대한 권리가 어머니에게만 있다는 관점이 확립된다면 어떻게 될까? 여성은 현재의 결혼과 비슷한 성격을 가진 일체의 관계가 자신의 독립성을 침해하고, 그런 관계를 맺지 않았다면 자신이 누렸을 자식에 대한 완전한 소유권도 부당하게 침해한다고 여기게 될 것이다. 따라서 남성이 법률에 의해 여성에게 보장된 권리를 넘겨달라고 여성을 설득할 수 있는 경우는 그리 많지 않을 것이다.

이런 제도가 남성의 심리에 미치는 영향에 대해서는 바로 앞 장에서도 이야기한 바가 있다. 내가 보기에 이런 제도가 확립되면 남성이 여성과 맺는 관계의 진지성은 크게 후퇴할 것이고, 이성과 감성과 육체의 긴밀한 결합이 아니라 단순히 쾌락만을 추구하는 관계로 차츰 굳어져 갈 것이다. 이런 제도가 확립되면 남성은 모든 인간관계를 하찮은 것으로 여기고 직업이나 국가, 혹은 비인격적인 주체에 대해서만 진지한 감정을 느끼게 될 것이다. 그러나 이런 결론은 지나치게 일반화해서 표현한 논리다. 같은 남성이라도 사람마다 다를 것이다. 어떤 남성이 막대한 손실이라고 여기는 것을 다른 남성은 매우 만족스럽게 받아들일 수도 있기 때문이다. 자신 있게 단언하기에는 무리가 있지만 굳이 내 입장을 밝히자면, 공인된 사회적 관계인 부성을 남성에게서 빼앗는다면, 남성의 정서 생활은 공허하고 무기력해지며 권태감과 절망감이 점점 자라나기 쉽게 될 것이다. 그렇게 되면 남성의 생식 행위도 차츰 쇠퇴할 것이고, 결국 지구상에는 낡은 인습을 보존하는 인종들만 남게 될 것이다. 내 생각에 이러한 권태감과 무상감을 막을 길이 없을 것 같다. 자식을 낳는 쪽을 선택하는 대가로 여성들에게 보수를 충분히 지급하는 방법을 동원한다면, 인구 감소의 문제는 분명히 막을 수 있다. 군국주의가 현재와 같이 강력하게 유지된다면, 이 방법은 머지않아 실행될 것이다. 그러나 이 사안은 인구 문제에 대한 논의에 속하는 것이니, 그 이야기는 다른 장에서 다시 논의하기로 하자.

14

아버지, 어머니, 그리고 국가

가족은 본래 생물학적인 기원에서 유래했지만, 문명사회의 가족은 법령이 낳은 산물이다. 법률에는 결혼과 자식에 대한 부모의 권리가 상세히 규정되어 있다. 결혼 제도가 존재하지 않으면 아버지는 아무런 권리를 가질 수 없고 자식은 오로지 어머니에게 속하게 된다. 법률은 애초에 가족을 뒷받침하려는 의도에서 마련된 것이지만, 오늘날에는 부모와 자식 관계에 점점 더 강력하게 개입하면서, 입법자가 희망하고 의도했던 바와는 정반대로 가족 제도를 파괴하는 주요한 요인이 되어가고 있다. 이것은 사회가 충분하다고 생각하는 만큼 자식을 돌볼 수 있으리라는 믿음을 주지 못하는 나쁜 부모들이 존재하기 때문에 발생한 결과다. 부모가 자식을 제대로 돌보지 못하는 경우뿐 아니라 부모가 몹시 가난한 경우에도 아이들이 불행한 일을 당하지 않도록 보호하기 위해서 국가의 개입이 필요하다. 19세기 초에 아동의 공장 노동을 금지하자는 제안이 나왔을 당시, 부모의 책임을 약화시킨다는 이유로 격렬한 반발이 일어났다. 그 이전까지 영국 법률은, 고대 로마의 법률에서처럼 부모에게 자식을 고통없이 신속하게 죽일 수 있도록 한 것은 아니었지만, 아이들을 힘든 노동 현장으로 몰아넣어 아이들의 목숨을 고갈시키는 것은 허용했다. 부모들과 고용주들과 경제학자들은 이것을 부모의 신성한 권리라고 옹호했다. 그러나 사회의 도덕감정이 이런 추상적이고 현학적인 이론에 반감을 가지게 되면서, 결국 공장법이 통과되었다.

그다음 단계로 도입된 의무 교육은 훨씬 더 큰 의의를 지닌다. 교육의 의무화는 부모의 권리에 중대하게 간섭하는 것이다. 아이들은 휴일을 제외한 평일 중에는 상당히 많은 시간 동안 집을 떠나 국가가 결정한 내용을 배워야 한다. 법률은 의무 교육에 대한 부모의 입장이 어떤지는 전혀 개의치 않는다. 학교 제도를 통해서 아이들의 생활에 미치는 국가의 영향력이 점점 확대되어 간다. 국가는 크리스천 사이언스[19세기에 미국의 에디 부인이 창립한 기독교의 일파로 영적인 치유 능력의 힘을 믿었다]를 신봉하는 집안의 자식이라도 개의치 않고 그 아이의 건강을 돌보며 정신적 결함이 있는 아이를 특수학교에 보내고, 가난한 아이에게 먹을 것을 준다. 국가는 장화를 사줄 만한 경제력이 없는 가정의 아이에게는 장화를 지급할 수 있고, 학교에 온 아이의 몸에서 부모에게 학대당한 흔적을 발견하면 그 부모를 처벌하기도 한다. 옛날에는 미성년인 자식이 벌어온 소득에 대한 권리는 부모에게 있었다. 오늘날 아이에게는 (실제로 그렇게 하기는 어려울 수 있지만) 자신의 소득을 직접 관리할 권리가 있고, 꼭 필요한 상황이 발생했을 때는 이 권리가 강제로 실행될 수도 있다. 노동자 계급에 속하는 부모에게 남아 있는 몇 안 되는 권리 가운데 하나는 같은 지역에 사는 대부분의 부모들이 공유하고 있는 미신을 자식에게 가르칠 수 있다는 것이다. 그러나 많은 국가가 부모들에게서 이런 권리까지 박탈하고 있다.

국가가 아버지의 역할 중에서 대신할 수 있는 사항의 한계를 분명히 설정하기란 불가능하다. 이제까지 국가가 대체해 온 것은 어머니의 역할이 아니라 아버지의 역할이었다. 국가가 아이들을 위해서 수행하고 있는 봉사는 본래 아버지가 비용을 부담해야 하는 것이다. 상류층과 중류층에서는 이런 일이 일어나는 사례가 거의 없다. 따라서 아버지의 효용성과 가족의 안정성을 따지자면, 부유한 사람들이 임금노동자들보다 훨씬 낫다. 소비에트 러시아처럼 사회주의를 실제로 채용하는 곳에서는, 과거에 부잣집 자식들을 교육하기 위해서 설립된 교육 시설을 폐지하거나 전면적으로 개혁하는 정책을 중요하고도 필수적인 조치라고 여기고 있다. 영국에서 이런 일이 일어나기는 어렵다. 나는 영국의 고명한 사회주의자들이 모든 아이들을 초등학교에 보내야 한다는 제안에 대해서 거품을 뿜으며 이야기하는 것을 본 적이 있다. "뭐라고? 내 자식이 빈민굴 아이들이랑 어울린다고? 어림없는 소리지!" 사회주의자들이 계급 구별과 교육 제도가 얼마나 긴밀하게 연관되어 있는가를 깨닫지 못하고 있다니 참으로 이상한 일이다.

오늘날 유럽의 모든 나라에서 노동자 계급에 속하는 아버지의 권한과 역할에 국가가 점점 더 많이 개입하고 있는 데 비해 다른 계급에 대해서는 국가의 개입이 전혀 이루어지지 않고 있다(물론 러시아는 그렇지 않다). 이런 정책은 부자들의 관점과 가난한 사람들의 관점을 아주 상이한 방향으로 변화시키기 때문에 가난한 계층의 가족은 약화되지만 부자 계층의 가족은 전혀 변화하지 않는 결과를 낳을 수 있다. 내 생각으로는, 과거 가족에 대한 국가 개입을 야기했던 아이들에 대한 도덕감정은 앞으로도 계속될 것이고, 국가 개입은 갈수록 확대될 것이다. 예컨대, 런던 빈민 지역과 북부 공업 도시의 경우에는 구루병을 앓는 아이들의 비율이 대단히 높기 때문에 국가의 간섭이 절실히 필요하다. 이것은 마음이 아무리 간절해도 가난한 부모들로서는 해결할 수 없는 문제다. 구루병을 치료하려면 적절한 영양, 신선한 공기, 햇빛 등 여러 가지 조건이 필요한데, 가난한 부모들은 이를 뒷받침할 여력이 없기 때문이다. 어린아이들의 육체가 망가지도록 방치하는 것은 잔혹할 뿐 아니라 슬기롭지 못한 행동이다. 위생과 영양 섭취에 관한 인식이 제고됨에 따라서, 아이들의 건강에 유해한 환경을 방치해서는 안 된다는 목소리 역시 점점 높아질 것이다. 분명히 이러한 제안에는 격렬한 정치적 저항이

따를 것이다. 런던의 모든 자치구에 사는 부유한 사람들은 세금을 낮추기 위해서 단합한다. 즉, 그들은 질병과 빈곤에 시달리는 가난한 사람들의 고통을 완화시키려는 정책을 최소화하기 위해 노력한다. 예컨대, 포플러 구[런던 동부의 자치구, 1921년에 세금 폭동이 일어난 곳이다]의 어떤 지방 공무원은 유아사망률을 줄일 수 있는 정책을 취했다가 감옥에 갇히는 신세가 되었다.[27] 그렇지만 이런 부자들의 저항은 꾸준히 진압되고 있고, 빈민들의 건강은 꾸준히 개선되고 있다. 따라서 가까운 장래에는 국가가 노동자 계층의 자식들을 보살피는 기능이 갈수록 축소되기보다 더욱 확장되고, 이에 비례하여 아버지의 역할은 점점 더 줄어들 것이라고 단언할 수 있다. 생물학적으로 아버지의 역할은 독립할 만한 능력이 생길 때까지 자식을 보호하는 일인데, 국가가 이런 생물학적인 역할을 대신하면 아버지는 존립할 근거를 잃게 된다. 결국 자본주의 사회에서는 날이 갈수록 계층 분화가 심화되어 부유한 계층은 과거의 가족 형태를 그대로 유지하는 데 반해 가난한 계층은 과거에 아버지가 담당해야 했던 경제적 역할을 국가에 더욱 의존하게 될 것이다.

소비에트 러시아에서는 가족의 형태가 매우 급진적인 변화를 겪을 것이라고 예상되어 왔다. 그러나 소비에트 러시아는 인구의 80퍼센트가 농민으로 구성되어 있고, 농민 계층의 가족은 중세 서구의 가족만큼이나 튼튼하다. 이 점을 고려하면, 공산주의 이론이 현실화될 수 있는 곳은 상당히 좁은 도시 지역으로 국한될 가능성이 높다. 따라서 러시아의 경우에는 자본주의 국가의 상황과는 정반대로, 상류층이 가족을 꾸리지 않고 하류층이 가족을 계속 유지하는 결과가 발생할지도 모른다.

아버지의 자리를 없애는 데 기여하는 또 한 가지 강력한 요인은 경제적 독립을 이루려는 여성들의 욕구다. 지금까지는 가장 적극적으로 정치적인 요구를 하고 나섰던 여성들이 미혼 여성들이었지만, 이러한 상황이 계속될 가능성은 높지 않다. 오늘날 기혼 여성들은 미혼 여성들에 훨씬 못 미치는 부당한 대우를 받고 있다. 결혼한 여교사는 불륜 생활을 하고 있는 사람처럼 취급되고, 독신이 아닌 여성은 공립 산부인과 의사가 될 수 없다. 기혼 여성이 일에 부적합하게 여겨지거나 여성의 고용에 불리한 영향을 주는 법률적 장애가 있기 때문에 이런 상황이 벌어진다고는 볼 수 없다. 오히려 몇 년 전에 제정된 법률에는 결혼 때문에 장애를 겪는 여성이 있어서는 안 된다고 명시되어 있다. 기혼여성의 고용을 기피하는 주요한 동기는 여성들보다 우월한 경제력을 유지하고자 하는 남성들의 욕구에서 비롯한다. 그러나 여성들이 언제까지나 남성들의 이런 포악한 행위에 순종하지는 않을 것이다. 물론 여성들의 주장을 수용할 만한 정당을 찾아내기는 어렵다. 보수당은 가정을 아끼고, 노동당은 남성 노동자를 아끼니 말이다. 그러나 유권자의 과반수를 이루는 여성들이 언제까지나 뒷전에 물러서 있을 리는 없다. 여성들의 주장이 수용될 경우, 그것은 가족에 막대한 영향을 미칠 가능성이 높다.

기혼 여성이 경제적으로 독립하는 데는 두 가지 방법이 있다. 하나는 결혼 전에 종사하던 것과 똑같은 종류의 직업에 종사하는 것이다. 이 방법을 선택하려면 아이를 다른 사람의 손에 맡겨야 하므로 탁아소와 보육원이 대폭 늘어날 것이다. 이 방법이 야기하는 논리적인 귀결은 아버지뿐 아니라 어머니마저도 자식의 심리에 큰 영향을 미치는 역할에서 밀려나게 된다는 것이다. 기혼 여성이 경제적 독립을 이룰 수 있는 또 다른 방법은 어린 자식을 둔 여성들이 아이들을 돌보는 데 전념한다는 조건으로 국가로부터 보수를 받는 것이다. 단, 이 방법 하나만으로는 충분하지 못하고, 여성들이 자식을 아주 어린 나이에서 벗어날 때까지 키우고 나면 일상적인 직업으로 복귀할 수 있게 하는 조치가 보충되어야 한다. 이 방법은 여성이 수치스럽게 남성에게 의존하지 않고도 혼자만의 힘으로 자식을 돌볼 수 있는 기회를 제공한다. 자식을 낳는 것은 예전에는 성적인 욕구 충족이 야기하는 부수적인 결과에 지나지 않았지만, 지금은 신중한 계획을 통해 이루어질 뿐 아니라 부모보다는 국가에 더 이익이 되는 일이다. 따라서 부모에게 무거운 짐을 지울 것이 아니라 국가가 그 비용을 치르는 것이 마땅하다. 이런 근거에 입각해서 가족 수당이 필요하다는 인식은 형성되어 있지만, 어머니에게 자녀 양육 수당을 지급할 필요가 있다는 인식은 아직 없다. 내가 보기에 노동자 계급의 여권운동이 점차 성장하면 이런 인식들이 보편화되어 결국은 법률로 구체화되는 날이 올 것이라고 기대해도 좋을 것 같다.

그런 법률이 통과되었다고 가정해보자. 그 법률이 가족 윤리에 어떤 영향을 미치는가는 법률 조항의 내용에 따라 달라진다. 사생아를 낳은 여성에게는 양육 수당을 지급하지 않는다는 조항이나, 여성에게 간통의 전과가 있는 경우에는 그 여성 대신 남편에게 양육 수당을 지급한다는 조항이 채택될 수도 있다. 만일 이런 조항이 법률에 포함된다면, 각 지방 경찰들은 기혼 여성들을 일일이 찾아다니면서 불륜을 저지르지 않는지 조사하는 임무를 맡게 될 것이다. 이렇게 되면 윤리의식이 고양되는 효과가 나타날 수도 있지만, 여성들은 윤리의식이 강요당하는 것을 달가워하지 않을 것이다.

내 예상으로는, 경찰의 개입을 중지하고 사생아를 낳은 어머니에게도 양육 수당을 지급하라는 주장이 제기될 것이다. 이런 주장이 관철되면, 노동자 계급에 속하는 아버지의 경제적인 효용성은 완전히 소멸하고, 아버지는 수컷 개나 수컷 고양이와 그다지 다르지 않은 지위로 떨어질 것이며 아버지와 어머니로 이루어진 가족 형태는 사라지고 말 것이다.

요즘에는 가정에 얽매이는 것을 끔찍이 싫어하는 여성이 많다. 대부분의 여성들은 양육 수당을 받으며 자기 자식을 돌보는 쪽보다는 결혼 전에 종사하던 일에 계속 종사할 수 있는 자격을 인정받는 쪽을 선호할 것이다. 상당히 많은 여성들이 집에서 벗어나 전문적인 직업을 가지고 싶어할 것이다. 전문적인 직업이기만 하면 보육원에 가서 남의 아이들을 돌보는 일도 마다하지 않을 것이다. 그러나 여성들에게 이런 선택권이 주어진다고 해도, 대부분의 직장 여성들은 집에서 자기 자식을 돌보고 수당을 받으면서 생활할 때보다 결혼 전에 종사하던 직장에서 일하고 임금을 받으면서 생활할 때 더 만족감을 느낄 것이다. 그러나 이것은 단순히 내 의견일 뿐이고, 이 의견을 뒷받침할 결정적인 근거도 없다. 내 의견이 조금이라도 타당하다면, 기혼 여성들의 여권 의식이 발전함에 따라서, 자본주의 사회의 틀이 유지되는 상황에서도 노동자 계층에 속하는 양친 모두가, 혹은 부모 중 어느 한쪽이 자식을 돌보는 의무에서 제외되는 날이 머지않아 올 것이다.

남성 지배에 반대하여 일어난 여성운동은 정치적인 관점에서만 보면 거의 완료된 운동이지만, 더 넓은 관점에서는 아직 초기 단계에 머물러 있다. 여성운동이 가져온 간접적인 영향은 서서히 효력을 발휘하게 될 것이다. 여성의 정서라고 여겨지는 것들은 사실 남성들의 관심과 심정을 반영한 것에 지나지 않는다. 남성 작가가 쓴 소설들을 읽다 보면, 여성이 어린 자식에게 젖을 물리면서 육체적 쾌락을 느낀다는 내용을 만나게 된다. 그것이 사실과 다른 이야기라는 것은 가깝게 지내는 아이 어머니들에게 물어보기만 해도 알 수 있는 일인데, 여성이 선거권을 획득하기 전까지는 어떤 남성도 그럴 생각을 하지 않았다. 요컨대, 남성들은 무의식적으로 모성의 감정에서 남성이 지배권을 잡을 수 있는 수단을 발견하고, 너무나도 오랜 세월 동안 모성의 감정을 극구 칭찬해 왔다. 따라서 여성이 자식과 관련해서 실제로는 어떤 감정을 느끼는지 밝혀내기 위해서는 상당히 많은 노력을 기울여야 할 것이다. 얼마 전까지도 정숙한 여성은 자식을 바라기는 해도 성은 싫어해야 마땅한 것으로 여겨졌다. 요즘에도 많은 남성들이 자식을 원하지 않는다고 솔직하게 말하는 여성들을 보면 뜻밖이라는 표정을 짓곤 하며, 심지어 그 여성을 훈계하겠다고 나서는 남성도 드물지 않다. 과거의 여성들은 남성들에게 종속되어 있었기 때문에, 자신의 감정을 솔직하게 드러내는 대신 남성들이 좋아할 만한 감정만을 드러냈다. 따라서 여성들이 자식에게 가지는 일반적인 태도라고 이제껏 여겨 왔던 것에 기초해서 논의를 진행할 수는 없다. 완전한 자유를 누리게 된 여성들이 느끼는 감정은 그와는 크게 다를 것이니 말이다. 이 점을 감안하더라도, 지금까지 지속해 온 문명은 여성의 모성적 감정을 크게 감소시키는 경향이 있는 것 같다. 아이를 낳는 일이 제법 수입이 짭짤한 직업이라고 여겨질 정도로 많은 보수가 여성에게 지급되지 않는 한, 고도의 문명은 먼 미래까지 지속되지 못할 것이다. 아이를 낳는 일이 좋은 보수가 보장되는 직업이 된다면, 모든 여성 혹은 대부분의 여성이 이 직업을 선택할 필요는 없을 것이다. 아이 출산은 철저한 직업 정신을 가지고 수행해야 한다는 점에서 일반적인 직업의 하나로 여겨지게 될 것이다. 그러나 이런 이야기들은 한갓 이론일 뿐이다. 앞서 한 이야기들 가운데 무엇보다 확실한 것은 여성에 대한 남성의 지배권 확립을

상징하는 가부장제 가족은 앞으로 발전해 갈 여성운동으로 인
하여 쇠퇴의 길로 접어들 것이라는 사실이다.

৺

이제껏 서구에서 진행되어 온 바와 같이, 국가가 아버지의 역할
을 대신하는 것은 대단히 혁명적인 진전이라고 할 만하다. 국가
의 개입은 사회의 보건과 교육의 일반적인 수준을 크게 향상하
고 아이들에게 잔혹했던 처우를 개선했으며, 데이비드 코퍼필
드[찰스 디킨스가 1850년에 쓴 자전적 소설의 주인공]가 겪은 고통
을 일소시켰다. 국가의 개입은 특히 가족 제도의 폐해 때문에 빚
어지는 최악의 불행을 방지함으로써 육체적 건강과 지적인 능력
의 일반적인 수준을 계속 향상시킬 것으로 예상된다. 그러나 국
가가 가족을 대신하는 것은 중대한 위험을 초래한다. 부모는 대
체로 자식을 사랑하며, 자식을 정략적인 계획을 이루기 위한 수
단으로만 취급하지 않는다. 그러나 국가가 부모와 똑같은 태도
를 보일 것이라고 기대할 수는 없다. 공공시설에서 아이들과 접
촉하는 개인들(예컨대 교사들)이 과도한 노동이나 낮은 임금에 시
달리지 않는다면 부모들과 똑같은 인간적인 감정을 가질 수 있
다. 그러나 교사들은 아무런 힘이 없고 행정관들이 권력을 가지
고 있다. 행정관들은 실제로는 아이들을 만나지도 않으면서 아

이들의 삶을 쥐락펴락한다. 이런 행정 양식(이것이 없었다면 행정 관들은 현재와 같은 지위를 맡을 수 없었을 것이다)을 따르는 행정관 들은 특히 인간 자체를 목적으로 보지 않고 일종의 건축 재료로 보는 경향이 심할 수 있다. 뿐만 아니라 행정관들은 예외 없이 획일적인 것을 좋아한다. 획일적인 것은 통계를 내고 분류하고 정리하기에 편하다. 행정관이 어떤 획일성에 대해서 '건전하다'라 고 말한다면, 그것은 행정관의 입장에서 볼 때 그 부분에 바람 직한 부류의 인간이 많다는 의미이다. 그러므로 공공시설의 처 분에 맡겨진 아이들은 죄다 비슷해지기 쉽다. 반면에 공인된 방 식에 순응하지 못하는 소수의 사람들은 동료들에게는 물론이고 당국으로부터 박해를 받을 것이다. 그 때문에 엄청난 잠재력을 지닌 많은 사람들이 박해에 시달리다 결국 기백을 잃기도 할 것 이다. 또 획일화의 요구에 순응하는 대다수의 사람들은 자신감 에 넘쳐 그렇지 않은 사람들을 박해하는 데 솔선해서 나설 뿐 아니라, 새로운 견해에 끈기 있게 귀를 기울이지 못할 것이다. 가 장 우려가 되는 것은 군국주의 국가들 사이의 경쟁으로 세계가 분열되어 있는 상황에서 공공단체가 교육 분야에서 부모의 역 할을 대신하는 정책이 이른바 애국심을 강화한다는 점이다. 즉, 국가가 원하기만 하면 한시도 지체하지 않고 상대를 몰살하는 일에 기꺼이 뛰어드는 인간을 만드는 것이다. 애국심은 오늘날 문명이 맞닥뜨리고 있는 위험 가운데 가장 중대한 것이고, 애국 심의 독성을 증대시키는 일체의 행동은 의심할 나위 없이 전염병이나 기근보다 훨씬 더 무섭다. 요즘 젊은이들의 충성심은 부모와 국가로 나뉘어 있다. 만일 젊은이들이 국가에만 충성한다면, 지금과는 비교도 할 수 없을 만큼 흉악한 세상이 될 우려가 있다. 내 생각에 국제주의에 관한 문제가 해결되지 않은 상태에서는, 국가가 아이들에 대한 교육과 보호에 관해 담당하는 몫을 계속 늘려가는 것은 그것이 지닌 장점을 훌쩍 뛰어넘을 만큼 위험한 일이다.

국제 정부가 수립되어 무력이 아니라 법률에 의거해 국제 분쟁을 해결할 수 있다면 상황은 완전히 달라질 것이다. 국제 정부는 어떤 나라의 교과 과정에도 상식적인 수준을 뛰어넘는 국가주의가 포함되어서는 안 된다는 규정을 마련할 것이다. 또 만국에서 국제적 초국가超國家에 대한 충성심을 교육하고, 현재 국기國旗에 바치고 있는 헌신을 대신할 감정으로 국제주의를 고취해야 한다고 강조할 것이다. 이렇게 되면, 지나친 획일화와 이상 행동을 하는 사람에 대한 지나친 박해의 위험까지는 막을 수 없더라도, 최소한 전쟁을 조장하는 위험은 사라질 것이다. 초국가가 교육을 통제하는 것은 전쟁 방지의 적극적인 수단이 될 것이다. 결론적으로 국제주의적인 국가가 아버지의 역할을 대신하면 문명에 이득이 되지만, 민족주의적이고 군국주의적인 국가가 대신하면 문명이 떠안고 있는 전쟁의 위험은 점점 증대한다. 가족은 급속하게 쇠퇴하는 데 반해 국제주의는 느리게 성장한다는 점에서 현재의 상황은 상당한 불안을 자아낼 만하다. 그러나 전혀 희망이 없는 것은 아니다. 국제주의가 과거와는 비교도 할 수 없을 만큼 빠르게 성장할지도 모르는 일이다. 우리가 미래를 내다볼 수 없다는 것은 참으로 다행한 일이다. 그 덕분에 우리는 미래가 현재보다 나을 것이라고 장담할 수는 없지만, 그런 희망을 품을 권리는 가지고 있으니 말이다.

15

행복한 이혼의 조건

이혼 제도는 대부분의 시대, 대부분의 국가에서 일정한 사유에 한해 허용되었다. 이혼 제도의 취지는 일부일처주의 가족 형태에 대한 대안을 창출하려는 것이 아니라, 특정한 이유에서 결혼 생활을 더 이상 지속할 수 없다고 여겨지는 상황에 처한 사람들이 겪는 고통을 완화하는 것이었다. 이혼에 관한 법규는 시대와 장소에 따라 굉장히 다르다. 오늘날에는 미국 안에서만도 가지각색인데, 사우스캐롤라이나 주에는 이혼을 철저히 금지하는 법규가 있는데 반해서, 네바다 주에는 그와 정반대되는 법규가 있다.[28] 기독교권에 속하지 않는 지역에는 남편의 이혼이 손쉬운 나라들이 많고, 아내의 이혼이 쉬운 나라도 있다. 모세의 율법은 남편의 이혼청구를 허용했고, 중국의 법률은 결혼할 때 아내가 가지고 온 재산을 돌려준다는 조건으로 이혼을 허용했다. 가톨릭교는 결혼은 성사聖事라는 이유를 들어 이혼을 전혀 허용하지 않지만, 실제로는 결혼 무효의 사유를 많이 인정하는 방식(이 방식은 특히 상류층 인사들이 관련된 경우에 적용된다)으로 이혼의 엄격성을 다소 완화하고 있다.[29] 기독교 국가들은 개신교가 발전함에 따라 이혼에 대한 태도가 너그러워졌다. 잘 알려져 있듯이, 열렬한 개신교도인 밀턴은 이혼에 찬성하는 글을 썼다. 개신교임을 자처하던 무렵의 영국 국교회는 다른 사유는 일체 인정하지 않으면서도 간통으로 인한 이혼만은 허용했다. 그러나 요즘에는 대다수의 영국 국교회 성직자들이 일체의 이혼에 반대한다. 스칸디나비아 국가들의 법률은 쉽게 이혼할 수 있도록 허용한다. 미국의 개신교 지역들도 마찬가지다. 스코틀랜드는 영국에 비해서 이혼에 훨씬 우호적이고, 프랑스는 반 교권주의로 인하여 자유로운 이혼을 인정하고 있다. 소비에트 연방에서는 한쪽 배우자의 청구만으로도 이혼이 허용된다. 러시아에는 간통이나 사생아 출산에 대해 일체 사회적, 법률적 제재가 없다는 점에서 (특히 지배계급에 있어서는) 다른 나라들의 경우처럼 결혼이 중요한 영향력을 발휘하지 않는다.

이혼에 관한 가장 기묘한 사실은 법률과 관습 사이에 격차가 있는 경우가 적지 않다는 점이다. 손쉬운 이혼이 법률에 보장되어 있는 나라라고 해서 이혼 건수가 가장 많은 것은 아니다. 중국 사람들은 최근에 대격변을 겪기 전까지는 이혼을 거의 하지 않았다. 공자가 이혼을 한 전례가 있었음에도 불구하고 중국 사람들은 이혼을 점잖지 못한 것으로 여겼다. 스웨덴에서는 쌍방의 합의만 있으면 이혼이 허용되지만, 미국에서는 어떤 주도 쌍방 합의를 이혼 사유로 인정하지 않는다. 내가 비교할 수 있는 수치를 찾을 수 있었던 가장 최근의 해인 1922년의 경우, 인구 10만 명 당 이혼 건수는 스웨덴이 24건, 미국이 136건이다.[30] 법률과 관습이 이처럼 차이를 보이는 데는 중요한 의미가 있다고 생각한다. 나는 이혼과 관련한 법률이 약간 너그러운 쪽을 지지하는 입장이긴 하지만, 양친형 가족이 표준으로 지속되는 한 (극단적인 경우를 제외하고는) 관습적으로 이혼이 달갑지 않게 받아들여질 만하다고 생각한다. 내가 이렇게 생각하는 까닭은 결혼의 주요한 의의를 성적인 관계로 보지 않고, 자손의 출산과 양육 과정에서 협력하는 관계로 보기 때문이다. 앞에서 살펴보았듯이, 결혼은 경제적인 요인을 위시한 여러 가지 요인들의 영향을 받아 소멸할 가능성이 있음은 물론이고 그럴 만한 개연성까지 있다. 그렇게 되면 이혼도 당연히 소멸할 것이다. 이혼은 결혼의 존재를 전제로 하는 제도이면서 동시에 결혼 제도 내부에서 일종의 안전장치 역할을 담당하기 때문이다. 따라서 이 장에서는 일반화되어 있는 양친형 가족이라는 틀 안에서만 논의를 할 것이다.

일반적으로, 개신교와 가톨릭은 이혼을 가족의 생물학적 목적이 아니라, 죄악이라는 신학적인 개념에 입각해서 바라본다는 공통점을 지닌다. 가톨릭은 결혼을 하느님의 관점에서 결코 해체

될 수 없는 것이라고 생각한다. 그래서 일단 한번 결혼한 부부라면 배우자가 살아있는 동안에는 다른 사람과 성관계를 맺는 것이 절대로 결백한 일일 수 없다는 주장을 하게 된다. 개신교는 결혼이 성사라는 가톨릭의 교리에 대한 반감 때문에 이혼에 호의적인 태도를 보였다. 또 한편으로는 결혼을 절대 깨뜨릴 수 없는 것으로 규정하는 제도 자체가 간통을 일으키는 원인이 될 수 있으므로 이혼하기 쉽도록 허용할수록 간통이 더욱 줄어들 거라 믿었기 때문이다. 따라서 결혼 생활을 쉽게 끝낼 수 있는 개신교 나라들에서는 간통을 매우 못마땅하게 여기는 데 반해서, 이혼을 인정하지 않는 나라들에서는 간통을 죄악시하면서도 적어도 남성들에 대해서는 묵인하고 있다. 이혼이 대단히 어려웠던 제정 러시아에서는, 정치적 견해가 아무리 다르다고 해도 사생활을 빌미로 고리키를 폄하한 사람은 아무도 없었다. 미국에는 고리키의 정치적 견해에 반대하는 사람이 아무도 없었지만, 고리키는 미국에 와서 부도덕하다는 비난에 시달렸을 뿐 아니라 투숙할 호텔도 구하지 못하는 곤경을 겪어야 했다.

개신교와 가톨릭은 하나같이 합리적인 근거에 입각한 성윤리를 제시하지 못하고 있다. 결혼 후에 남편이나 아내가 정신이상 증세를 보인다고 하자. 부부 중에 정신이상 환자가 있는 경우에는 더 이상 자식을 낳지 않는 것이 좋고, 이미 낳은 자식도 환자와 접촉하지 않게 하는 것이 좋다. 그러므로 정신이상 증세를 보이는 배우자가 이따금 온전한 정신으로 돌아오는 상황이라고 할지라도, 아이들을 생각한다면 이 부부는 완전히 헤어지는 것이 좋다. 이런 상황에서도 정신이 온전한 배우자에게 법적으로 인정되는 성관계가 허용되지 않는다면, 그것은 공적인 목적에 아무런 도움이 되지 않는다는 점에서 부당하기 짝이 없는 학대다.

정신이 온전한 배우자는 대단히 어려운 선택을 해야 한다. 법률과 공인된 도덕이 바라는 대로 금욕하며 지내거나 자식을 낳을 생각은 접어두고 내연의 관계를 맺는 쪽이나, 공공연한 불륜 관계를 맺고 자식을 낳거나 낳지 않는 쪽, 이렇게 셋 중에서 하나를 선택해야 한다. 어떤 선택을 한다고 해도 엄청난 비난이 뒤따를 것이다.

첫 번째 방법, 즉 철저한 금욕생활은 결혼을 하여 이미 성관계에 익숙해진 사람에게는 특히나 고통스러운 일일 뿐 아니라, 남성이든 여성이든 조로早老 현상을 일으키는 경우가 적지 않으며, 신경질환을 일으킬 가능성도 없지 않다. 철저한 금욕생활을 유지하기 위해 안간힘을 쓰다 보면 쌀쌀맞고 심술궂고 성마른 성격이 되기 쉽다. 남성의 경우에는 갑자기 자제력을 잃고 잔인한 행동을 하게 될 위험이 항상 도사리고 있다. 일체의 혼외 성관계가 죄악이라고 진심으로 믿고 있는 상황에서 그런 성관계를 하려는 마음이 생길 경우, 새끼 양을 훔치고 교수형을 당하느니 차라리 어미 양을 훔치고 교수형을 당하는 편이 낫다고 생각하고 일체의 도덕적 자제력을 떨쳐버릴 가능성이 있다.

두 번째 방법, 즉 자식을 낳을 생각은 접어두고 내연의 관계를 맺는 방법은 현실에서 가장 널리 채용되고 있다. 물론 이 방법에도 중대한 결함이 있다. 무슨 일이든 은밀히 하는 것은 좋은 것이 아니다. 진지한 성관계는 자식을 키우며 함께 살아갈 때에만 최상의 가능성을 꽃피울 수 있다. 뿐만 아니라 젊고 원기 왕성한 남성 혹은 여성에게 "더 이상 아이를 낳지 말라"고 하는 것은 공익에 보탬이 되지 않는다. 법률 규정이 현실적으로 요구하는 바는 "자식을 낳고 싶으면 정신이상자를 배우자로 인정하라"는 것인데, 그것은 더더욱 공익에 어긋나는 것이다.

세 번째 방법, 즉 공공연한 동거 생활을 하는 방법은 실행에 옮길 수만 있다면 그 사람이나 공동체에 미치는 악영향이 가장 적다. 그러나 대개의 경우 이 방법은 경제적인 이유 때문에 실행에 옮길 수 없다. 의사나 변호사가 공공연한 동거 생활을 시도한다면 그 사람을 찾는 환자나 의뢰인은 한 사람도 없을 것이고, 학계에 있는 사람이라면 당장 자리에서 쫓겨날 것이다.[31] 경제적인 측면에서 공공연한 동거 생활을 하지 못할 상황은 아니더라도, 대부분의 사람들은 사회생활에서 따돌림을 당할 것이 두려워서 그 방법을 선택하지 않는다. 남성들은 사교 모임에 참여하는 걸 좋아하고, 여성들은 다른 여성들에게 존경을 받고 그들의 방문을 맞기를 좋아한다. 이런 즐거움을 누릴 수 없다는 것은 심리적으로 큰 부담이 될 수 있다. 결론적으로 말하자면, 부자가 아닌 한, 혹은 예술가, 작가 등 다소 자유분방한 사교 관계를 맺고 살아가는 것이 어렵지 않은 사람들이 아닌 한, 공공연한 동거 생활을 선택하기는 어려운 일이다.

따라서 영국을 비롯해서 정신이상을 이혼 사유로 인정하지 않는 나라에서, 정신이상 증세를 보이기 시작한 배우자와 함께 사는 사람은 진퇴유곡에 빠진 것이나 다름없다. 종교적인 미신을 따르는 사람이 아니라면 이런 처지를 바람직한 것으로 여길 리가 없다. 배우자가 정신이상자인 경우뿐만 아니라 배우자가 성병을 앓고 있거나 상습적 범죄자이거나 습관적인 음주벽을 가지고 있는 경우도 마찬가지다. 어떤 관점에서 보더라도, 이런 것들은 결혼을 망치는 요인들이다. 이런 요인들이 있으면 부부의 화목한 관계는 불가능해지고, 자식 출산은 꺼림칙한 일이되며, 결함을 가진 어버이와 자식의 접촉은 피해야 할 일이 된다. 따라서 이런 상황에서 이혼에 반대하는 사람들은 결혼이란 고통을 통해서 경솔한 자들이 스스로를 정화하도록 하기 위해 만들어 놓은 함정이라는 궤변만을 늘어놓을 뿐이다.

배우자에 대한 실질적인 유기遺棄가 이혼 사유가 되는 것은 당연하다. 이런 경우에 법원이 내리는 판결은 기존의 현실, 즉 결혼 관계가 파탄난 상태라는 것을 법적으로 인정하는 것에 지나지 않는다. 그러나 법률적인 측면에서 볼 때, 만약 유기가 이혼 사유가 되면 이혼을 하기 위한 수단으로 이용될 수 있기 때문에 이혼 사유로 인정되지 않는 상황에 비해 유기가 더욱 빈번히 발생할 것이다. 여러 가지 이혼 사유들은 그것 자체로만 보면 더할 나위 없이 정당하다. 그러나 유기와 마찬가지로, 이런 사유들의 경우에도 어려운 문제가 발생할 수 있다. 수많은 부부들이 헤어지고 싶은 욕구가 너무나 강해서 법이 허용하는 거의 모든 편법을 이용하려고 한다. 예전에 영국에서는 남성이 이혼에 성공하려면 간통 말고도 아내에 대한 학대와 같은 결함을 가지고 있어야 했다. 따라서 남편이 아내를 학대했다는 증거를 마련하기 위해서 아내와 미리 짜고 하인들 앞에서 아내를 때리는 일이 적잖게 일어났다. 이혼을 간절히 바라는 두 사람이 법률의 강요 때문에 억지로 함께 사는 것이 바람직한가 아닌가 하는 것은 따로 살펴보아야 할 문제이다. 그러나 우리가 분명히 인정하지 않을 수 없는 것은, 어떤 것이 이혼 사유로 인정되더라도 많은 사람들이 그것을 확대해서 해석하고, 고의로 이런 근거를 이용할 수 있는 방법을 궁리해 낼 것이라는 점이다. 법률 문제에 대한 이야기는 이쯤에서 접어두고, 실제로 결혼을 지속하는 것이 바람직하지 않은 상황에는 어떤 것이 있는지 살펴보도록 하자.

나는 간통 자체가 이혼 사유가 되어서는 안 된다고 생각한다. 금지 법규와 도덕적 요구 때문에 자제를 해야만 하는 상황이 아니라면, 이따금씩 간통에 대한 강한 충동을 느끼지 않고 한평생을 살아간다는 것은 거의 불가능하다. 그러나 이런 충동이 생겨났다고 해서 무조건 그 결혼이 의의를 상실한 것이라고 볼 수는 없다. 이런 충동이 생겨났어도 부부 사이에는 뜨거운 애정과 결혼 생활을 지속시키려는 열망이 남아 있을 수 있다. 예를 들어, 직장 일로 여러 달 동안 집을 떠나 있어야 하는 남성의 경우를 생각해 보자. 육체적으로 원기가 왕성한 사내라면, 아내를 무척 사랑한다고 해도 성관계를 하지 않고 여러 달을 버티기란 어렵다. 그 남성의 아내에 대해서도 똑같이 말할 수 있다. 아내가 전통적인 도덕이 옳다고 전적으로 굳게 믿고 있는 것이 아니라면 그녀 역시 마찬가지일 것이다. 이런 상황에서는 간통이 차후의 행복을 가로막는 장애가 되어서는 안 된다. 남편과 아내가 멜로 드라마에서나 볼 수 있는 심각한 질투심에 휩싸이게 될 정도가 아닌 한, 간통은 사실상 아무런 장애가 되지 않는다. 한 가지더 짚어둘 것은, 근본적인 애정에 흔들림이 없는 경우라면 부부는 언제든지 일어날 수 있는 이런 일시적인 바람기를 용인할 수 있어야 한다는 점이다. 일부일처제 사회의 전통적인 도덕가들은한 사람을 사랑하면서 동시에 다른 사람을 진정으로 사랑한다는 것은 있을 수 없는 일이라고 주장하며 간통의 심리를 곡해한다. 누구나 알 수 있듯이, 이것은 사실이 아니다. 그러나 사람들은 질투심 때문에 이 그릇된 이론에 목을 매단 채 허풍을 떠는경향이 있다. 따라서 이따금 볼 수 있는 것처럼 다른 사람을 배우자보다 의도적으로 더 좋아하는 경우를 제외하면, 간통은 합당한 이혼 사유가 아니다.

지금까지의 논의는 간통에 의한 성관계가 자식의 출산으로이어지지 않는 경우를 가정한 것이다. 사생아가 태어나면 문제는 복잡해지고, 아내가 사생아를 낳았을 경우에는 문제가 더욱복잡해진다. 결혼이 깨어지지 않고 지속되는 경우, 남편은 다른 남성의 자식을 자기 자식과 함께, 혹은 (추문이 돌지 않게 하려면) 자기 자식으로 삼아서 키워야 하기 때문이다. 이런 상황은 결혼의 생물학적 목적을 거스르는 것일 뿐 아니라, 견딜 수 없는 본능적 긴장까지 일으킬 것이다. 그렇기 때문에 피임법이 널리 확산되지 않았던 시절에는 간통이 본질적으로 중요한 문제였고, 또한 중요하게 다루어졌다. 그러나 지금은 피임 방법이 개발됨으로써 성관계 그 자체와 자손 출산을 위한 협력 관계로서의 결혼을 구별하는 것이 예전에 비해 훨씬 수월해졌다. 이러한 이유에서 현대인들은 인습적인 도덕의 관점에서 볼 때에 비해 간통을 중요한 문제로 여기지 않게 되었다.

이혼하는 편이 바람직한 사유는 정신이상이나 알코올중독, 범죄 같이 한쪽의 결함에 관련된 사유와 부부 간의 관계에 관련된 사유, 이렇게 두 가지로 나눌 수 있다. 양쪽 다 아무런 결함이 없는데도 화목하게 생활할 수 없거나 대단히 큰 희생이 없이는 살아갈 수 없는 경우도 있을 수 있다. 각자가 해야 할 중요한 일이 있는데, 그 일 때문에 다른 곳에서 살아야 하는 경우도 있을 수 있고, 부부 중 한 사람이 상대 배우자를 싫어하는 것은 아니지만 그 결혼 생활을 참을 수 없는 구속이라고 느낄 만큼 다른 사람을 더 좋아하게 될 수도 있다. 법률적인 구제책이 없을 경우, 이런 상황은 당연히 증오심을 증폭시키기 마련이고, 심지어는 살인으로 이어질 수 있다. 부부가 서로 어울리지 않기 때문에, 혹은 한쪽 배우자가 다른 사람에 대해서 억누를 수 없는 열정을 품게 되었기 때문에 결혼이 깨어지는 경우에는, 지금처럼 서로 비난을 떠넘기려고 해서는 안 된다. 이런 상황에 적합한 최상의 이혼 사유는 상호 합의이다. 상호 합의가 아닌 다른 사유가 필요할 때는, 부부 중 어느 한쪽이 가진 결정적인 결함 때문에 결혼이 깨어지는 경우뿐이다.

이혼에 관한 법률을 현실에 적용하는 데는 상당한 어려움이 따른다. 법률 규정이 어떻게 되어 있든지 간에, 재판관들과 배심원들은 자신의 감정에 따라 행동할 것이고, 남편들과 아내들은 입법자가 의도하는 바를 교묘하게 피해가기 위해 어떤 일도 마다하지 않을 것이기 때문이다. 영국 법률은 부부 간에 합의가 이루어진 경우에도 이혼을 허용하지 않는다. 실제로 그런 합의가 이루어지는 경우가 적지 않다는 것은 누구나 다 아는 사실인데도 말이다. 뉴욕 주에서는 법으로 정해진 간통 요건을 입증하기 위해서 보수를 주고 위증을 부탁하는 일도 드물지 않다. 학대는 이론상으로는 너무나 완벽한 이혼 사유이지만, 엉뚱하게 해석되는 수도 있다. 어떤 유명한 영화배우는 학대 행위를 했다는 사유로 아내로부터 이혼을 당했다는 이야기가 있다. 아내가 든 학대의 증거 가운데는 남편이 친구들을 집으로 데려와서 칸트에 대한 이야기를 나눈다는 것이었다. 내가 생각하기에는, 남편이 이따금 아내 앞에서 지적인 대화를 나누는 잘못을 범했다는 사유로 아내에게 이혼을 허용하는 것이 캘리포니아주 입법자의 의도였을 리는 없다. 이와 같은 혼란과 속임수, 엉뚱한 해석을 막을 수 있는 유일한 방법은 상호 합의만을 이혼 사유로 인정하는 것이다. 물론 정신이상의 경우처럼, 한쪽 배우자의 이혼 청구를 정당화할 수 있을 만큼 분명하고 충분한 증거가 있는 사유가 있는 경우는 예외로 인정해야 한다. 만일 상호 합의가 유일한 이혼 사유로 인정되면, 당사자들은 법원에 오기 전에 미리 금전적인 문제에 대한 타협안을 마련하기만 하면 그만이고, 상대방이 극악무도한 인물이라는 걸 입증하기 위해서 굳이 똑똑한 사람을 고용할 필요도 없다. 여기서 꼭 한 가지 덧붙이고 싶은 것이 있다. 현재는 성관계가 불가능한 경우에 결혼의 무효가 인정되고 있는데, 부부 사이에 아이가 없는 경우에도 신청만 하면 이혼이 승인되어야 한다. 즉 아이 없는 부부가 헤어지기를 원하면, 아내가 임신을 하고 있는 상태가 아니라는 진단서를 제출하는 것만으로 결혼의 무효가 인정되어야 한다. 아이는 결혼의 목적이다. 아이 없는 결혼에 사람을 묶어두는 것은 가혹한 기만이다.

🐿

이혼과 관련된 법률에 대한 이야기는 여기서 접고, 관습 문제로 넘어가자. 앞서 본 바와 같이, 법률은 이혼을 손쉽게 만들 수 있지만, 관습은 이혼을 어렵게 만든다. 내가 보기에는, 미국에서

이혼이 매우 빈번한 것은 사람들의 현실적인 결혼관과 이상적
인 결혼관이 차이가 있기 때문이고, 또한 이런 차이가 생긴 것
은 간통이 용인되지 않기 때문이다. 결혼이란, 적어도 아이들이
어른이 되기 전까지 지속될 것으로 예상되고, 부부 모두가 일
시적인 정사情事로 인해서 좌지우지되지 않는 협력 관계여야 한
다. 만일 일시적인 정사가 여론이나 관련된 사람들의 양심 때문
에 절대로 용인되지 않는 상황이라면, 그것은 예외 없이 결혼이
라는 결실을 맺어야만 한다. 이런 상황은 순식간에 양친형 가
족을 완전히 무너뜨리는 결과까지 초래할 수 있다. 한번 따져보
자. 어떤 여자가 2년에 한 번꼴로 새 남편을 얻고 각각의 남편
에게서 아이를 하나씩 낳는다면, 아이들은 결국 자기 아버지의
사랑을 받지 못하게 되므로 결혼의 존재 이유 자체가 사라진다.
이야기는 다시 성 바울로 넘어간다. 미국에서 결혼이란 간통을
막는 수단으로 간주되고 있는데, 이것은 「고린도전서」의 입장과
일치한다. 따라서 이혼을 할 수 없는 조건이라서 간통을 하기를
원하는 남성이 있다면, 그 남성은 반드시 먼저 이혼부터 해야
한다.

　결혼이 자식과 연관될 경우에는 전혀 다른 윤리가 등장한
다. 자식을 사랑하는 부부라면, 자식들에게 행복하고 건강하게
성장할 수 있는 최상의 기회를 제공하기 위해서 행동을 자제할
것이다. 때때로 아주 엄청난 자제력이 필요한 순간도 있을 것이
다. 이것은 부부가 자신들의 낭만적 감정보다는 자식이 훨씬 더

중요하다는 것을 인식할 수 있어야만 가능한 일이다. 부부가 자식을 진심으로 사랑하고 그릇된 도덕이 질투심에 불을 지르지만 않는다면, 이런 일은 저절로, 자연스레 이루어질 것이다. 어떤 사람들은 서로에 대한 열정적인 애정이 식어 배우자의 혼외 성관계를 방관하는 부부는 자식들을 키우는 데 제대로 협조할 수 없다고 말한다. 월터 리프먼Walter Lippmann(미국의 평론가)은 "버트런드 러셀은 자식을 낳으려면 부부의 협력이 반드시 필요하다고 여기지만, 서로 사랑하지 않는 부부는 사실상 협력하지 않을 것이다. 그런 부부는 가족에 전념하지도, 맡은 바 역할을 다하지도 못하고, 아주 심한 경우에는 단지 의무만 수행할 것이다."라고 말한다.[32] 아마 의도한 것은 아니겠지만, 리프먼의 견해에는 작은 흠이 있다. 물론 서로 사랑하지 않는 부부가 자식을 낳는 데 협력하지 않을 것이라는 말은 옳다. 그러나 리프먼 자신도 넌지시 암시하고 있듯이, 자식을 낳았다고 해서 자식 문제가 끝나는 것은 아니다. 열정적인 사랑이 식었다고 해도 자진해서 사랑을 베풀 수 있을 만큼 분별력이 있는 부부라면, 자식을 기르기 위해서 협력하는 데 결코 초인적인 노력이 필요치 않다. 나는 개인적으로 알고 있는 여러 사례들을 활용해 이것을 증명할 수 있다. 서로 사랑하지 않는 부부가 "의무만 수행할 것"이라고 말하는 것은 부모가 자식에 대해 느끼는 사랑의 감정을 무시하는 것이다. 자식을 사랑하는 마음이 진실하고 강렬하다면, 그 부부는 육체적인 열정이 식은 지 아무리 오래 되었다고 해도 절대로 깨어지지 않는 견고한 관계를 유지한다. 리프먼은 프랑스 이야기도 들어보지 못했을까? 프랑스는 간통에 관해 이상하리만큼 자유로운데도, 가족은 강한 결속력을 가지며 부모들은 철저하게 본분을 지킨다. 이에 비해서 미국에서는 가족의 결속력이 약해 이혼이 잦다. 가족의 결속력이 강한 나라에서 법적으로는 이혼이 쉽더라도 실제로 이혼을 하는 경우는 비교적 드물다. 현재 미국에서 볼 수 있는 손쉬운 이혼 제도는 양친형 가족으로부터 모계형 가족으로 이행하는 과도적인 단계라고 보아야 한다. 하지만 쉽게 하는 이혼은 아이들에게 커다란 고통을 준다. 현대 세계에서 아이들은 양친을 모두 가지기를 기대할 뿐 아니라, 이혼하기 전에 이미 아버지에게 정이 들어 있을 수 있기 때문이다. 나는 중대한 사유로 인한 경우는 예외라고 해도, 양친형 가족이 일반적인 관례로 지속되는 상황에서 이혼을 하는 것은 보호자로서 의무를 다하지 못하는 것이라고 본다. 법률의 힘으로 결혼이 지속되길 강요한다고 문제가 해결되지는 않는다. 내가 생각하기에 현재 가장 필요한 것은, 첫째로는 결혼의 지속 가능성을 증대시키기 위해 부부 상호 간의 자유의 정도를 확대하는 것이고, 둘째는 지나치게 성을 강조하는 성 바울과 낭만주의 운동의 영향으로 이제껏 그늘 속에 묻혀 있었던 아이들의 중요성을 인식하는 일이다.

결론적으로 말하자면, 이혼하기 쉬운 것이 결혼 문제에 대한 진정한 해결책이 될 수는 없다. 더구나 현실적으로는 영국을 비롯한 많은 나라들에서 이혼이 지나치게 어렵게 되어 있다. 아무리 해도 이혼할 방도가 없어서 결혼 생활을 지속하는 부부라도 자식들을 생각한다면 반드시 안정적인 관계를 유지해야 한다. 단순한 성관계와 결혼을 구별하고, 낭만적인 결혼관과는 완전히 상반되는 생물학적인 결혼관을 강조하는 것이야말로 결혼의 안정성을 확보할 수 있는 가장 좋은 방법이다. 성가신 의무들을 일체 무시하고는 결혼 생활이 존립할 수 없다. 내가 권장하는 방식으로 결혼 제도가 시행된다면, 남편은 아내에 대해서 성적인 정절을 유지해야 할 의무를 어깨에서 내려놓는 대신, 질투심을 억제해야 할 의무를 짊어져야 한다. 자제를 하지 않고 행복한 삶을 산다는 것은 불가능하다. 느긋하고 여유로운 감정(예컨대 사랑)을 자제하기보다는 편협하고 악의적인 감정(예컨대 질투심)을 자제하는 것이 더 유익한 일이다. 인습적 도덕이 자제를 요구해 온 자체는 잘못이 아니지만, 엉뚱한 부분에서 자제를 요구해 온 것은 잘못이다.

16

아이가 사라지는 세계

결혼의 주요한 목적은 지구 상의 인구를 충원하는 것이다. 이 과업은 결혼 제도에 따라서 불충분하게 수행되기도 하고 과도하게 수행되기도 한다. 이 장에서는 인구 충원이라는 관점에서 성윤리를 살펴보도록 하자.

자연 상태에서는 덩치가 큰 포유동물이 생존을 유지하려면 한 마리 당 상당한 넓이의 땅이 필요하다. 한다. 따라서 야생 포유동물 중에서 덩치가 큰 종들의 총 개체수는 대단히 적다. 양이나 소의 개체수가 엄청난 규모인 것은 인간의 보살핌 덕분이다. 인간의 개체수가 덩치가 큰 다른 어떤 포유동물의 개체수와도 비교할 수 없는 수준인 것은 물론 인간의 기술이 낳은 결과다. 활과 화살의 발명, 반추反芻동물의 목축, 농경의 시작, 그리고 산업혁명으로 1제곱 마일 내에서 생존할 수 있는 인구가 크게 늘어났다. 통계치를 통해서 알 수 있듯이, 경제적 진보를 이룩한 마지막 요소인 산업혁명은 인구 증가의 목적에 부합하는 방향으로 이용되었다. 나머지 다른 요소들 역시 같은 목적에 부합하는 방향으로 이용될 가능성이 높다. 인간의 지능은 그 어떤 목적보다도 인구 증가라는 목적에 크게 기여할 수 있는 방향으로 이용되어 왔다.

카 손더스Carr Saunders(영국의 사회학자)가 지적했듯이, 인구는 거의 변화하지 않는 것이 일반적인 경향이고, 19세기에 일어난 것과 같은 인구의 대규모 증가는 매우 예외적인 현상이라고 보는 것이 옳다. 고대 이집트와 바빌로니아에서 관개 및 계획적인 농경이 시작되면서 인구가 크게 증가했을 것이다. 그러나 역사 시대에 들어와서는 이런 일이 일어나지 않았다. 인구와 관련한 19세기 이전의 자료들은 대부분 추측에 의존하는 것이지만, 이 점에 관해서 하나같이 동일한 견해를 보이고 있다. 다시 말해서 급격한 인구 증가는 매우 드물고 예외적인 현상이다. 일반적으로 알려져 있듯이, 고도로 문명화된 국가들에서는 인구가 정체 상태를 유지하는 일반적인 경향을 보이고 있다. 만일 그것이 사실이라면 이는 각 나라들이 이런 비정상적인 상황을 거치면서, 인류가 걸어왔던 통상적인 관례로 돌아가고 있음을 의미한다.

인구 문제를 다룬 카 손더스의 저서는 거의 모든 시대, 거의 모든 장소에서 자연 발생적 인구 억제가 이루어져 왔고, 그

것이 인구를 정체 상태로 유지하는 데 높은 사망률로 인한 인구 감소에 비해 훨씬 효과적이라는 것을 지적하고 있다는 점에서 상당한 가치를 지닌다. 그러나 카 손더스는 이 문제를 다소 과장하고 있는 것 같다. 예를 들어, 인도나 중국에서는 일반적으로 높은 사망률이 인구의 급격한 증가를 억제하는 것으로 보인다. 중국에는 통계 자료가 부족한 상황이지만, 인도에는 그런 자료들이 남아 있다. 인도의 출생률은 매우 높다. 하지만 카 손더스도 지적하고 있는 바와 같이, 인도의 인구는 영국의 인구에 비해서 약간 느리게 증가하고 있는데, 그 주된 원인으로는 높은 유아사망률과 전염병, 그 밖의 위중한 질병들을 꼽을 수 있다. 내 생각에, 이용할 수 있는 통계 자료가 있다면 중국의 사정도 비슷할 것이다. 이러한 예외 사항이 있기는 하지만, 카 손더스의 명제가 대체로 정확하다는 것은 의심할 나위가 없다. 지금까지 인구를 제한하기 위해서 사용해 온 방법은 참으로 다양하다. 그중에서 가장 간단한 방법이 영아살해로, 종교적으로 허용되는 곳에서는 대단히 대규모로 시행되었다. 특히 이런 관습이 매우 뿌리 깊었던 곳에서 기독교를 받아들일 때, 주민들은 기독교가 이런 관습에 간섭하지 말아야 한다는 조건을 내세우기도 했다.[33] 두호보르Dukhobors[18세기 서구화 개방정책에 반대하는 러시아의 신비주의적 복음주의 종파로 1885년에 정부의 박해를 피해 대부분 캐나다로 이주했다] 신도들은 인간의 목숨은 신성한 것이라는 이유를 내세워 병역을 기피하면서 러시아 차르 정부와 마찰

을 빚었다. 그러나 이들은 그 후에도 영아살해의 관습에서 벗어
나지 못해 캐나다 정부와 마찰을 빚었다. 영아살해 이외에도 흔
히 사용되어 온 산아제한 방법들이 있었다. 많은 민족의 여성들
이 임신 중에는 물론이고 수유 중에도 (대개 2, 3년에 이르는 기간
동안) 성관계를 피하고 있다. 이런 관습은 필연적으로 여성의 출
산 능력을 크게 제한하게 되는데, 이런 결과는 문명화된 민족보
다 훨씬 빠르게 노화가 진행되는 미개한 민족에서 특히 심하게
나타난다. 오스트레일리아 원주민은 남성의 생식 능력을 크게
감퇴시키고 번식 능력을 크게 제한하는 대단히 고통스러운 수
술을 시행한다. 「창세기」를 통해서 알 수 있듯이, 고대에도 적어
도 한 가지 이상의 확실한 산아제한 방법이 세간에 알려져 실행
되고 있었다. 물론 유태인들은 종교적인 이유에서 늘 계획적인
산아제한에 반대하는 입장이었으므로 이러한 방법을 지탄했다.
만에 하나 인류가 번식 능력을 최대한으로 이용했다면, 기아로
인해 전멸하고 말았을지도 모른다. 그러나 인류는 이렇듯 다양
한 방법을 이용해서 그 위험을 모면할 수 있었다.

기아 역시 인구를 억제하는 데 상당히 큰 역할을 해 왔다.
대단히 원시적인 환경에서는 물론이고 미개한 농경사회에서도
마찬가지였다. 아일랜드는 1846~1847년에 기근의 맹습을 당한
뒤로 아직까지 그 이전의 인구 규모를 회복하지 못하고 있다. 러
시아는 누구나 생생하게 기억하고 있는 1921년의 기근을 포함
해서 기근이 자주 일어나는 곳이다. 내가 중국에 있었던 1920년

에 중국 내의 상당 지역이 겪고 있던 기근은 이듬해에 러시아에서 일어난 기근에 못지않은 심각한 규모였다. 그러나 당시 중국의 희생자들은 러시아의 희생자들만큼 큰 동정을 얻지 못했다. 그들이 겪은 불행은 공산주의 탓으로 돌릴 수 있는 성격이 아니었던 까닭이다. 이따금 일어나는 아사 사태는 인구가 폭증하여 생존의 한계를 넘어서기도 한다는 것을 보여준다. 인구가 변동하고 식량이 급격히 감소할 우려가 있는 곳에서 이런 사태가 특히 심하게 일어난다.

기독교가 확립된 모든 나라에서는, 그 영향으로 금욕의 방법을 제외한 일체의 산아제한 방법이 사라졌다. 영아살해와 낙태는 당연히 금지되었고, 피임법 역시 일체 금지되었다. 성직자들과 수도승들, 수녀들이 독신 생활을 한 것은 사실이지만, 내가 생각하기로는 그들이 중세 유럽 인구에서 차지하는 비율은 오늘날 영국에서 독신 여성들이 차지하는 비율처럼 크지 않았고, 수치상 출산을 억제하는 중요한 요인이 아니었다. 따라서 중세에는 고대에 비해서 빈곤이나 역병으로 인한 사망률이 높았다고 볼 수 있다. 인구는 아주 느리게 증가했다. 18세기에는 인구 증가율이 약간 높아지다가 19세기에 이르자 엄청난 변화가 일어나, 인구 증가율이 전례를 찾아볼 수 없을 정도까지 치솟았다. 어림잡아 잉글랜드와 웨일즈의 1제곱 마일당 부양 인구는 1066년에 26명이었다가, 1801년에는 153명으로 상승하였고, 1901년에는 561명으로 상승했다. 19세기에 증가한 수치는 노르만 정복

(1066년) 당시부터 19세기 초까지 증가한 수치의 약 네 배에 이른다. 물론 잉글랜드와 웨일즈의 인구 증가가 현실을 정확히 반영하는 것은 아니다. 이 시기는 다수의 영국인들이 이전에는 미개인들이 드문드문 살고 있던 세계 각지로 이주하던 시기였던 까닭이다.

당시의 인구 증가가 출생률이 상승하여 나타난 결과라고 볼 만한 근거는 거의 없다. 오히려 사망률이 저하되면서 나타난 결과라고 보는 것이 타당하다. 이런 사망률 저하는 의학 발달에서 비롯한 것이기도 하지만, 내가 보기에 더 큰 원인은 산업혁명으로 인한 부의 증대였다. 출생률이 기록되기 시작한 1841년부터 1871~1875년까지 영국의 출생률은 거의 일정하게 유지됐고 최고 35.5퍼센트에 이르렀다. 이 때 두 가지 사건이 일어났다. 그중 하나는 1870년에 교육법이 제정된 것이고, 다른 하나는 1878년에 브래들로Bradlaugh〔영국의 급진주의자로 산아제한 지침이 실린 찰스 놀턴의『철학의 성과』를 재출간했다)가 신맬서스주의를 유포했다는 이유로 기소된 사건이다. 그때부터 출생률이 점점 떨어지기 시작했는데, 처음에는 서서히, 얼마 후에는 변했다. 먼저 사람들에게 산아제한을 하려는 동기를 제공한 것은 교육법이었다. 교육법이 제정된 이후로 아이들은 더 이상 유리한 투자 대상이 될 수 없었기 때문이다. 그리고 출산을 억제하는 방법은 브래들로가 제공했다. 1911~15년 사이에 출생률은 23.6퍼센트로 떨어졌고, 1929년에는 석 달 만에 16.5퍼센트로 떨어졌다. 영국의 인구는 의학과 위생학의 발전 덕분에 느린 증가 추세를 유지하고 있지만, 고정된 인구수에 급속히 가까워지고 있다.[34] 누구나 알다시피 프랑스의 인구는 상당한 기간 동안 사실상 정체 상태에 빠져 있다.

출생률 저하는 유럽 전역에서 거의 보편적으로, 매우 급속히 진행되고 있다. 그렇지 않은 곳은 포르투갈과 같은 후진국들 뿐이다. 출생률 저하는 농촌에서보다 도시에서 훨씬 두드러지고, 애초에는 부유한 사람들 사이에서 시작되었지만 지금은 소도시와 공업지대의 모든 계층에까지 침투하고 있다. 가난한 계층의 출생률은 부유한 계층에 비해 훨씬 높지만, 현재 런던에서 가장 가난한 자치구의 출생률은 10년 전 런던에서 가장 부유했던 지구보다 낮다. 누구나 알다시피(그것을 인정하지 않는 사람도 있겠지만) 이런 출생률 저하는 피임법의 사용과 낙태 때문이다. 인구 증가율이 0이 되는 지점에서 출생률 저하가 중지될 것이라고 볼 수 있는 특별한 이유는 전혀 없다. 출생률 저하는 인구가 감소하기 시작할 때까지 여유있게 진행될 것이고, 따라서 가장 문명이 발달한 민족이 사실상 소멸하는 결과를 야기할 수 있다.

이 문제를 효과적으로 논의하기 전에 먼저 우리가 바라는 바를 분명히 짚고 넘어갈 필요가 있다. 경제 기술이 일정한 상태에서는 카 손더스가 명명한 최적 인구밀도, 즉 일인당 최고 소득을 가져다주는 인구밀도가 존재한다. 만일 인구 밀도가 이 지점보다 낮아지거나 높아지면, 경제적 복지의 일반적 수준이 감소한다. 일반적으로 말해서, 경제 기술이 조금이라도 진척되면 최적 인구밀도는 높아진다. 수렵 시대에는 1제곱 마일당 1명의 인구가 최적이었다면, 선진 공업 국가에서는 1제곱 마일당 2~300명의 인구도 과잉이라 여겨지지 않을 것이다. 세계대전 이후로 영국은 인구가 과밀하다고 할 만한 상황이다. 프랑스는 이와 같은 상황이라 할 수 없고, 미국은 더더욱 아니다. 하지만 프랑스, 혹은 서구의 어느 나라가 인구 증가로 인해서 평균적인 부의 증가를 경험할 가능성은 거의 없다. 따라서 경제적 관점에서 볼 때, 우리는 인구가 증가하기를 바랄 이유가 없다. 인구 증가를 바라는 사람들은 대개 국가주의적 군국주의의 동기를 가진 사람들인데, 그들이 바라는 인구 증가는 결코 영구적인 것이 될 수 없다. 그들이 간절히 원하던 전쟁이 일어나는 순간, 엄청난 인구가 목숨을 잃기 때문이다. 따라서 인구 증가를 바라는 이들의 견해는 실제로는 피임 방법에 의지해서 인구를 제한하는 것보다 전쟁터에서 쓰러지게 해서 인구를 제한하는 편이 낫다는 속셈에서 비롯한 것이다. 이런 견해는 합리적인 사고를 하는 사람이라면 결코 품을 수 없는 것이고 이를 지지하는 사람은 멍청하다고 할 수밖에 없다. 전쟁과 연관된 이야기만 뺀다면, 산아제한 방법이 널리 알려지면서 여러 문명국가의 인구가 증감이 없는 정체 상태로 접어들고 있다는 것은 충분히 경축할 만한 일이다.

그러나 인구가 감소한다면 문제는 전혀 달라진다. 고삐 풀린 말처럼 인구 감소가 계속된다면 결국 인류는 지구 상에서 완전히 사라질 것이다. 우리는 지구 상에서 고도로 문명화된 민족들이 사라지는 것을 원하지 않는다. 따라서 피임법의 활용은 인구를 현재와 엇비슷한 수준으로 유지할 수 있는 조치가 마련된 때에만 권장해야 한다. 이것은 어려운 일이 아니라고 생각한다. 가족의 수를 제한하는 행동은 (무조건이라고 할 수는 없지만) 대개는 경제적인 동기에서 비롯한다. 출생률은 자녀 양육에 소요되는 비용을 줄이거나 꼭 필요한 경우에는 자식을 양육하는 부모에게 실질적인 소득을 제공하여 끌어올릴 수 있다. 그러나 이러한 방법은 오늘날과 같이 국가주의가 번창하는 세계에서는 군사적 우위를 확보하는 데 이용할 수 있는 방법이라는 점에서 막대한 위험을 안고 있다. 주도적인 군국주의 국가들이 하나같이 '대포는 밥을 먹여야 한다(적의 포격에 맞서서 희생시켜도 좋은 군사병력이 필요하다는 뜻)'라는 슬로건 아래 군비 경쟁과 함께 인구 증식 경쟁을 벌일지도 모른다. 우리는 여기서 문명을 존속시키기 위해서는 국제 정부가 반드시 필요하다는 사실에 다시 한 번 직면하게 된다. 국제 정부가 성공적으로 세계 평화를 유지하기 위해서는 군국주의 국가들이 높이려고 노력하는 인구증가율을 제한하는 법령을 반드시 제정해야 한다. 오스트레일리아와 일본 사이에 형성된 적대감(일본이 1894~95년의 청일전쟁에서 중국을 이긴 뒤 일본인들의 오스트레일리아 이민이 급증하면서 마찰이 빚어졌다)은 이 문제의 중대성을 확실히 드러내고 있다. 일본의 인구는 매우 가파르게 증가하는 데 비해, 오스트레일리아의 인구(타지로부터의 이민자들을 제외한 인구)는 매우 느리게 증가하고 있다. 이로 인해 형성되는 적대감은 몹시 해결하기 어렵다. 이 분쟁의 당사자들은 제각각 일견 타당해 보이는 원리를 내세울 수 있기 때문이다. 내 생각에 각국 정부들이 뚜렷한 목적을 가지고 명확한 조처를 취하지 않는다면 오래지 않아 서구와 미국의 출생률은 인구가 정체되거나 감소할 만큼 떨어질 것이다. 강력한 군국주의 국가들은 다른 나라들이 출산이라는 단순한 방법을 통해서 힘의 균형점을 바꾸어 놓으려고 한다는 것을 알게 되면 가만히 손을 놓고 있지는 않을 것이다. 따라서 이 문제를 적절히 해결하고자 하는 국제기관은 반드시 인구 문제를 신중히 검토하여 인구 증가 정책을 고집하는 국가에 산아제한 정책을 실시하라고 강력히 요구해야 한다. 이것이 실행되어야만 세계 평화가 유지될 수 있다.

인구 문제에는 두 가지 측면이 있다. 지나치게 급속한 인구 증가를 막아야 할 뿐 아니라 인구 감소도 막아야 한다. 급속한 인구 증가의 위협은 오래전부터 있었던 것으로 포르투갈, 스페인, 러시아, 일본 등 여러 나라에 여전히 존재하고, 새로이 제기되는 인구 감소의 위협은 아직까지는 서구 유럽에만 있다. 인구의 충원을 출산에만 의존한다면 미국 역시 인구 감소의 위협에서 벗어날 수 없다. 토착 미국인 사회의 출생률이 매우 낮은데도 불구하고, 이제껏 미국의 인구가 바람직한 속도로 증가해 온 것은 순전히 이민 인구가 증가한 덕분이다. 인구 감소라는 새로운 위협은 전통적 사고방식으로는 대처할 수 없는 것이다. 전통적인 관습은 이제껏 도덕적인 훈계와 산아제한 선전 행위를 금지하는 법률로 인구 감소의 위협에 대처해 왔다. 통계 자료에서 볼 수 있듯이, 이러한 방법들로는 전혀 효과를 볼 수 없다. 문명화된 민족들에게는 피임법의 사용이 일상화되어 있어서, 이를 당장 근절할 수는 없는 노릇이다. 성과 관련된 사실을 외면하는 관습은 각국 정부와 유력한 인사들 사이에 너무나 깊이 박혀 있기 때문에 한꺼번에 사라지지는 않을 것이다. 그러나 이것은 대단히 좋지 않은 습관이다. 내가 보기에, 그나마 기대할 수 있는 것은 지금의 젊은이들이 앞으로 중요한 자리에 오르면 아버지, 할아버지 세대보다 이 문제에 대해 현명하게 대처하리라는 것뿐이다. 그들은 인구가 실질적으로 감소하지 않는 한도 내에서 피임 습관을 유지하는 것이 좋다는 것을 솔직히 인정할 것이다. 인구가 실질적으로 감소할 위험을 안고 있는 국가들은 인구를 현재 수준으로 유지할 수 있는 출생률에 도달할 때까지, 자녀 양육과 관련한 경제적 부담을 실험적으로 경감하는 방법을 채택해야 한다.

이런 관점에서 보면, 기존의 도덕관이 유리하게 변화해야 하는 측면이 있다. 영국에서는 여성 인구가 남성 인구를 200만 명가량 앞지르고 있다. 영국의 법률과 관습에 따르면 이 여성들은 자식을 낳을 수 없는데, 이것은 분명 수많은 여성들에게 중대한 손실이다. 만일 관습이 미혼모를 인정하고 미혼모가 상당한 경제생활을 영위할 수 있도록 한다면, 지금 독신으로 살 수밖에 없는 여성들 가운데 상당수가 자식을 낳으리라는 것은 의심할 나위가 없다. 엄격한 일부일처주의는 남녀의 수가 엇비슷하다는 가정을 전제로 한다. 그렇지 않다면 엄격한 일부일처주의는 짝이 모자라서 독신으로 살 수밖에 없는 사람들에게 대단히 잔혹한 처사다. 출생률이 증가해야 할 상황에서 이런 잔혹한 처사는 개인적으로는 물론이고 사회적으로도 바람직하지 못하다.

지식이 늘어나면 늘어날수록, 이제껏 자연의 힘이라고 여겨 온 힘들을 조절할 가능성은 점점 높아진다. 물론 그런 가능성을 높일 수 있는 것은 정부의 계획적인 정책이다. 인구 증가가 바로 그렇다. 기독교가 확립된 뒤로 인구 문제는 본능이라는 맹목적인 작용에 맡겨진 채 방치되어 왔다. 이제는 인구를 계획적으로 조절하는 필요가 있는 시점이 빠르게 다가오고 있다. 그러나 앞서 국가가 유년기 아이들을 관리하는 문제에서 확인한 것과 마찬가지로, 인구 문제에 정책적으로 개입하는 방식은 지금처럼 서로 경쟁하는 군국주의 국가들이 하는 것과 같아서는 안 된다. 인구 문제는 단일한 국제 정부가 개입하는 방식으로 진행될 때에만 바람직한 성과를 거둘 수 있다.

17

우생학의 미래

우생학이란 계획적인 방법을 통해서 어떤 종의 생물학적 성질을 개선하려는 시도이다. 우생학의 기초가 된 사상은 다윈주의이고, (충분히 그럴 법한 일이지만) 우생학회의 회장을 맡고 있는 사람은 찰스 다윈의 아들이다. 우생학의 개념을 직접 창시한 사람은 인간의 능력에 영향을 미치는 유전적 요소를 특별히 강조했던 프랜시스 골턴이다. 오늘날에[1929년] 이르러서 유전이 정치적인 사안이 되었는데, 이런 현상은 특히 미국에서 두드러진다. 미국의 보수파는 성인의 완성된 성격이 대개 선천적인 성격에서 비롯하는 것이라고 주장하는 데 반해서, 급진파는 유전은 아무런 영향을 미치지 못하며 교육이 성격을 결정짓는 중요한 요인이라고 주장한다. 나는 극단적인 이 두 가지 입장에 동의할 수 없을 뿐 아니라, 양측이 서로 공유하면서도 양측의 상반된 편견을 만들어 내고 있는 전제 자체에도 동의할 수 없다. 곧이곧대로 말하자면, 양측은 완제품이라는 관점에서 볼 때 이탈리아인, 남부 슬라브인이 순수한 토착 미국인인 KKK단원들보다 열등하다는 전제에 똑같이 동의하고 있다. 지금으로서는 인간의 정신 능력 가운데 유전에서 기인하는 부분이 어떤 것이고 교육에서 기인하는 부분이 어떤 것이라고 단정할 만한 자료가 존재하지 않는다. 과학적인 방법으로 이 문제를 확정하려고 한다면, 몇천 쌍의 일란성 쌍둥이들을 태어날 때부터 격리시켜 놓고 가능한 한 다양한 방법으로 교육시키는 작업이 필수적일 것이다. 당장 이런 실험을 실행에 옮기기란 불가능하다. 나의 생각(과학적인 근거에 입각한 것이 아니라 막연한 느낌에 근거한 것일 뿐이다)을 밝히자면, 나쁜 교육은 사람의 능력을 파괴할 수 있고, 실제로 거의 모든 사람들이 나쁜 교육 때문에 능력을 파괴당하고 있는 가운데 타고난 재능을 지닌 사람들만이 다양한 방면에서 탁월한 업적을 쌓을 수 있는 상황인 것 같다. 평범한 소년이 별의별 교육을 다 받는다고 해서 일류 피아니스트로 성장하지는 않고, 세계 최고의 학교에 다닌다고 해서 아인슈타인이 될 수는 없다. 나는 나폴레옹의 타고난 능력이 브리엔 군사학교의 다른 급우들보다 못했다는 이야기나, 그가 말썽꾸러기 아들들을 다루는 어머니의 솜씨를 보면서 전술을 배웠다는 이야기를 곧이 들을 수 없다. 나는 이런 사람들뿐 아니라 재능 있는 사람들은 누구나 타고난 재능을 가지고 있고, 이런 재능을 가진 사람들을 교육시키면 평범한 능력을 가진 사람들을 교육시킬 때보다 훨씬 좋은 결과가 나온다고 확신한다. 실제로 이를 뒷받침하는 잘 알려진 사실들이 많이 있다. 예를 들면, 대개는 머리의 모양만 보고도 그 사람이 똑똑한지 멍청한지 알 수 있는데, 이런 머리의 모양이 교육을 통해서 형성된 특징이라고 볼 수는 없다.

이번에는 정반대의 극단적인 경우, 즉 백치나 바보, 정신박약자의 경우를 생각해 보자. 우생학이라면 치를 떠는 완강한 반대자라고 해도 백치는 대개 타고난다는 것을 부인하지는 않을 것이다. 통계의 대칭성을 이해하는 사람이라면, 백치의 정반대의 극단에는 비범한 재능을 가진 사람들이 비슷한 비율로 존재하리라는 사실을 눈치챌 것이다. 어렵게 따질 것 없이 인간은 저마다 타고난 정신 능력에 차이가 있다고 가정하자. 또한 약간 불안하기는 하지만 멍청한 사람보다는 똑똑한 사람이 더 낫다고 가정하자. 독자들이 이 두 가지 가정을 받아들인다면, 우생학에 관한 논의를 할 수 있는 토대가 마련된 셈이다. 우생학 지지자들의 주장 가운데 세부적인 사항에 대해서는 별의별 생각이 들더라도, 우생학의 전체적인 입장을 멸시하는 태도를 보이지는 말기 바란다.

지금까지 우생학에 관한 글 가운데는 터무니없는 것들이 이상할 정도로 많았다. 우생학을 지지하는 대부분의 사람들은 튼튼한 생물학적 토대 위에 확실성이 떨어지는 사회학적 논리를 덧붙이고 있다. 예를 들자면, 선행은 소득에 비례한다, 빈곤의 유전(이런, 너무 흔한 이야기다!)은 법률적 현상이 아니라 생물학적 현상이다. 따라서 부자들만 자식을 많이 낳고 가난한 사람들은 자식을 낳지 않게 하면 결국에는 부자만 남을 것이다. 이런 식이다. 가난한 사람들이 부자들보다 자식을 더 많이 낳는다는 사실이 대서특필되고 있는데, 나는 그 사실을 안타깝게 여기지 않는다. 부자가 가난한 사람보다 우월하다는 증거를 어디에서도 본 적이 없기 때문이다. 설사 그 사실이 안타까운 일이라고 해도 대단히 심각한 수준의 문제는 아니다. 실제로는 몇 년의 시간적 지체가 있을 뿐이다. 가난한 계층에서도 출생률은 낮아지고 있고, 현재 가난한 계층의 출생률은 9년 전 부유한 계층의 출생률과 비슷하게 낮은 수준이다.[35]

분명히 짚어 두지만, 출생률에서 바람직하지 못한 격차를 야기하는 요인들이 있는 것은 사실이다. 예를 들어, 정부와 경찰이 산아제한에 대한 정보 습득하기 어렵게 하면, 일정한 수준 이하의 지능을 가진 사람들은 정보를 얻지 못하는 데 비해서, 그 밖의 사람들에게는 당국의 이런 노력이 별 소용이 없다. 결국, 피임법에 관한 지식의 유포를 금지하게 되면 우둔한 사람들이 똑똑한 사람들보다 자식을 많이 낳게 된다. 그러나 이런 효과는 아주 일시적인 것일 수 있다. 제아무리 우둔한 사람이라도 얼마 안 있어 산아제한 정보를 터득하게 되거나, 낙태 시술을 하는 사람을 만나게 될 것이다. 몹시 유감스러운 일이지만, 이것이 당국의 반계몽주의가 만들어 내는 일반적인 결과다.[36]

우생학에는 적극적인 우생학과 소극적인 우생학이 있다. 적극적인 우생학은 우수한 혈통을 장려하는 것이고, 소극적인 우생학은 열등한 혈통을 억제하는 것이다. 현재로서는 소극적인 우생학이 실행에 옮기기 쉽다. 미국의 일부 주에서는 소극적인 우생학이 대거 활약하고 있고, 영국에서는 건강하지 않은 사람들에 대한 불임 시술이 실제적인 정책으로 실행되고 있다. 사람들이 이런 정책에 대해 자연스럽게 느끼는 반감을 정당화할 근거는 없는 것 같다. 누구나 다 알다시피, 정신박약을 앓는 여성들은 자칫하면 사회에 아무런 보탬이 되지 않는 숱한 사생아들을 낳을 수 있다. 이런 여성들의 임신은 자식을 낳고 싶다는 욕구 때문에 이루어지는 것이 아니다. 따라서 이런 여성들은 불임수술을 받는 편이 본인 자신으로서도 훨씬 나을 것이다. 정신박약을 앓는 남성들의 경우에도 마찬가지다. 분명히 짚어두지만, 이런 제도에는 중대한 위험성이 도사리고 있다. 당국자는 걸핏하면 색다른 의견이나 당국에 대한 반대를 정신박약으로 인한 것이라고 간주하기 쉽다. 그러나 이런 위험은 백치와 바보, 정신박약자의 수를 크게 줄일 수 있는 방법이라는 점에서 충분히 감수할 만한 가치가 있다.

나는 불임 시술은 정신적인 장애가 있는 사람들에 한해서만 엄격하게 실시되어야 한다고 생각한다. 아이다호 주의 법률은 정신장애자, 간질병 환자, 상습적 범죄자, 패륜아 및 성도착자의 불임수술을 허용하고 있는데, 나는 이런 식의 법률에는 찬성할 수 없다. 마지막 두 범주는 대단히 모호하기 때문에 공동체마다 다른 결정이 내려질 것이다. 아이다호 주의 법률을 따른다면 소크라테스와 플라톤, 율리우스 카이사르, 성 바울에 대해서도 불임수술을 해야 마땅할 것이다. 또한 상습적 범죄자는 신경 기능 장애를 앓는 환자일 가능성이 큰데, 이론상으로만 보면 이런 장애는 반드시 유전적인 것만은 아니기 때문에 정신분석 치료를 통해 회복될 수 있다. 영국이나 미국에서 이러한 문제와 관련한 법률들은 정신분석학자들의 연구 내용을 전혀 고려하지 않은 채 그저 비슷한 증상이 나타난다는 이유만으로 전혀 다른 유형의 장애들을 한데 뭉뚱그리고 있다. 이런 법률들은 당대 최고의 지식에서 30년 남짓 뒤처져 있는 셈이다. 과학이 확고한 결론에 도달해, 적어도 수십 년 동안 이 결론에 대해 어떠한 도전도 제기되지 않는다는 조건이 충족되기 전까지는, 이러한 문제와 관련한 법률 제정은 대단히 위험하다는 이야기다. 이것을 고려하지 않고 법률을 제정하면, 그릇된 사상이 법규로 구체화되어 치안판사들이 애용할 것이고, 결국 훨씬 유익한 사상을 현실에 적용하는 것이 크게 지연된다. 내 생각으로는, 현재 이와 관련하여 법률로 규정해도 분명 안전할 것은 정신적 장애뿐이다. 정신적 장애는 당국자들이 이의를 제기할 수 없는 객관적인 방법으로 확정될 수 있지만, 패륜 행위와 같은 것은 입장에 따라 달라지는 문제이다. 똑같은 사람을 놓고 어떤 사람은 그를 패륜아라고 보고, 어떤 사람은 예언자라고 볼 수도 있다. 당분간은 이와 관련된 법률을 확장하지 말아야 한다는 뜻은 아니다. 다만 내가 말할 수 있는 것은 현재 우리의 과학적 지식이 이런 목적을 충족시킬 수 있는 수준이 아니라는 점, 그리고 도덕적 지탄이 과학이라는 가면을 쓰고 활개를 치는 것을 용인하는 사회는 매우 위험하다는 점이다. 이러한 일들이 바로 미국의 여러 주에서 일어나고 있다.

이제 적극적 우생학에 대해서 살펴보자. 적극적 우생학은 미래에 큰 약진을 보일 것이고, 소극적 우생학에 비해 훨씬 흥미로운 가능성을 지니고 있다. 적극적 우생학은 바람직한 어버이들이 자녀를 많이 가지도록 권장하는 노력이다. 그러나 일반적인 추세는 이와 정반대로 흐르고 있다. 예를 들어보자. 초등학교 때 특별히 머리가 좋았던 아이들은 성장 후 전문직에 종사하다가 35세나 40세가 되어서야 결혼을 하는데, 머리가 특별히 똑똑하지 않은 아이들은 25세 무렵에 결혼을 한다. 전문직 계층은 자녀 교육비에 큰 부담을 느끼기 때문에, 자녀의 수를 심하게 제한한다. 이 계층의 평균 지능은 다른 계층에 비해서 다소 높은 편이니, 이런 제한은 참으로 유감스러운 일이다. 이런 문제에 대처할 수 있는 가장 간단한 방법은 그 자녀들에게 대학을 마칠 때까지 무상교육을 실시하는 것이다. 대략적으로 말하자면, 장

학금은 자식의 공적보다는 부모의 공적을 기준으로 지급해야 한다. 오늘날 대부분의 뛰어난 청소년들은 21세가 되기 이전에 이미 과도한 중압감으로 인한 육체적, 정신적인 손상을 입고 있는데, 이런 방식을 채택하면 청소년들을 주입식 교육과 과도한 공부에서 해방시키는 부수적 효과를 얻을 수 있다. 그러나 영국이나 미국은 전문직 계층이 자식을 많이 낳도록 유인하는 정책을 채택할 수 없을 것이다. 장애물은 바로 민주주의다. 우생학의 사상은 인간이 동등하지 않다는 가정을 토대로 하는 것이고, 민주주의는 인간이 동등하다는 가정을 토대로 하는 것이다. 우생학적 사상이 '바보를 비롯한 열등한 인간은 소수'라는 입장이 아니라, '우수한 인간은 소수'라는 입장을 취한다면, 민주사회에서 그런 사상을 실행에 옮기는 것은 정치적으로 몹시 어렵다. 대다수의 사람들은 앞의 이야기는 달갑게 받아들이지만, 뒤의 이야기는 달갑지 않게 받아들인다. 따라서 앞의 관점을 구체화하는 정책은 대다수의 지지를 얻을 수 있지만 뒤의 관점을 구체화하는 정책은 그런 지지를 얻지 못한다.

그렇지만 이 문제에 대해 깊이 생각해 본 적이 있는 사람들은 인간 사이에는 차이가 분명히 존재하며, 이런 차이는 머지않아 과학적으로 입증될 수 있다고 생각한다. 물론 현재로서는 어떤 인간이 가장 좋은 혈통인지 판가름하기란 쉬운 일이 아님을 인정할 수밖에 없다. 소를 기르는 농부가 자신이 키우고 있는 숫소들에게 무조건 동등한 기회를 주어야 한다는 말을 들었다면, 과연 어떤 기분이 들었겠는가? 현실에서는 그 어미 쪽의 수유 능력을 따져서 다음 세대를 번식시킬 종축이 신중하게 선택된다. 소에게 과학, 예술, 전쟁 따위는 아무런 의미가 없다. 암컷만이 중요한 가치를 지니게 되고, 수컷은 기껏해야 암컷의 우수한 특질을 전달하는 전달자에 지나지 않는다. 모든 가축은 과학적 품종 개량에 의해 크게 개선됐다. 인간도 비슷한 방법을 이용하여 바람직한 방향으로 변화할 수 있다. 물론 인간의 경우에는 어떤 것이 바람직한 방향인지 결정하기가 훨씬 더 어렵다. 신체의 강건함을 목적으로 인간을 개량한다면 인간의 두뇌는 쇠퇴할 것이고, 정신적인 능력을 목적으로 개량한다면 인간은 갖은 질병에 감염될 위험성이 높아질 것이며, 균형 잡힌 감정을 목적으로 한다면 예술을 파괴하는 결과를 낳을 것이다. 이러한 모든 문제를 해결하는 필수적인 지식이란 없다. 따라서 현재로서는 적극적인 우생학을 현실에 적극적으로 적용하는 것은 바람직하지 못하다. 그러나 백 년 후에는 유전학과 생화학이 크게 발전해서, 지금의 인간보다 낫다고 누구나 인정할 만큼 우수한 인간이 탄생할지도 모를 일이다.

그렇지만 이러한 종류의 과학 지식을 적용한다면, 지금까지 살펴본 것 가운데 가족과 관련해서 가장 격심한 변화가 이루어질 것이다. 과학적인 인간 개량을 완벽하게 시행하려고 한다면, 각 세대에서 남성의 약 2~3퍼센트, 여성의 약 25퍼센트를 다음 세대 출산을 위해서 선발해 놓아야 한다. 아마 사춘기에 이른

남녀에 대한 검사를 실시하고, 검사를 통과하지 못한 지원자들
은 모두 불임수술을 받게 될 것이다. 아버지와 자식과의 관계는
종우種牛 혹은 종마種馬와 그 새끼의 관계와 다름없게 될 것이고,
어머니는 다른 여성과는 전혀 다른 방식으로 살아가는 특수한
직업인이 될 것이다. 이런 상황이 곧 실현될 거라는 이야기도 아
니고, 그렇게 되기를 바란다는 이야기는 더더욱 아니다. 이런 상
황은 나로서는 너무나 불쾌한 일이다. 그렇지만 이 문제를 객관
적으로 검토하면, 인간 개량 계획이 엄청난 결과를 낳으리라는
것을 확인할 수 있다. 어느 나라가 이런 인간 개량 계획을 채택
한 결과, 삼대가 지나면서 대부분의 국민이 에디슨처럼 똑똑해
지고 권투 선수처럼 강해졌다고 가정해보자. 그에 비해서 다른
나라들은 변함없이 이 문제를 자연에 맡겨두고 있었다면, 전쟁
이 일어났을 때는 어떤 나라도 도저히 이 나라를 감당할 수 없
을 것이다. 이런 막강한 힘을 가지고 있다면, 이 나라는 틀림없
이 다른 민족들의 남성들을 용병으로 쓰는 한편, 과학 기술에
의존하여 승리를 거둘 것이다. 이런 제도하에서는 어릴 적부터
맹목적인 애국심을 주입하기가 쉽다. 미래에 이런 발전이 이루어
질 리가 없다고 누가 장담할 수 있겠는가.

특정한 부류의 정치가와 정치 평론가 사이에서 대단히 인
기를 누리고 있는 우생학이 바로 인종 우생학이라는 것이다. 인
종 우생학은 특정한 인종이나 (이러한 주장을 하는 사람이 속해 있
는) 민족이 다른 어느 인종이나 민족보다 훨씬 우월하므로, 열등

한 인종이나 민족을 희생시키는 일이 있더라도 군사력을 이용해서 자기 인종이나 민족의 수를 늘려야 한다는 내용이다. 그 중에서 가장 주목할 만한 사례가 바로 미국 이민법에서 입법적인 승인을 얻는 데 성공한 북유럽 게르만인들의 선전이다. 인종 우생학이라고 하면 다윈의 적자생존 원리를 끌어들일 만하다는 생각이 든다. 그러나 이상하게도, 인종 우생학을 열성적으로 옹호하는 사람들은 다윈주의를 전파하는 것이 불법이라고 생각한다. 인종 우생학과 관련된 정치적 선전은 대부분 바람직하지 못한 것들이지만, 이 점을 잠시 접어두고 장점에 대해서만 살펴보도록 하자.

어떤 인종이 다른 인종보다 우수하다는 것이 거의 확실한 극단적인 경우가 있기는 하다. 만에 하나 북아메리카, 오스트레일리아, 뉴질랜드에 원주민들이 계속 거주하고 있었다면 그 지역들은 오늘만큼 세계 문명에 크게 기여하지 못했을 것이다. 흑인들이 평균적으로 백인들보다 열등한 인종이라고 여길 만하다. 그러나 흑인들은 열대지역에서 작업을 하는 데 없어서는 안 될 존재들이라는 점에서 그들을 절멸시키는 것은 (인도주의의 문제를 떠나서) 몹시 바람직하지 않다(1964년, 이 부분에 대해 러셀은 유전적으로 열성하다는 의미가 아니라 환경적 측면을 의미한 것이라고 해명하였다. 러셀은 다른 저서 *Education and Social Order*(1932)에서 흑인이 백인보다 열등하다는 주장은 증명되지 않은 추정이라고 비판한 바 있다). 그런데 유럽 인종 간의 차이와 관련해서 특정한 정치적 편견이 지지를 받으려면 엄청난 규모의 엉터리 과학이 동원되어야한다. 내가 보기에는, 황인종이 고귀한 유럽인들보다 열등한 존재라고 간주할 만한 타당한 근거는 없는 것 같다. 이런 사례들의 경우 인종 우생학들은 국수주의가 내놓는 핑계에 지나지 않는다.

율리우스 볼프Julius Wolf[37]는 통계 자료가 존재하는 주요한 나라들의 인구 1천 명당 사망자 대비 출생자의 비율을 제시하고 있다. 프랑스가 최저(1.3)이고, 다음이 미국(4.0), 스웨덴(5.8), 인도(5.9), 스위스(6.2), 영국(6.2), 독일(7.8), 이탈리아(10.9), 일본(14.9), 러시아(18.5)의 순이며, 에콰도르는 23.1로 세계 최고이다. 중국은 자료의 부족 때문에 이 목록에는 포함되어 있지 않다. 볼프는 앞으로 서구권은 동양권, 즉 러시아, 중국, 일본에 압도당하고 말 것이라고 결론을 내린다. 나는 에콰도르의 사례를 들어서 그의 결론을 반박하고 싶지는 않다. 나는 그저 그가 런던의 부유 계층과 가난한 계층 사이의 상대적 출생률을 기록해 놓은 자료를 상세히 살펴보고 싶을 뿐이다. 그 자료에 따르면, 현재 가난한 계층의 출생률은 수년 전 부유 계층의 출생률보다 낮다. 시간적 격차가 훨씬 크기는 하겠지만, 동양권의 출생률도 마찬가지 경로를 밟을 것이다. 즉 동양권이 점점 서구화함에 따라서, 출생률은 필연적으로 낮아질 것이다. 어떤 나라든 군사적으로 강대해지려면 공업화를 이루어야만 하고, 공업화는 자식 수를 제한하려는 심리적 경향을 낳는다. 따라서 우리는 다음과 같은 결론에 도달한다. 설사 (퇴위한 빌헬름 2세의 뒤를 이은) 서구 국수주의자들이 두려워했던 동양인의 지배가 실현된다고 해도 그것은 그다지 큰 불행은 아닐 것이고, 또한 그렇게 예상할 만한 확실한 증거도 없다(빌헬름 2세는 황화론Yellow Peril을 통해서 황인종을 억압해야 된다고 주장했다). 그렇지만 국제 정부가 각국에 대해서 인구 증가치를 할당할 수 있는 상황이 되기 전까지는 전쟁 덕에 돈벌이를 하는 상인들이 끊임없이 이런 악령을 이용하려고 들 것이다.

앞의 두 경우에서 보았듯이, 국제적 무정부 상태가 계속되는 동안 과학이 계속 진보하고 있다는 점에서 인류는 위험에 직면해 있다. 우리는 과학을 이용하여 목적을 실현할 수 있다. 우리가 사악한 목적을 가지고 있다면 그 결과는 재앙으로 나타날 것이다. 세계가 악의와 증오로 가득 차 있는 상황에서 과학이 발달하면 더더욱 무서운 재앙이 빚어질 것이다. 따라서 악의와 증오를 감소시키는 것이야말로 인류의 진보를 위한 필수조건이다. 악의와 증오는 대부분 그릇된 성윤리와 부적절한 성교육에서 야기된 것이다. 미래의 문명을 위해서는 새롭고 충실한 성윤리가 반드시 필요하다. 이런 점에서 성윤리를 개혁하는 것은 우리 시대에 가장 중요한 문제 가운데 하나다.

개인적인 윤리의 관점에서 볼 때, 성윤리는 과학적이고, 미신에 근거하지 않을 뿐 아니라, 무엇보다도 우생학적인 고려를 우선시해야 한다. 분별이 있는 사람이라면 성관계에 대한 속박이 제아무리 완화된다고 해도 자손의 잠재적인 가치를 진지하게 따져보지 않고서 자손을 낳지는 않을 것이다. 피임법이 개발된 덕분에 자손의 출산이 성관계로 인한 자동적인 결과가 아니라 계획을 통해 선택할 수 있는 결과가 되었다. 앞서 고찰한 여러 가지 경제적 이유 때문에 앞으로 자녀 교육과 부양에서 아버지라는 존재가 차지하는 비중은 점점 줄어들 것이다. 따라서 여성이 사랑하는 사람이나 동반자로 호감을 느끼는 남성을 자기 자식의 아버지로 선택해야 마땅하다는 논리는 별 설득력을 가지지 못할 것이다. 미래에는 여성들이 행복을 크게 해치지 않고도 우생학적인 고려를 근거로 자식의 아버지를 선택하는 한편, 보통 때의 성적 교제와 관련해 개인적인 감정을 자유롭게 따르는 것이 훨씬 쉬워질 것이다. 또한 남성들의 입장에서도 어버이로서 바람직한가를 따져 자식의 어머니를 선택하는 것이 훨씬 용이해질 것이다.

나와 마찬가지로, 성행위가 자식과 관련되어 있을 때에만 사회적인 의미를 가진다고 생각하는 사람들은 미래의 성윤리와 관련하여 두 가지 결론에 도달하게 된다. 그중 하나는 자식과 관련되지 않은 사랑은 자유로워야 한다는 것, 다른 하나는 자식의 출산 문제와 관련한 도덕 문제에 대해서는 지금보다 훨씬 신중한 고려가 이루어져야 한다는 것이다. 미래의 도덕 문제에 대한 고려는 기존의 도덕적 고려와는 상당히 다를 것이다. 자손의 출산을 고결한 행위로 인정받으려고 성직자에게서 혼인 선언을 들거나 호적계 직원이 기록한 혼인 증명서를 받는 행동은 필요치 않게 될 것이다. 그런 행동들이 자손의 건강이나 지능에 영향을 준다는 것을 입증하는 증거는 존재하지 않기 때문이다. 미래에는 자식을 낳으려는 남성과 여성이 개별적인 형질 면에서나 유전적인 형질 면에서나 바람직한 자식을 낳을 가능성이 높은 사람들인가 하는 것을 필수적으로 고려해야 할 것이다. 이 문제에 대해 지금보다 더 확실하게 과학적으로 해명된다면, 그 사회의 도덕적 의식은 우생학적인 관점을 고려하여 더 엄격해질 수도 있다. 자기 자식의 아버지가 될 남성을 구하는 여성은 최고의 유전 형질을 가진 남성을 갈망의 대상으로 삼고, 그렇지 못한 남성은 애인으로 삼을 수는 있어도 자기 자식의 아버지로 삼기에는 적합하지 않은 남성으로 취급할지도 모른다. 지금까지 이어져 내려온 결혼 제도하에서는 이런 계획이 인간의 본성에 배치되는 것이며, 우생학이 이런 계획에 이용될 가능성은 대단히 적다고 여겨져 왔다. 그러나 인간의 본성이 미래에도 이와 똑같은 장애물에 맞닥뜨리리라고 생각할 만한 근거는 어디에도 없다. 오늘날의 피임법은 자손의 출산과 성관계를 구분하고 있는 만큼, 미래의 아버지들이 과거의 아버지들처럼 자식들과 직접적인 관계를 맺을 가능성은 높지 않다. 과거의 도덕가들은 결혼에 엄숙성과 고결한 사회적 목적을 부과했지만, 앞으로는 도덕적인 측면에서도 과학성이 확대되어 그것을 자손 출산에 대해서만 부과하게 될 것이다.

이러한 우생학적 관점은 유달리 과학적인 사람들의 개인적인 윤리로 시작하겠지만, 차츰 사회 곳곳으로 확산되어 결국에는 법률로 구체화될 것이다. 어쩌면 부모로서 적격한 사람들에게는 금전적인 보상이 주어지고 부적격한 사람들에게는 벌금이 부과되는 날이 올지도 모른다.

마음속 깊이 숨어 있는 개인적 충동에 과학이 개입할 수 있게 허용한다는 것은 분명히 기분 나쁜 일이다. 그러나 종교적인 측면에서 오랫동안 용인되어 온 개입과 비교하면, 과학의 개입은 무척 사소한 것이다. 과학은 우리 세계에 갓 태어난 실체이다. 종교와 전통은 대다수의 인간들에게 어릴 적부터 영향을 미친 덕분에 권위를 행사할 수 있었지만, 오늘날의 과학은 아직까지 이와 같은 권위를 획득하지 못했다. 그러나 과학은 앞으로 그러한 권위를 획득하고, 이제껏 인간들이 종교적 훈계에 대해 보여 온 태도만큼이나 순종적인 태도를 충분히 확보하게 될 것이다. 자손의 행복은 열정에 사로잡힌 순간에 평범한 인간을 충분히 억제할 수 있을 만큼 강력한 동기가 아니다. 그러나 자손의 행복이 공인된 적극적인 도덕에 포함되고 단순히 칭찬이나 비난이라는 제재만이 아니라 경제적 상벌에 의해서도 인정받게 된다면, 품행이 방정한 사람은 누구나 자손의 행복을 결코 무시할 수 없는 중요한 사항으로 여기게 될 것이다. 종교의 연륜은 유사 이전으로 거슬러가지만, 과학의 연륜은 겨우 4세기에 지나지 않는다. 그러나 과학 역시 연륜을 쌓아 경외의 대상이 된다면, 이

239

제껏 우리 생활을 지배해 왔던 종교에 못지않은 영향력을 행사할 것이다. 감히 예언하자면, 언젠가는 인간의 정신적 자유를 소중히 여기는 사람이라면 과학이 휘두르는 폭정에 반발하지 않을 수 없는 시기가 올 것이다. 어차피 피할 수 없는 폭정이라면 과학적인 폭정이 차라리 나을 것 같다.

18

사랑과 개인의 행복

우리는 앞서 여러 장에서 성과 성윤리가 개인의 행복과 복지에 어떤 영향을 미치는지 살펴보았다. 이 장에서는 이 문제를 다시 한번 살펴본다. 이 문제와 관련해서 우리의 관심은 인생의 적극적인 성적 활동기 혹은 현실적인 성관계에만 국한되는 것이 아니다. 성윤리는 유년기, 사춘기, 그리고 심지어는 노년기에도 온갖 다양한 방식으로, 상황에 따라 좋은 영향을 미치기도 하고 나쁜 영향을 미치기도 한다.

인습적인 도덕은 유년기에 금기를 부과하는 것으로써 활동을 개시한다. 아이들은 아주 어릴 때부터 어른들이 보고 있을 때는 신체의 특정 부분을 만지지 말라고 교육을 받는다. 대변이나 소변을 보고 싶을 때는 작은 목소리로 말하고, 남의 눈에 띄지 않는 곳에서 보아야 한다고 교육을 받는다. 이렇게 해서 특정한 신체 부위와 특정한 행동은 아이들로서는 쉽게 이해할 수 없는 특별한 성질을 지니게 되고, 아이들에게 신비감과 특별한 흥미를 자아낸다. 아이들은 '갓난아기는 어디에서 나올까' 따위의 지적인 문제들을 입 밖에 내지 않고 남몰래 생각하는 수밖에 없다. 어른들은 이런 질문을 받으면 얼렁뚱땅 둘러대거나 뻔한 거짓말을 늘어놓을 뿐이기 때문이다.

그다지 나이가 많지 않은 남성들 가운데도, 어릴 적에 신체의 특정 부분을 만지는 모습을 본 어른들에게서 매우 엄격한 어조로 "그런 짓을 하느니 차라리 죽어버려"라는 말을 들었던 사람들이 있다. 유감스러운 이야기지만, 인습적 도덕가들은 아이들이 어른이 되어 가치 있는 인생을 살도록 하기 위해서는 이런 금기를 부과하는 것만으로는 충분치 않다고 생각한다. 그렇기 때문에 위협이 사용되는 경우도 적지 않다. 아이들에게 금기를 어기면 거세당한다고 위협하는 일은 옛날과 비교하면 훨씬 줄어들었지만, 미치광이가 된다는 위협은 여전히 아주 온당한 일로 여겨지고 있다. 실제로 뉴욕 주에서는, 아이 스스로도 전혀 위험하지 않다고 생각하고 있는 행동을 놓고, 아이에게 그 행동이 전혀 위험하지 않다고 알려주는 것은 위법이다. 이러한 교육을 받아 온 대부분의 아이들은 아주 어렸을 때부터 성 문제와 관련하여 심각한 죄의식과 공포감을 갖는다. 성에 덧붙여진 죄의식과 공포감은 몹시 강렬해서 거의(혹은 완전히) 무의식적인 심리로 자리잡는다. 아이 때 들었던 이런 이야기들에서 완전히 벗어났다고 생각하는 사람들에게 천둥번개가 칠 때도 보통 때와 같은 기분으로 간통할 마음이 나겠는지 묻고, 그 대답을 통계를 내보면 어떨까. 그랬다가는 벼락을 맞을 거라고 진심으로 생각하는 사람이 90퍼센트에 이를 것 같다.

사디즘sadism이나 마조히즘masochism이 가벼운 증상으로 나타나는 경우는 정상이지만, 심각한 경우에는 성적인 죄의식과 연관되게 마련이다. 마조히즘을 보이는 남성은 성과 관련한 죄의식이 지나치게 강하고, 사디즘을 보이는 남성은 여성이 남성을 유혹하는 죄인이라고 보는 경향이 강하다. 어른이 되어서 이런 결과가 나타나는 것을 보면, 아이 때 받은 지나치게 엄격한 도덕적 훈계가 사람들의 마음속에 얼마나 깊은 인상을 심어놓는지 알 수 있다. 이 문제와 관련하여, 아이들을 가르치는 일에 관련된 사람들, 특히 아주 어린 아이들을 돌보는 사람들의 인식은 점점 깨어가고 있다. 그러나 이런 깨달음이 법정에까지는 이르지 못하고 있으니 대단히 안타까운 일이다.

유년기와 청소년기에 짓궂은 장난이나 나쁜 짓, 금지된 행동을 하는 것은 자연스러운 일이고, 지나치지만 않다면 염려할 필요가 없다. 그러나 어른들은 아이가 성과 관련된 금지 사항을 위반했을 때 다른 규율을 위반한 경우와는 전혀 다른 태도를 보인다. 그렇기 때문에 아이는 그 두 가지가 완전히 다른 범주에 속한다는 것을 알아챈다. 아이가 냉장고에서 과자를 훔쳤을 경우, 당신은 화가 나서 크게 꾸지람을 하기는 해도 도덕적인 공포감을 느끼지는 않는다. 그렇기 때문에 아이는 뭔가 끔찍한 일이 벌어졌다는 느낌을 받지는 않는다. 그러나 당신이 인습적인 사고를 가진 사람인데 아이가 자위를 하고 있는 장면을 목격했다면, 당신 목소리는 다른 상황에서는 아이가 결코 들어본 적이 없을 만큼 격한 음색을 풍기고, 아이 마음속에 끔찍한 공포감을 불어 넣을 것이다. 더욱이 당신이 그토록 심하게 질책하는 그 행동을 자제할 수 없다는 것을 알기 때문에 아이의 공포감은 더욱 증폭된다. 아이의 뇌리에는 당신의 격렬한 반응이 깊이 박혀서 아이는 자위가 당신 말대로 나쁜 짓이라고 굳게 믿으면서도 자위에 집착한다. 이렇게 해서 평생 지속될 수 있는 병적인 태도의 토대가 형성된다. 그 사람은 아주 어렸을 때부터 자신이 죄인이라고 생각한다. 그 사람은 얼마 안 있어 남의 눈에 띄지 않게 죄를 짓고, 아무도 자신이 죄를 지은 것을 모른다는 사실에서 미지근한 위안을 찾는 법을 터득한다. 비참한 기분에 억눌린 그는 자신과 똑같은 죄를 지으면서도 그것을 감추는 실력이 자신보다 떨어지는 사람들에게 벌을 줌으로써 세상에 복수를 하고 싶어 한다. 그는 어릴 때부터 남의 눈을 속이는 법을 터득하였으므로 어른이 되어서 그런 짓을 하는 데 전혀 어려움을 느끼지 못한다. 결국 자식을 자신들이 생각하는 덕 있는 사람으로 만들겠다는 잘못된 판단에서 비롯한 부모의 노력이 그 사람을 병적일 정도로 내향적인 위선자이자, 학대자로 만들어 놓은 것이다.

죄의식과 수치심과 공포감이 아이들의 생활을 지배하도록

놔두어서는 안 된다. 아이들은 행복하고 명랑하고 스스럼이 없어야 하고, 자신에게 내재한 충동을 두려워하지 말아야 하며, 자연적 사실을 탐구하는 일에 주춤거리지 말아야 한다. 아이들은 본능과 관련된 자신의 생활 일체를 어둠 속에 숨기지 말아야 하고, 제아무리 애를 써도 없앨 도리가 없는 무의식적인 충동을 깊이 묻어버리려고 하지 말아야 한다. 아이들이 지적인 면에서는 진실하고, 사교적인 면에서는 두려움이 없고, 행동 면에서는 원기 왕성하며, 정신 면에서는 관대한 태도를 보이는 번듯한 남녀로 성장할 수 있게 하려면, 처음부터 이러한 결과가 나타날 수 있도록 교육을 해야 한다.

이제까지 교육은 춤추는 곰을 조련하는 방법과 비슷하다는 인식이 지나치게 강했다. 춤추는 곰이 어떤 훈련을 받는지에 대해서는 잘 알려져 있다. 곰을 바닥이 뜨거운 방에 집어넣으면, 곰은 발을 바닥에 계속 붙인 채 서 있다가는 발바닥이 데일 지경이라는 것을 깨닫고 어쩔 수 없이 춤추는 동작을 하게 된다. 이 훈련을 할 때마다 특별한 가락을 들려주면, 곰은 얼마 후부터는 그 가락이 귀에 들리기만 하면 바닥이 뜨겁지 않아도 춤을 춘다. 아이들도 마찬가지다. 아이가 자신의 성기를 의식하기 시작하면, 어른들은 아이를 꾸짖는다. 결국 아이는 성기를 보기만 해도 어른들이 퍼붓는 꾸지람이 생각나서 어른들이 길들여 놓은 가락에 맞추어 춤을 추게 되고, 건전한, 혹은 만족스러운 성생활을 영위할 가능성은 완전히 깨어지고 만다.

다음 단계인 사춘기로 넘어가자. 성에 대한 인습적인 태도로 인해서 사춘기에 겪는 불행은 유년기의 불행과는 비교할 수 없을 만큼 심각하다. 남자아이들은 대부분 자기 몸의 변화에 대해 정확히 알지 못하고 있다가, 처음 몽정을 하는 순간 겁에 질린다. 아이는 대단히 나쁜 것이라고 교육을 받아온 충동이 자신에게 내재해 있다는 것을 깨닫는다. 이러한 충동은 너무나 강력해서 아이는 밤이고 낮이고 그 충동에서 헤어나지 못한다. 형편이 조금 나은 소년의 경우에는, 아름다움과 시詩, 그리고 관념적인 사랑을 극단적으로 추구하는 관념적인 충동도 동시에 존재한다. 기독교 교리 속에 포함된 마니교[세계를 선과 악의 대립으로 파악하는 이원론적 세계관에 입각하여 기독교, 불교, 조로아스터교 등의 여러 요소가 가미된 종교]적 요소가 미친 영향으로, 사람들은 흔히 사춘기의 관념적인 충동과 육체적 충동을 완전히 별개의 것, 심지어는 서로 대립하는 것으로 보는 경향이 있다. 나는 이 점과 관련해서 어떤 똑똑한 친구가 토로한 고백을 인용하고자 한다.

나의 사춘기는 남다른 데가 전혀 없었고, 관념적 충동과 육체적 충동을 별개의 것으로 여기는 태도가 몹시 두드러졌다. 나는 날마다 서너 시간씩 셸리의 시를 읽고 감상에 잠기곤 했다.

갈구하네,

나방은 별을
밤은 아침을.

나는 그러다가 갑자기 이런 고상한 상태에서 벗어나 옷을 벗는 하녀의 모습을 기를 쓰고 훔쳐보곤 했다. 육체적인 충동에 사로잡힐 때는 심한 부끄러움을 느꼈다. 물론 관념적인 충동 역시 어리석은 면모를 가지고 있었다. 그런 관념적인 충동은 성에 대한 미련한 두려움의 또 다른 표현이었기 때문이다.

누구나 알다시피, 사춘기는 신경장애가 빈번하게 일어나는 시기이며, 다른 때는 분별력이 있던 사람도 쉽사리 평정을 잃을 수 있는 시기이다. 미드Margaret Mead 여사는 『사모아 섬의 성년 *Coming of Age in Samoa*』(1928)이라는 저서에서, 이 섬 사람들이 사춘기의 신경장애라는 것을 알지 못하는 원인을 성적인 자유가 일반화되어 있기 때문이라고 보았다. 실제로 이러한 성의 자유는 기독교 선교사들의 활동으로 차츰 축소되고 있다. 미드 여사가 설문 조사를 했던 소녀들 가운데 일부는 선교사의 집에 살고 있었는데, 이들은 사춘기에 자위와 동성애만 경험했던 데 반해서 선교사의 집에 거주하지 않는 소녀들은 이성애까지 경험한 것으로 나타났다. 이런 면에서 볼 때, 영국의 일류 소년 학교들은 사모아 섬에 있는 선교사의 집과 전혀 다를 바가 없다. 영국 학생들은 사모아 섬에서는 아무런 해가 되지 않는 행동으로 인해서 심리적으로 파괴적인 영향을 받을 수 있다. 영국 학생들은 대개 인습적인 훈계를 진심으로 존중하는 데 반해서, 사모아 청소년들은 선교사를 단순히 비위를 맞춰 줄 필요가 있는, 특이한 취향을 가진 백인이라고 여길 뿐이기 때문이다.

대부분의 젊은이들은 어른이 되고 나서 얼마 동안은 성과 관련해 쓸데없는 난관에 부딪힌다. 동정을 지켜 온 젊은이는 어렵게 성적 충동을 자제하느라 소심하고 내성적인 성격이 되기 쉬운데, 이런 사람이 막상 결혼을 하고 나면 여러 해 동안 쌓아 온 자제의 습관을 극복하기 위해서 난폭하고 갑작스런 방식에 의지한 채 아내가 기대하는 사랑을 베풀지 못하는 경우가 많다. 만일 이 젊은이가 성매매 여성을 찾아다닌다면, 사춘기부터 시작되었던 육체적인 사랑과 관념적인 사랑을 분리하는 태도가 사라지지 않고 지속될 것이다. 결국 그가 여성과 맺는 관계는 정신적으로만 사랑을 나누는 관계가 되거나, 그렇지 않으면 (본인이 생각하기에) 타락한 관계가 될 수밖에 없다. 더구나 이 남성은 성병이라는 큰 위험을 무릅써야 한다. 이 남성이 같은 계층에 속하는 여성과 관계를 맺는다면 여러 가지 악영향이 훨씬 줄어들겠지만, 비밀을 유지해야 하는 번거로움 때문에 안정적인 관계로 발전하기 어렵다.

남성들은 한편으로는 고상한 척하는 태도 때문에, 다른 한편으로는 결혼을 하면 곧바로 자식이 생긴다는 생각 때문에 일찍 결혼하는 것을 꺼려한다. 이혼이 아주 까다로운 상황에서 빠른 결혼은 대단히 위험하다. 남녀가 스무 살 적에는 서로 잘 맞던 사이였다고 해도 서른 살이 되면 잘 맞지 않을 가능성이 높다. 대다수 사람들은 다양한 경험이 없는 상태에서 배우자와 안정된 관계를 형성하기 어렵다. 성에 대해 건전한 관점을 정립하기 위해 대학생들에게 자식을 낳지 않고 한동안 결혼 생활을 할 수 있도록 하는 방안을 생각해 보아도 좋을 것이다. 이를 통해서 학생들은 학업을 몹시 방해하는 성에 대한 집착에서 벗어날 것이고, 바람직한 이성 관계의 경험을 쌓으며 자식을 기르면서 사는 결혼 생활이라는 중요한 동반자 관계를 미리 준비할 수 있을 것이다. 학생들은 속임수와 은폐, 병에 대한 두려움 따위, 젊은 시절의 모험에 악영향을 끼치는 여러 가지 부수적인 사정에 휘둘리지 않고 자유로이 사랑을 경험할 수 있을 것이다.

현재 상황에서 인습적인 도덕은 평생을 독신으로 살아야 하는 많은 여성들에게 고통을 안겨주고 심지어는 악영향을 미치기까지 한다. 누구나 비슷하겠지만, 나는 인습적인 미덕을 엄격하게 고수하는 독신 여성들은 어떤 면에서 보아도 최고의 찬사를 받아 마땅한 여성들이라고 알고 있었다. 그러나 일반적인 상황은 전혀 그렇지 않은 것 같다. 성 경험이 없고 정조를 중시하는 여성은 대체로 불안감, 부정적인 반응, 소심한 태도를 보일 뿐 아니라, 본능에서 비롯한 무의식적인 질투심으로 인하여 보통 사람들을 달갑게 여기지 않고 자신이 누리지 못하는 것을 누리는 사람들을 응징하고픈 욕구에 휩싸이게 된다. 장기화된 독신 상태에서 지적인 소심함은 흔히 볼 수 있는 현상이다. 솔직히 말해서, 나는 현재 여성들이 지적으로 뒤처지는 원인은 대개는 성에 대한 두려움 때문에 호기심을 억제하게 된 것에서 기인한다고 생각한다. 이 여성들이 자신에게 어울리는 남편을 찾지 못하고 평생을 독신으로 사는 동안 발생하는 불행과 재능의 낭비를 정당화할 수 있는 근거는 어디에도 없다. 결혼 제도가 확립된 초기에는 남녀의 수가 거의 같았기 때문에, 오늘날과 같이 독신 여성들의 불행과 재능의 낭비를 초래할 수밖에 없는 상황을 예상할 수 없었다. 오늘날에 와서는 여성의 수가 남성의 수를 크게 웃도는 나라가 많아지면서, 인습적인 도덕관의 수정을 겨냥한 진지한 논의의 필요성이 제기되고 있다[세계대전 등으로 남성의 수가 크게 줄어든 당시 상황을 말한다].

인습적인 도덕은 결혼을 성욕의 배출구로서 용인하고 있지만, 결혼 역시 엄격한 도덕률 때문에 해를 입고 있다. 어린 시절에 형성된 강박관념, 남성들이 성매매 여성들과 접촉하면서 겪은 경험, 그리고 정조를 지키도록 하기 위해 젊은 여성에게 주입된 성에 대한 혐오감, 이 모든 것은 행복한 결혼 생활에 악영향을 미친다. 인습적인 도덕 교육을 받으며 곱게 자란 젊은 여성이 강렬한 성적 충동에 부딪히게 되면, 구애를 하는 남성과 자신이 진정으로 어울리는 사이인지 아니면 단순한 성적 매력에 끌리고 있는 건지 구분하지 못할 것이다. 자칫하면 그 여성은 처음으로 자신의 성욕을 자극한 남성과 결혼했다가 성적인 굶주림이 해소된 뒤에야 비로소 그 남성이 자신과 전혀 어울리지 않는다는 사실을 깨닫기 쉽다.

지금까지 이루어진 교육은 이성 교제의 측면에서 여성을 지나치게 소심하게 만들고 남성을 지나치게 성급하게 만드는 데 여러모로 기여했다. 두 사람은 대개는 필수적인 성 지식이 부족해서 결혼 초기에 좌절을 겪고, 그 후에도 두 사람 모두의 성욕을 충족시키는 생활을 영위하지 못한다. 두 사람은 육체적 측면뿐 아니라 정신적 측면에서도 동반 관계를 이루기 어렵다. 여성은 성과 관련하여 거리낌 없이 이야기하는 데 익숙하지 않고, 남성 역시 남성들이나 성매매 여성들을 상대할 때 말고는 이런 이야기를 하는 데는 익숙하지 않다. 부부는 자신들이 공동으로 영위하는 생활 중에서 가장 내밀하고 가장 중요한 문제에 대해서 이야기하기를 꺼리거나 어색해하고, 심지어는 굳게 입을 다문다. 대개 아내는 자신이 원하는 게 뭔지도 모르고 불만이 쌓인 채 뜬 눈으로 누워 있을 것이고, 남편의 머릿속에서는 법률상의 아내가 성매매 여성보다 더 쌀쌀맞게 군다는 생각이 잠깐씩 고개를 들다가 차츰 확고해질 것이다. 남편이 아내의 쌀쌀맞은 태도 때문에 화를 내고 있는 동안, 아내는 자신을 흥분시키지 못하는 남편 때문에 속상해하고 있을 것이다. 이런 참담한 상황은 성과 관련해서는 한마디도 입을 떼지 말고 품위를 지켜야 한다는 성 도덕에서 비롯하는 것이다.

유년기부터 시작해서 청년기를 거쳐 결혼 생활에 이르기까지, 인습적인 도덕은 갖가지 방식을 동원해서 사랑을 망가뜨리는 데 성과를 올리고 있다. 인습적인 도덕은 어두운 그림자와 두려움, 서로에 대한 오해, 후회, 불안한 긴장감을 사랑에 불어넣고, 육체적인 성 충동과 관념적인 사랑을 갈망하는 정신적인 충동, 이 두 영역을 분리해 놓음으로써 전자를 불결한 것으로 만들고 후자를 허망한 것으로 둔갑시킨다. 이것은 바람직한 인생이 아니다. 인간의 동물적인 특질과 정신적인 특질이 대립 관계에 놓여서는 안 된다. 이 두 가지 특질에는 서로 모순되는 요소가 없으며, 어느 쪽도 다른 쪽과 결합하지 않고서는 완전한 결실을 이룰 수 없다. 이성 간의 가장 이상적인 사랑은 어떤 편견과 두려움에도 얽매이지 않고, 사랑의 실현을 방해할까 싶어서 육체적인 토대를 두려워하는 것이 아니라 육체와 정신이 대등한 결합을 이루는 것이어야 한다. 사랑은 대지에 깊이 뿌리를 박고 있으면서도 하늘을 향해 가지를 뻗고 있는 나무여야 한다. 사랑은 금기와 미신에 근거한 두려움, 갖은 질책, 두려움에서 비롯한 침묵의 장벽에 갇혀서는 성장할 수도 없고 번성할 수도 없다. 이성 간의 사랑과 부모와 자식 간의 사랑, 이 두 가지는 인간이 살아가는 데 있어서 가장 중요한 감정이다. 인습적인 도덕은 이성

간의 사랑의 가치를 깎아내리고, 부모 자식 간의 사랑의 가치는 짐짓 격찬하는 태도를 보이고 있다. 그러나 실제로는 부부 간의 사랑을 폄하하는 것은 곧 자식에 대한 부모의 사랑을 훼손하는 결과를 낳는다.

부부 간의 사랑에 굶주리고 절망감에 사로잡힌 부부는 결혼 생활에서 누리지 못했던 사랑의 부스러기라도 얻고 싶은 마음에 무력한 어린 자식에게 필사적으로 손을 뻗는다. 이런 행동은 어린 마음을 비뚤어지게 하고 자식 세대에게 자신들이 겪었던 것과 똑같은 고통을 물려주는 토대를 쌓을 뿐이다. 부부 간에 기쁨과 상호 만족이 있는 부부는, 그렇지 못한 부부에 비해서, 사랑의 결실인 자식들에게 훨씬 건강하고 확고하며, 자연의 섭리에 훨씬 부합하고, 훨씬 단순하고 직접적이며 본능적이면서도, 훨씬 이기적이지 않고 훨씬 효과적인 방식으로 사랑을 베풀 수 있다. 사랑을 두려워하는 사람은 인생을 두려워하고, 인생을 두려워하는 사람은 이미 거의 죽은 사람이나 다름없다.

19

사랑과 인간의 가치

성을 주제로 글을 쓰는 사람은 항상 질책을 당할 위험에 노출되어 있다. 절대로 성을 이야깃거리로 삼아서는 안 된다고 생각하는 사람들은 이들에게 그 주제에 지나치게 집착한다는 비난을 퍼붓는다. 곰곰이 따져보자. 그 사람이 고상한 척하는 호색한이라는 비난을 무릅쓰면서까지 성을 주제로 한 글을 쓰는 것은 그 주제가 그만큼 중요하다고 생각하고 그만큼 관심이 많기 때문 아니겠는가. 그러나 이런 식의 비난은 인습적인 도덕이 변해야 한다고 주장하는 사람들만을 겨냥한다. 성매매 여성들을 처벌하자고 여론을 자극하는 사람들, 그리고 명목상으로는 백인노예 매매에 반대하면서도 실제로는 자발적이고 진심어린 혼외관계에 반대하는 법률을 제정하는 사람들, 짧은 치마를 입거나 립스틱을 바른 여성들을 매도하는 사람들, 부적절한 수영복을 입은 여성을 적발할 목적으로 해변을 주시하는 사람들, 이런 사람들은 결코 강박 관념의 희생자로 인식되는 법이 없다. 그러나 실제로는 이들이야말로 성적 자유의 확대를 옹호하는 저자들과는 견줄 수 없을 만큼 성적 망상에 심하게 시달리고 있는 게 아닐까. 서슬이 시퍼런 도덕은 대개 음탕한 감정을 억누르기 위한 반작용이다. 그런 도덕을 입에 올리는 사람은 대체로 머릿속에 저속한 생각이 가득 차 있다. 성적인 생각만으로 생각이 저속해지는 것은 아니다. 도덕이 성적인 화제에 대해서 정결하고 건전한 사고를 할 수 없게 만들기 때문에 생각이 저속해지는 것이다. 나는 성적인 화제에 지나치게 집착하는 것이 죄악이라는 점에 대해서는 교회의 견해에 전적으로 동의하지만, 그 죄악을 피할 수 있는 최선의 방법이 무엇인가에 대해서는 의견이 다르다. 누구나 알 만한 예를 들자면, 성 안토니우스는 그 어떤 호색한보다 성에 강박적으로 집착했던 사람이었다. 감정을 상하게 할 우려가 있으니 이보다 더 가까운 시대의 사례를 들지는 않겠다. 성은 음식물과 마찬가지로, 자연스러운 필수품이다. 우리는 폭식을 하는 사람과 폭음을 하는 사람을 비난한다. 인생에서 적당한 자리를 차지해야 하는 대상에 대한 관심이 그 도를 넘어서서 그 사람의 생각과 감정을 지나치게 많이 지배하고 있기 때문이다. 우리는 적당한 분량의 음식을 정상적이고 건강하게 즐기는 사람을 비난하지 않는다. 그런데 금욕주의자들은 적당한 음식의 섭취 자체를 비난해 왔다. 그들은 인간이 생명을 유지할 수 있는 최저점까지 영양분의 섭취를 줄여야 한다고 주장해 왔다. 그러나 지금은 이런 견해가 무시해도 괜찮을 정도로 힘을 잃었다. 청교도들은 성의 쾌락을 피하자고 결심했기 때문에, 식사의 쾌락을 옛 사람들과는 비할 수 없을 만큼 크게 의식하게 된 것 같다. 17세기에 어떤 사람은 청교도주의를 이렇게 비판했다.

> 그대, 즐거운 밤과 유쾌한 만찬을 원하는가
> 그렇다면 성인들과 같은 식탁에 앉고
> 죄인들과 한 침대를 써라

결국 청교도들은 인간의 본성 가운데 순수하게 육체적인 부분을 억제하는 데 성공하지 못했던 것으로 보인다. 마치 성에서 떼어낸 혹을 탐식에다가 붙여놓은 꼴이었다. 가톨릭교회에서는 탐식을 일곱 가지 죄[나머지 여섯 가지는 교만, 탐욕, 정욕, 질투, 나태, 분노이다] 가운데 하나라고 여긴다. 단테는 탐식하는 사람은 지옥 가운데서도 상당히 깊은 곳에 떨어진다고 말했다. 그러나 탐식은 다소 막연한 죄악이다. 음식에 대한 적절한 관심은 어디까지이며, 탐식의 죄악은 어디서부터 시작되는지 단정하기가 어렵기 때문이다. 영양적인 가치가 없는 것을 먹으면 나쁜 짓인가? 만일 그렇다면 짭짤한 아몬드를 먹을 때마다 우리는 지옥에 떨어질 위험을 감수해야 한다. 그러나 이것은 시대에 뒤떨어진 견해다. 우리는 대번에 탐식가를 알아보지만, 마음속으로 그 사람

256

을 경멸하기는 해도 대놓고 심한 비난을 퍼붓지는 않는다. 지나친 탐식은 굶주림의 고통을 모르는 사람들 사이에서는 찾아보기 힘들다. 사람들은 대개 한 끼니를 먹고 나면, 다음 끼니 때까지는 다른 일을 생각한다. 반면에 금욕주의를 신봉하여 최소한의 식사 외에는 어떤 것도 입에 대지 않는 사람들의 머리에는 푸짐한 잔칫상과 맛있는 과일로 유혹하는 악마의 모습이 항상 또아리를 틀고 있다. 남극 탐험 중에 고립되어 고래 기름으로 연명을 하는 탐험가들은 머리속으로 귀향 후에 칼튼 호텔에 가서 먹을 만찬 메뉴를 짜면서 하루하루를 보낸다.

앞에서 살펴본 바를 종합해 보자면, 성에 대한 강박관념을 예방하려면, 도덕가들은 요즘 사람들이 음식을 대하는 것과 같은 태도로 성을 대해야 한다. 테베에서 은둔 생활을 하던 금욕주의자들이 음식을 대하던 방식으로 성을 대해서는 안 된다. 성욕은 식욕과 마찬가지로 인간의 타고난 욕구이다. 물론 인간은 성 없이도 살 수 있지만 먹거나 마시지 않고서는 살 수 없다. 그러나 심리학적인 견지에서 본다면, 성욕은 식욕과 흡사하다. 성욕은 금욕을 하면 몹시 커지고, 충족을 하면 일시적으로 진정된다. 성욕이 몹시 갈급할 때는 그것 말고는 아무것도 마음에 들어오지 않는다. 다른 것에 대한 관심은 순식간에 사라지고, 그와 관련하여 죄의식이 있었던 사람이라면 나중에 정신 나간 짓이었다고 후회하게 될 행동을 하기도 한다. 식욕도 마찬가지지만, 성욕은 금지를 당하면 더욱 고조된다. 나는 아침 식탁에 오른 사과는 쳐다보지도 않다가 남의 과수원에 가서는 사과를 훔쳐 먹는 아이를 알고 있다. 아침 식탁에 오른 사과가 잘 익은 것이고, 훔친 사과가 덜 익은 것이라도 말이다. 미국 부유 계층의 음주욕이 이십 년 전보다 지금이 훨씬 강렬해졌다는 것은 부인할 수 없는 사실이다[이 글이 쓰인 당시에 미국은 금주법을 실시하고 있었다]. 이와 마찬가지로, 기독교계의 훈계와 권위 역시 성에 대한 관심을 크게 자극하고 있다. 그러므로 인습적인 가르침에 대한 확신에서 벗어난 지 얼마 안 된 세대와 애초에 성과 관련하여 (적극적인 방식으로든 소극적인 방식으로든) 미신적인 가르침의 영향을 전혀 받지 않은 견해를 가진 사람들을 비교하면, 전자가 후자보다 훨씬 심하게 성적인 자유에 탐닉할 것이다.

성에 관한 강박관념을 막을 수 있는 방법은 자유밖에 없다. 그러나 습관화되지 않은 자유, 성 문제에 대한 현명한 교육과 자유가 결합되지 않는 자유는 이런 효과를 거둘 수 없다. 여기에서 거듭 역설해 두고 싶은 점이 있다. 나는 성에 지나치게 열중하는 태도는 해로운 것이라고 생각한다. 나는 이런 태도가 오늘날 특히 미국에서 널리 확산되어 있고, 미국의 엄격한 도덕가들 사이에서 유난히 두드러진다는 것을 확인했다. 이 사실은 이들이 자신과 대립되는 의견을 가진 사람들에 관련된 거짓말을 쉽게 믿어버린다는 데서도 뚜렷하게 드러난다. 탐식가와 탐색가貪色家, 그리고 금욕주의자는 하나같이 만족하는 방법으로든 단념하는 방법으로든 자신이 원하는 것 말고는 아무 것도 보지 못하는 자기몰입형 인간이다. 심신이 건강한 사람은 관심을 자신에게 집중시키지 않고, 외부세계로 눈을 돌려서 관심을 가져볼 만한 대상을 찾아낸다. 어떤 사람들은 자기몰입이 완고한 사람에게 발생하는 자연스러운 현상이라고 주장하지만, 사실은 그렇지 않다. 자기몰입은 대체로 타고난 충동이 좌절되기 때문에 발생하는 질병이다. 성적 만족을 얻을 생각을 하면서 흡족해하는 탐색가의 증상은 대개 무엇인가를 박탈당했기 때문에 나타난 결과이다. 마찬가지로 음식물을 몰래 쌓아두고 사는 사람들은 대개 기근이나 극도의 빈곤의 시기를 겪은 경험이 있는 사람들이다. 자연스러운 충동을 억압하는 방식으로는 바깥 세상에 눈을 돌리는 건강한 남녀가 탄생할 수 없다. 그런 남녀는 행복한 삶의 필수요건인 갖가지 충동을 똑같이 균형 있게 발전시킬 때에만 탄생한다.

나는 음식은 물론이고 성과 관련해서도 도덕과 자제가 불필요하다고 말하려는 것이 아니다. 우리는 음식에 대해 법률의 제약, 예절의 제약, 건강의 제약, 이렇게 세 종류의 제약을 받는다. 예를 들면, 음식을 훔치는 것, 함께 식사를 하면서 자기 몫보다 많이 먹는 것, 그리고 탈이 날 수 있는 방식으로 음식을 먹는 것은 옳지 못하다. 성에 대해서도 이와 비슷한 제약이 반드시 있어야 한다. 그러나 성과 관련된 제약은 훨씬 복잡하고, 훨씬 많은 자제심을 필요로 한다. 더욱이 어떤 사람이 다른 사람을 소유해서는 안 된다는 점에서 성을 훔치는 것은 간통이 아니라 강간이고, 이것은 마땅히 법률에 의해서 금지되어야 한다. 건강과 관련하여 발생하는 성 문제는 태반이 성병 문제인데, 이에 대해서는 성매매와 관련한 장에서 이미 살펴보았다. 분명히 짚어 두지만, 의학의 발달을 제외한다면 성병 문제를 막는 최선의 방법은 직업적인 성매매를 줄이는 것이다. 최근 젊은 사람 사이에서는 성장하고 있는 성적인 자유의 확대야말로 직업적인 성매매를 줄이는 가장 효과적인 방법이다.

❧

포괄적인 성윤리는 성을 단순히 본능적인 욕구로, 또한 위험이 탄생할 수 있는 원천으로 간주해서는 안 된다. 그런 관점도 중요하긴 하지만, 성이 인간의 삶에 있어서 매우 유익한 요소들과 결부되어 있음을 잊지 않는 것이 훨씬 중요하다. 내가 보기에 으뜸가는 요소는 낭만적인 사랑과 행복한 결혼, 그리고 예술, 이렇게 세 가지이다. 낭만적인 사랑과 결혼에 대해서는 앞에서 이미 살펴보았다. 예술은 성과 무관하다는 것이 일반적인 생각이지만, 이런 견해를 지지하는 사람들의 수는 요즘 들어 크게 줄어들고 있다. 심리적인 면에서 볼 때, 어떤 형식이든 아름다움을 창조하려는 충동은 구애의 감정과 연관되어 있고, 반드시 직접적이거나 눈에 띄는 방식을 취하는 것은 아니지만, 이 두 가지는 그 연관성의 뿌리가 대단히 깊은 것만은 분명하다. 성적인 충동이 예술적 표현으로 표출되려면 여러 가지 조건이 갖추어져야 한다. 우선, 예술적 재능이 있어야 한다. 그러나 예술적 재능은 같은 민족 내에서도 시대에 따라 평범한 것으로 여겨지기도 하고 비범한 것으로 여겨지기도 한다. 이런 점으로 미루어 볼 때, 타고난 재능과 대립되는 의미의 환경 역시 예술적 충동의 발전에 중요한 역할을 한다고 말할 수 있다. 또한 특별한 종류의 자유가 있어야 한다. 여기서 말하는 자유는 예술가에게 보상이 제공된다는 의미의 자유가 아니라, 예술가가 속물적인 생활 습관에 빠져들게 만드는 압박이나 유인이 없다는 의미의 자유를 말한다. 교황 율리우스 2세[16세기 초 르네상스 시대에 예술을 장려한 로마 교황]는 미켈란젤로를 구속하면서도 그가 원하는 자유에는 결코 간섭하지 않았다. 교황은 미켈란젤로를 중요한 인물이라고 여겨 구속한 것이고, 자신보다 직위가 낮은 사람이 그 예술가의 기분을 털끝만큼이라도 건드리는 것을 허락하지 않았다. 그러나 돈 많은 후원자나 의회 의원의 비위를 맞추고 그네들의 안목에 맞추어 작품을 만들 수밖에 없는 예술가에게는 예술의 자유란 존재하지 않는다. 도저히 견딜 수 없는 결혼 생활을 하면서도 사회적, 경제적 박해가 두려워서 어쩔 수 없이 참고 살아야 하는 처지라면, 그 예술가는 예술 창작에 쏟아부어야 할 원기마저 잃게 된다. 인습적인 관점에서 도덕적인 사회는 위대한 예술을 낳지 못한다. 위대한 예술을 낳은 사회에는 아이다호 주 같은 곳에 살았다면 거세를 당했을 법한 사람들이 있었다. 오늘날 미국은 대부분의 예술적 재능을 유럽에서 수입하고 있다. 유럽에는 아직까지 그런 자유가 완전히 사라지지 않고 남아 있기 때문이다. 그러나 유럽 역시 이미 미국풍으로 바뀌어가고 있으니, 이제 믿을 구석은 흑인밖에 없다. 예술의 최후 보금자리는 티베트 고원이나 콩고 북부의 어딘가가 될 것이다. 그러나 예술의 멸종은 그리 먼 미래의 일이 아니다. 미국이 외국의 예술가들에게 아낌없이 주려고 하는 보상이 틀림없이 예술의 죽음을 초래할 터이니 말이다.

과거의 예술은 민중적인 기반을 갖고 있었고, 이 민중적인 기반은 다시 인생의 기쁨에 의존하고 있었으며, 이 인생의 기쁨은 다시 성에 관한 자연스러운 태도에 의존하고 있었다. 성이 억압되면 행위만이 남는다. 행위 자체를 목적으로 행위하라는 가르침은 가치 있는 행위를 이끌어내지 못 한다. 귀담아 듣고 싶은 이야기는 아니지만, 어떤 사람이 미국에서 하루(아니, 하룻밤이라고 해야 맞을 것 같다)에 이루어지는 성행위의 건수를 집계했는데, 일 인당으로 따진 성행위 횟수가 다른 어떤 나라에도 뒤지지 않았다고 한다. 사실인지 아닌지는 알 수 없지만, 이 이야기에 토를 달고 싶은 마음은 없다. 인습적 도덕가가 범하는 가장 위험한 실수는 더 효율적으로 매도하기 위해서 성을 성행위로 끌어내리는 것이다. 내가 이제껏 들은 바에 의하면, 문명인이든 미개인이든 단순한 성행위만으로는 본능을 충족시키지 못한다. 성행위를 야기하는 성 충동을 만족시키려면, 구애 행위가 있어야 하고, 사랑이 있어야 하고, 친밀한 교류가 있어야 한다. 이러한 것들이 없이 그저 성행위만 한다면 육체적 갈망은 일시적으로 진정될지 모르지만, 정신적 갈망은 전혀 완화되지 않고 따라서 깊은 만족감을 느낄 수 없다. 예술가에게 필요한 성적 자유란, 전혀 모르는 여성과 더불어 육체적 욕구를 만족시키는 저속한 자유가 아니라, 사랑하는 자유이다. 그런데 이 사랑하는 자유야말로 인습적 도덕가가 절대로 인정하려고 하지 않는 것이다. 세계가 온통 미국풍으로 변하고 난 다음에도 예술이 살아남으려면, 미국이 변화해야 한다. 도덕가들의 도덕성이 약화되고 부도덕한 사람들의 부도덕성이 약화되어서 어느 쪽이나 모두 성의 고귀한 가치와 즐거움이 은행계좌보다 큰 가치를 지닐 수 있다는 가능성을 인식할 수 있어야만 한다. 미국을 여행하는 사람에게 가장 큰 고통은 즐거움이 없는 것이다. 그곳에서 목격할 수 있는 즐거움은 그저 일시적인 망각에 지나지 않는 광란의 술판일 뿐, 기쁨에 겨운 자기표현이 아니다. 선조들은 발칸 반도나 폴란드의 어떤 마을에서 피리 소리에 맞추어 춤을 추었지만, 그 후손들은 심각한 표정으로 잘난 척하면서 아무런 보람도 느끼지 못한 채 온종일 타자기와 전화기가 놓인 책상에 붙어 앉아 있다. 이들은 저녁이 되면 술과 처음 듣는 소음 속으로 달아나 행복을 추구하는 것처럼 행세한다. 그러나 정작 그들이 추구하는 것은 인간의 육체를 이용하고 인간의 영혼을 노예로 만들어 돈이 돈을 벌어들이는 절망적인 일상을 잊기 위한 격정적이고 불완전한 망각 상태에 지나지 않는다.

나는 인간의 삶에서 가장 유익한 것은 하나같이 성과 관련되어 있다고 말하려는 것도 아니고, 그렇게 생각하지도 않는다. 나는 과학(실용과학 혹은 이론과학)이나 특정한 종류의 중요한 사회적, 정치적 활동은 성과 아무런 관련이 없다고 본다. 성인의 삶에 복잡한 욕망을 불러일으키는 충동은 두세 가지 단순한 항목으로 정리될 수 있다. 내가 보기에, 자신을 보존하기 위해서 필수적으로 해야 하는 활동을 제외하면 인간이 하는 대부분의 활동은 권력과 성, 자손에 대한 의무에서 비롯한다. 이 세 가지 중에서 제일 먼저 시작하여 제일 나중에 끝나는 것이 바로 권력이다. 미약한 권력을 가진 아이들은 더 많은 권력을 가지려는 욕구의 지배를 받는다. 실제로 아이들이 하는 활동 가운데 대부분은 이러한 욕구에서 비롯하는 것이다. 아이들이 가진 또 하나의 지배적인 욕구는 허영심이다. 허영심은 칭찬을 원하고 꾸지람이나 따돌림을 받는 것은 꺼리는 마음이다. 이런 허영심이 있기 때문에 아이들은 사회적 존재로 활동하고 공동체 생활을 하는 데 필요한 미덕을 갖게 된다. 허영심은 이론적으로는 성과 무관한 것으로 다루어질 수 있지만, 실질적으로는 성과 긴밀하게 연관되어 있다. 그렇지만 내가 보기에 권력은 성과 거의 연관성이 없다. 아이들이 공부를 하고 튼튼한 근육을 키우는 동기에는 허영심 못지않은 권력욕이 자리잡고 있다. 내가 보기에 호기심과 지식욕은 권력욕의 일종이다. 지식은 힘이고, 지식욕은 권력욕이다. 따라서 생물학과 생리학의 특정 분야를 제외하면, 과학은 성적 감정의 영역 밖에 있다고 보아야 마땅하다. 프리드리히 2세〔프로이센의 국왕. 기괴한 의학 실험을 시도했던 것으로 유명하다〕는 이미 산 목숨이 아니니, 이러한 주장은 가설로 남아 있을 수밖에 없다. 프리드리히 2세라면 틀림없이 뛰어난 수학자와 뛰어난 작곡가를 거세한 다음 거세가 각자의 활동에 어떤 영향을 미치는가를 관찰하여 결론을 내렸을 것이다. 내 생각에 거세는 수학자에게는 전혀 영향을 주지 않고 작곡가에게는 상당히 큰 영향을 줄 것이다. 지식욕은 인간의 본성 가운데 대단히 중요한 가치를 지니는 요소이다. 그런데 이 대단히 비중 있는 지식 활동 영역은 성의 영향력 밖에 놓여 있다.

가장 넓은 의미로 해석하면 권력은 또한 대부분의 정치적 활동을 조장하는 동기이다. 물론 위대한 정치가가 공공복리에 아무 관심이 없다는 이야기는 아니다. 오히려 나는 위대한 정치가의 마음속에는 부모로서의 감정이 보편화되어 있다고 생각한다. 그러나 권력욕이 크지 않은 정치가는 정치적인 과업을 이루는 데 필요한 노력을 지속적으로 투입할 수 없다. 나는 고결한 마음을 가지고 공적인 활동에 종사하는 사람들을 많이 알고 있는데, 개인적인 야심이 크지 않았다면 그들은 결코 자신의 목표를 달성할 수 있는 활동력을 발휘할 수 없었을 것이다. 에이브러햄 링컨은 고집 센 상원의원 두 사람을 설득해야 하는 중차대한 상황에서 연설의 앞뒤에 "나는 막강한 권력을 가진 미국 대통령

이오"라는 말을 덧붙였다. 링컨이 이 말을 하면서 쾌감을 느꼈으리라는 것은 의심할 나위가 없다. 선한 정치든 포악한 정치든, 모든 정치는 경제적 동기와 권력욕이라는 주요한 동력을 가지고 있다. 따라서 나는 프로이트 학파의 관점[인간의 모든 행동을 성욕이라는 요인으로 해석하는 관점]에서 정치를 해석하려는 시도는 잘못된 것이라고 생각한다.

우리가 이제까지 논의해 온 내용이 옳다면, 예술가들을 제외한 위대한 사람들은 대부분 성과 무관한 동기로 인해서 여러 가지 중요한 활동에 나선다고 보아야 한다. 이러한 각종 활동이 지속적으로 이루어지게 하고, 또한 저급한 형태로나마 일반적으로 보급되게 하려면, 인간이 지닌 그 밖의 정서적, 정열적인 성질이 성의 그늘에 가려지지 않게 해야 한다. 세계를 이해하려는 욕구와 세계를 개혁하려는 욕구, 이 두 가지야말로 진보를 이끄는 위대한 원동력이다. 이런 욕구가 없다면 인간 사회는 정체 상태를 유지하거나 퇴보하고 말 것이다. 지나치게 완벽한 행복은 세계를 이해하려는 욕구와 세계를 개혁하려는 욕구를 시들게 할 수 있다. 코브던Richard Cobden[영국의 자유주의 정치가이자 제조업자]은 존 브라이트John Bright[영국의 웅변가이자 자유주의 정치가]에게 자유 무역 운동[곡물법 반대 운동]에 참여하라고 설득할 때, 아내를 잃은 지 얼마 안 된 브라이트가 느끼는 개인적 슬픔에 초점을 맞추었다. 만일 이러한 슬픔을 겪지 않았다면, 브라이트는 다른 사람들이 느끼는 슬픔에 그처럼 동정적인 태도를 보이지 못했을 것이다. 또한 현실 세계에 대한 절망감 때문에 추상적인 것을 추구하는 활동에 들어서는 사람들도 많다. 슬픔은 충분한 열정을 가진 사람에게 소중한 자극이 될 수 있다. 사람이 더할 나위 없이 행복한 상태에 이르면 더 많은 행복을 손에 넣으려고 애를 쓰지 않는다는 것은 부인할 수 없는 사실이다. 그러나 유익한 결과를 낳을 수는 있지만 실현가능성이 거의 없는 일을 가지고 다른 사람들에게 고통을 떠안기는 것은 인간의 도리가 아니다. 따지고 보면, 인간이 겪는 고통 백 가지 중에 아흔아홉 가지는 아무 이득도 돌아오지 않는 공허한 고통이다. 그중에는 자연이 인간에게 부여한 피할 길 없는 고통도 포함되어 있다. 죽음이 있는 한 고통은 있기 마련이다. 고통을 행복으로 변화시키는 방법을 알고 있는 극소수의 사람들이 있기는 하다. 그렇지만 안 그래도 힘겨운 고통을 더 무겁게 하는 것은 인간의 도리가 아니다.

자유로운 사랑과 행복한 결혼

우리는 이런 저런 논의를 거친 끝에 결론에 도달하였는데, 그 결론에는 역사적인 측면과 윤리적인 측면이 포함되어 있다. 역사적인 측면에서 보자면, 현재 문명사회에 존재하는 성윤리는 두 개의 전혀 다른 근원에서 유래한 것이다. 그중 하나는 부계 혈통을 확실히 밝히려는 욕망이고, 다른 하나는 자손 출산을 위해 필요한 성 이외의 성은 죄악이라는 금욕주의적 신앙이다. 기독교 이전 시대의 도덕과 현재까지 이어지는 극동의 도덕은 첫 번째 근원에서만 유래한 것이다(여기에서 금욕주의를 확산시킨 중심지인 인도와 페르시아는 제외된다). 부계 혈통을 확실히 밝히려는 욕구는 남성이 자손 출산에 기여한다는 사실을 알지 못하는 미개한 사회에는 존재하지 않았다. 미개 사회에서는 남성의 질투심이 여성의 성적 방종을 어느 정도 제한하기는 했지만, 여성은 대개 초기 가부장제 사회의 여성보다 훨씬 많은 자유를 누렸다. 과도기에는 상당한 마찰이 있었던 것이 분명하다. 남성들은 자기 혈통을 물려받은 아이를 자식으로 삼는 것에 관심을 가지게 되면서 여성의 자유를 제한하는 것이 필수적이라는 확신을 가지게 되었다. 이 단계의 성윤리는 여성에 국한된 것이었고, 남성에게는 기혼 여성과 간통을 해서는 안 된다는 것 외에는 아무런 제한이 부과되지 않았다.

기독교가 출현하면서 죄악을 회피하려는 새로운 동기가 등장했고, 기독교의 도덕 규범은 이론상으로는 남녀에게 동일하게 적용되었다. 그러나 실제로는 남성에게 규범을 강제하기가 어려웠기 때문에, 남성의 규범 위반은 여성의 규범 위반에 비해서 묵인되는 경우가 훨씬 많았다. 초기의 성윤리에는 순전히 생물학적인 의도, 즉 아주 어린 자식이 부모 중 어느 한 사람만이 아니라 두 사람 모두로부터 보살핌을 받게 하려는 의도가 포함되어 있었다. 그런데 기독교 시대에 이르러 이런 생물학적인 의도는 관습상으로는 유지되고 있었지만 기독교의 이론에서는 완전히 배제되고 말았다.

최근에 들어서면서 성윤리에 포함된 기독교 이전 시대의 특징과 기독교적인 특징이 차츰 변화의 조짐을 보이고 있다. 정통 기독교가 쇠퇴의 길에 들어서고 정통 기독교 신앙을 유지하고는 있으나 신앙적 열정이 쇠퇴한 사람들이 늘어나면서, 기독교적인 특징은 예전과 같은 위력을 발휘할 수 없게 되었다. 20세기에 태어난 사람들은 대부분 무의식적으로 예전의 태도를 고수하려는 성향을 보이기는 하지만, 의식적으로는 간음을 죄라고 생각하지 않는다. 기독교 이전에 형성된 특징들은 피임법이라는 요인에 의해서 변화해 왔으며, 자녀의 부양과 교육에 대한 국가의 개입 증가라는 새로운 요인에 의해서 변화해 가는 과정에 있다. 첫 번째 요인인 피임법은 성관계가 임신으로 이어지는 것을 예방하는 확률을 크게 끌어올려서, 미혼 여성은 임신을, 기혼 여성은 남편의 자식이 아닌 아이의 임신을 피할 수 있게 되었다. 따라서 미혼 여성과 기혼 여성이 반드시 정절을 지켜야 할 필요성은 사라지게 되었다. 피임법은 현재로서는 완전히 신뢰할 수 있는 상황이 아니므로 혼외 임신 문제가 완전히 해결된 것은 아니다. 그러나 피임법은 머지않아 완전무결해질 것이라고 생각한다. 그렇게 되면 여성의 혼외 성관계를 완전히 금지하지 않더라도 부계 혈통의 자식 출산을 확실히 보장할 수 있게 된다. 이 문제와 관련해서 여성이 남편을 속일 수 있다는 이야기가 나올 수 있다. 그러나 남편을 속이는 일은 옛날에도 가능했다. 자식의 혈통 문제로 남편을 속이려는 동기는 열렬하게 사랑하는 사람과의 성관계 문제로 남편을 속이려는 동기만큼 강력하지 않다. 여성이 자식의 혈통을 속이는 일은 가끔 일어날 수도 있다. 그러나 그 빈도는 옛날에 여성이 남편에게 간통 사실을 숨기던 빈도에 비교하면 미미한 수준일 것이다. 남편의 질투심 역시 새로운 관습에 의거한 새로운 환경에 적응해 아내가 자신이 낳은 자식의 아버지로 다른 남성을 선택하겠다고 주장할 때에만 일어나는 상황도 빚어질 수 있다. 과거에 동양의 남성들이 환관들에게 대부분의 유럽인 남성들이 분개할 만한 자유를 묵인해 준 것은 그들이 자손 출산과 관련하여 의심을 살 만한 행동을 아예 할 수 없는 처지였기 때문이었다. 이런 식으로 묵인하는 태도가 피임법의 활용으로 가능해진 성적 자유까지 확대될지도 모른다.

따라서 예전만큼 여성의 정절을 강요하지 않더라도 양친형 가족은 먼 훗날까지 존속할 가능성이 있다. 그러나 성윤리를 변화시키는 두 번째 요인은 첫 번째 요인보다 훨씬 큰 영향을 끼칠 가능성이 높다. 그것은 바로 자녀의 부양과 교육에 대한 국가의 개입이 늘어나는 경향이다. 국가가 아버지의 역할을 대신하는 상황은 주로 노동자 계급에게만 영향을 미쳐 왔다. 그러나 노동자 계급이 인구의 대다수를 차지하므로 이런 상황은 차츰 관련된 영역으로 확산되어 결국 사회 전체로 확장될 가능성이 높다. 인간의 가족에서나 동물의 가족에서나 아버지의 전통적인 역할은 보호와 부양이었지만, 문명사회에서는 경찰이 가족에 대한 보호를 담당한다. 그리고 정도의 차이야 있지만, 빈곤 계층에 대해서는 가족의 부양까지 국가가 담당한다. 그렇게 되면 아버지가 뚜렷한 목적을 위해 기여하는 상황은 더 이상 지속되지 못할 것이다. 어머니의 역할은 두 가지 방향으로 변화할 가능성이 있다. 어머니가 어린 자식을 보육 시설에 맡기고 일반적인 노동을 할 수도 있고, 법률 규정에 따라서 국가로부터 양육 수당을 받으며 어린 자식을 직접 양육할 수도 있다. 두 번째 방식이 채택된다면, 그것은 어느 정도는 전통적 도덕을 지탱하는 수단으로 이용될 수 있다. 정숙하지 못한 여성에 대해서는 국가가 양육 수당의 지급을 중단할 수도 있기 때문이다. 양육 수당의 지급이 중단될 경우, 그 여성은 직장에 나가지 않고는 자식들을 부양할 수 없으므로 자식들을 보육 시설에 맡길 수밖에 없다. 따라서 가난한 양친을 둔 아이들의 양육에 있어서는 경제적인 요인으로 인하여 아버지의 역할이 배제되고, 심지어는 어머니의 역할까지 상당한 정도로 배제되는 결과가 나타날 가능성이 높다. 그렇게 되면 전통적 도덕을 지탱하던 전통적인 근거들은 완전히 사라지고, 새로운 도덕을 지탱하기 위한 새로운 근거가 마련될 것이다.

내가 생각하기로는, 이런 식의 가족의 붕괴는 결코 기뻐할 일이 아니다. 부모의 사랑은 아이들에게 중요한 것이다. 또한 대규모의 보육 시설이 설립된다면 아이들에 대한 교육은 틀림없이 대단히 관료적이고 가혹하게 이루어질 것이다. 또한 다양한 가정환경에서 비롯한 다양한 영향력이 제거되기 때문에 심각하게 획일화될 것이다. 더구나 국제정부가 이미 수립되어 있는 상황이 아니라면, 아이들은 나라별로 나뉜 채 적의에 기초한 애국심을 주입받게 될 것이고, 아이 때부터 이런 애국심을 품고 자란 사람들은 공멸의 길로 접어들게 될 것이 거의 확실하다. 인구 문제와 관련해서도 역시 국제정부는 필요하다. 국제정부가 없는 상황이라면, 국가주의자들은 바람직한 수준 이상으로 인구 증가를 장려할 것이고, 의학과 위생학의 발전으로 발생한 과잉 인구를 처리하기 위해서 어찌할 수 없이 전쟁을 선택할 수밖에 없는 상황이 벌어질 것이다.

사회학적인 측면의 문제들은 이처럼 대부분 까다롭고 복잡하다. 그러나 나는 개인적인 측면의 문제는 매우 단순하다고 생각한다. 성이 죄악이라는 교의는 개개인의 성격에 (유년기부터 시작해서 평생에 걸

처서) 막대한 악영향을 끼쳐 왔다. 인습적인 도덕은 이성 간의 사랑을 구속함으로써 일체의 우호적인 감정들을 속박하고, 관대하고 상냥한 인간의 본성을 마모시키며 독단적이고 잔혹한 인간의 본성을 증폭시키는 데 기여해 왔다. 어떠한 성윤리든 그것이 일반화되기 위해서는 미신에 얽매이지 않아야 할 뿐 아니라, 분명하게 입증된 확고한 근거를 가지고 있어야 한다. 경제 활동, 운동, 학문을 비롯하여 인간의 모든 활동들도 마찬가지지만, 성은 윤리 없이는 살아남을 수 없다. 그러나 우리 사회와 전혀 다른 사회에서 무지한 사람들이 내놓았던 낡은 금지 조항을 유일한 기초로 삼는 윤리 따위는 없어도 아무런 문제가 되지 않는다. 경제 윤리도 그렇고, 정치 윤리도 그렇고, 성윤리도 그렇고, 우리의 윤리는 여전히 현대적인 발견 결과가 불합리하다고 밝힌 각종 두려움에 지배당하고 있다. 따라서 이와 같은 심리적 부적응으로 인하여 우리는 현대적인 발견 결과가 제공하는 혜택을 거의 대부분 박탈당하고 있다.

모든 과도기가 그렇듯이, 낡은 제도에서 벗어나서 새로운 제도에 적응하는 과도기에는 예외 없이 어려움이 따른다. 소크라테스가 그랬듯이, 도덕의 개혁을 주장하는 사람에게는 젊은이들을 망치는 사람이라는 비난이 항상 따라다닌다. 설사 그들이 주창하는 새로운 도덕이 완벽하게 받아들여져서 낡은 도덕이 제공했던 것보다 훨씬 나은 삶이 보장될 수 있다고 해도, 이런 비난이 늘 아무 근거가 없는 것이라고 단언할 수는 없다. 중동의 이슬람교에 대해 아는 사람들은 날마다 다섯 번 씩 기도를 해야 한다는 원칙을 버린 사람들이 그보다 훨씬 중요한 다른 도덕 규범까지 저버린다고 단언한다. 특히나 성 윤리의 변화가 필요하다고 주장하는 사람은 자칫 이런 식의 오해를 사기 쉽다. 나 자신도 일부 독자들이 오해할 만한 말을 했다는 것을 인정하지 않을 수 없다.

　전통적인 청교도주의 도덕과는 달리, 새로운 도덕이 견지하는 일반적 원칙은 본능을 억제할 것이 아니라 훈련해야 한다는 것이다. 현대 사회의 남성들과 여성들은 대부분 이런 포괄적인 원칙을 널리 용인할 것이다. 그러나 이 원칙이 타당성을 충분히 확보하려면, 이 원칙에 내포된 모든 내용들을 승인하고 초기부터 적용해야만 한다. 유년기에 본능을 훈련하지 않고 억압한다면, 본능은 매우 바람직하지 않은 형태로 왜곡될 것이고, 따라서 사람들은 평생토록 이런 본능을 어느 정도 억압한 채로 살아가야 할 것이다. 내가 제안하는 도덕은 단순히 성인들이나 청소년들에게 "네 충동이 이끄는 대로, 네가 하고 싶은 대로 하라"는 것이 아니다. 인생에는 일관성이 있어야 한다. 우리는 당장 유익한 것이 아니고 항상 매력적인 것이 아니라도, 목적을 향해서 끊임없는 노력을 기울여야 하고, 다른 사람들을 배려해야 하며, 방법의 정당성에 일정한 기준을 가지고 있어야 한다. 그러나 나는 자제 그 자체가 목적이라고 생각하지 않으며, 우리의 제도와 도덕적 관습은 자제의 필요성을 최대화하는 것이 아니라 최소화하는 역할을 담당해야 한다고 생각한다. 자제의 역할은 기차의 브레이크의 역할과 비슷하다. 자신이 잘못된 방향으로 가고 있다는 것을 깨달았을 때는 유용하지만, 옳은 방향으로 가고 있을 때는 해로울 뿐인 것이 바로 자제다. 기차가 항상 브레이크를 건 채 달려야 한다고 주장하는 사람은 아무도 없을 것이다. 까다로운 자제의 습관은 기차의 브레이크와 마찬가지로 유용한 활동에 쓰일 수 있는 활동력에 좋지 않은 영향을 준다. 자제는 이런 활동력의 대부분을 외부적 활동에 쓰는 것이 아니라 내적인 갈등에 소모하도록 만든다. 자제는 간혹 필요할 때도 있기는 하지만, 언제나 달갑지 않은 것이다.

인생에서 자제가 얼마나 필요한가는 어렸을 때 본능을 어떻게 취급하는가에 달려 있다. 아이들의 본능은 유익한 활동을 낳을 수도 있고, 유해한 활동을 낳을 수도 있다. 기관차의 증기가 기관차를 목적지로 이끌기도 하지만, 사고를 불러일으키는 측선으로 이끌고 가기도 하는 것과 마찬가지다. 교육의 기능은 본능을 유해한 활동이 아니라 유익한 활동으로 발전해갈 수 있도록 이끄는 데 있다. 이러한 교육이 유년기에 적절히 행해진다면, 남성이나 여성은 드물게 발생하는 두세 번의 위기에 부딪힐 때를 제외하면, 대개는 극심한 자제를 하지 않고도 유익한 삶을 살 수 있을 것이다. 반대로 초기의 교육이 본능을 억압하는 쪽으로만 실시된다면, 어른이 되었을 때 본능이 얼마간은 해로운 행동을 조장할 가능성이 있기 때문에, 늘 자제를 통하여 본능을 억제해야 할 것이다.

이러한 일반적 논의는 성적 충동에 특히 효과적으로 적용될 수 있다. 성적 충동은 그 자체가 매우 강한 것일 뿐 아니라, 전통적 도덕이 특별한 관심을 쏟는 대상이기 때문이다. 대부분의 전통적인 도덕가들은 엄격히 억제되지 않는 성적 충동이 천박하고 무질서하며 추

275

악한 성질을 가지게 된다고 생각하는 것으로 보인다. 나는 이러한 견해가 유년기부터 억제가 노상 몸에 배어서 그 후에도 계속 성적 충동을 무시하려고 하는 사람들을 관찰한 데서 나온 것이라고 생각한다. 그러나 이런 사람들의 경우, 유년기에 몸에 배인 억제의 습관은 성적 충동을 억제하는 데 실패했을 때에도 여전히 효력을 미친다. 유년기에 습득한 도덕적 교훈을 이성적으로 따져보지 않고 다소 무의식적으로 받아들일 때 형성되는 것이 이른바 양심이다. 사람들은 인습이 금하는 것은 예외 없이 죄악이라는 느낌을 늘 가지고 있다. 이성적으로 보면 결코 죄악이 아니라는 확신이 들 때에도 이런 느낌을 떨쳐버리지 못한다. 이런 느낌은 본능과 이성의 조화를 방해하기 때문에, 본능은 저속해지고 이성은 빈혈증을 앓는 분열된 인격이 형성된다. 현대 세계에서는 정도의 차이는 있지만 인습적인 가르침에 맞선 다양한 반항을 찾아볼 수 있다. 그중에서도 가장 흔히 볼 수 있는 반항은 어렸을 때 습득한 도덕의 윤리적인 타당성을 이성적으로는 인정하지만, 자신은 그 도덕적 기준에 맞추어 살아갈 수 있는 영웅이 아니라고 다소 비현실적인 회한을 토로하는 식의 반항이다. 이런 사람에 대해서는 변호할 만한 여지가 없다. 그 사람은 신념과 실천이 조화를 이룰 수 있도록, 신념을 바꾸거나 아니면 실천을 바꾸는 것이 나을 것이다. 다음으로는, 의식적인 이성은 어렸을 때 습득한 것을 상당히 털어냈지만, 무의식적으로는 그것을 완벽하게 수용하고 있는 사람이 보이는 반항이다. 이런 사람은 어떤 강렬한 감정, 특히 두려움이 몰려들면 별안간 행동 방침을 바꾼다. 그 사람은 큰 병이나 지진을 경험하는 순간 어렸을 적의 믿음이 급격히 분출하여 자신의 행동을 뉘우치고 이성적인 확신을 저버릴 수도 있다. 평상시에도 그는 바람직하지 못한 모습으로 자신의 행동을 억제할 것이다. 그는 그런 식으로 억제를 한다고 해도 전통적 도덕이 규탄하는 일체의 행동을 억제할 수는 없으니 그런 행동을 할 때마다 꺼림칙한 느낌을 가지게 될 것이다. 따라서 그의 행동은 거리낌 없이 행동했을 때에만 확보할 수 있는 가치 있는 요소들이 빠진 상태로 이루어질 것이다. 낡은 도덕률을 새로운 도덕률로 교체하는 경우에는, 의식적 사고를 구성하는 인격의 최상층에서만이 아니라, 인격의 모든 구성 부분에서 새로운 도덕률이 수용될 때에만 완벽하게 만족스러운 결과를 얻을 수 있다. 유년기 내내 낡은 도덕을 접해 온 사람들은 대부분 이렇게 하기가 무척 어렵다. 따라서 유년기부터 새로운 도덕을 배우지 않은 사람은 새로운 도덕에 대해 공정한 판단을 내릴 수 없다.

성윤리는 일반적인 원칙에서 도출되어야만 한다. 원칙에서 도출된 결과에 대해서는 의견 차이가 클 수 있지만, 원칙 자체에 대해서는 상당히 광범한 의견의 일치가 형성되어 있어야 한다. 첫째로 확보되어야 할 원칙은 남녀 간에 깊고도 진지한 사랑, 즉 인격의 모든 측면을 포용하여 서로의 인격을 풍요롭게 만들고 고양시키는 인격적인 결합을 유도할 수 있는 사랑이 되도록 많아져야 한다는 것이다. 둘째로 중요한 원칙은 아이들을 육체적으로나 심리적으로나 충분히 보살펴야 한다는 것이다. 이런 원칙들은 그 자체로는 충격적인 것이라고 할 만한 내용이 전혀 없다. 그러나 내가 보기에, 인습적인 도덕은 이

277

두 가지 원칙의 결과와 관련해서 반드시 수정되어야만 한다. 현재 대부분의 남녀가 배우자에 대한 사랑에서 보이는 관용과 이해심은 대단히 낮은 수준이다. 유년기에 여러 가지 금기의 속박에 덜 시달렸더라면 그들은 지금보다 훨씬 높은 수준의 관용과 이해심을 베풀 수 있었을 것이다. 그들은 필수적인 경험을 아예 하지 못하거나, 은밀하고도 바람직하지 못한 방식으로 그런 경험을 한다. 또한 도덕가들이 용인하는 질투와 관련해서 보자면, 사람들은 각자가 만든 감옥에 서로를 가두어 두는 것이 정당하다고 생각한다. 부부 사이에 부정한 행동의 유혹에 결코 흔들리지 않을 만큼 깊은 사랑이 있을 때 질투는 바람직한 것이다. 그러나 부정한 행동이 발생한다고 해도 그것을 끔찍한 일로 취급하는 것은 좋지 않으며, 이성과의 우정 일체를 거부할 정도로 지나친 질투는 바람직하지 않다. 두려움과 억제, 그리고 자유에 대한 상호 간섭 위에서는 행복한 삶이 자리잡을 수 없다. 바람직한 것은 부부가 이런 요소들 없이도 정절을 지키는 것이다. 그러나 정절을 유지하기 위해서 이런 요소들이 꼭 필요하다면, 그 부부는 너무나 값비싼 대가를 치러야 한다. 그러므로 이따금 발생하는 과실은 서로 조금씩 묵인해 주는 것이 좋다. 부부 사이에 사랑이 변치 않으리라는 든든한 확신이 있는 결혼 생활은 불행한 경우가 드물지만, 육체적으로는 정절을 유지하고 있으나 늘 질투심이 도사리고 있는 결혼 생활은 불행해지는 경우가 많다는 것은 의심할 나위가 없다.

많은 사람들이 스스로를 도덕적이라고 생각하면서도 자식에 대한 부모로서의 의무를 제대로 중시하지 않는다. 양친형 가족이라는 현 제도를 전제로 한다면, 결혼한 부부는 자식이 태어나는 바로 그 순간부터 화목한 관계를 유지하기 위해서 (아무리 엄청난 자제가 필요하다고 할지라도) 필요한 모든 일을 해야 할 의무가 있다. 이를 위해서는 인습적인 도덕가들이 주장하는 것처럼 부정한 행동을 하고 싶은 욕구를 억제하는 것만이 아니라, 질투와 조급함, 오만함 등의 욕구를 억제하는 것도 그에 못지않게 중요하다. 부부 간에 벌어지는 심한 말다툼이 원인이 되어 자식들이 신경장애를 앓는 경우가 많으니만큼, 이런 말다툼을 예방하기 위해서 최대한의 노력을 기울여야 한다. 하지만 부부 중 어느 한 사람이라도 자식들이 부모의 불화를 눈치챌 수 없도록 자제를 할 수 없다면 그 부부는 이혼을 하는 편이 낫다. 자식의 입장에서 볼 때, 이혼이 항상 최악의 가능성인 것은 아니다. 부모가 고함을 치고, 격분해서 욕을 퍼붓고, 심지어 폭력까지 휘두르는 모습을 보이는 것 역시 이혼만큼이나 나쁜 것이다. 많은 아이들이 나쁜 가정에서 자라면서 이런 꼴을 보고 들어야 하는 환경 속에 방치되어 있다.

분별력 있는 태도로 자유의 확장을 주장하는 사람들이 반드시 유념해야 할 것이 있다. 도덕가들은 종래의 엄격하고 구속적인 처세훈을 들으며 자라난 성인들, 심지어는 청소년들의 마음에 손상된 욕구만을 남겨두었다. 따라서 그런 욕구를 조장하는 것만으로는 당장 자유가 확장되지는 않는다. 물론 자유를 확장하는 단계는 반드시 필요하다. 그렇지 않으면 사람들은 자식들에게 자신이 받은 교육만큼이나 나쁜 교육을 시킬 것이니 말이다. 그러나 자유의 확장은 하나의 단계에 지나지 않는다. 분별력 있는 자유는 아주 어릴 때부터 습득되어야 한다. 그렇지 못할 경우 사람들은 인격의 모든 측면에서의 자유가 아니라, 저속하고 피상적인 자유를 습득하게 될 것이다. 정신이 구속에서 벗어나지 못하는 한, 저속한 욕구는 육체적인 방종으로 이어진다. 애초에 올바로 훈련된 본능은 캘빈주의자의 원죄 신앙에 기초한 교육보다 훨씬 좋은 결과를 낳을 수 있다. 그런 교육이 해로운 영향을 미치는 것을 방임했다면 후일 그 영향을 제거하기가 대단히 어렵다. 정신분석학의 공헌 가운데 손에 꼽을 만한 것은 유년기의 금지와 위협이 미치는 악영향을 발견한 것이다. 이런 악영향을 없애려면 장기간에 걸쳐서 대단히 효과적인 정신분석학적 치료가 필요하다. 눈에 띄게 심한 증세를 보이는 신경장애 환자뿐 아니라, 겉보기에는 멀쩡한 대부분의 사람들 역시 마찬가지다. 내 생각으로는, 어렸을 때 인습적인 교육을 받고 자란 사람들 중 열에 아홉은 결혼과 성에 대해서 바람직하고 분별력 있는 태도를 가질 능력을 일정 부분 손상당하게 된다. 이런 사람들은 내가 최선이라고 생각하는 태도와 행동을 취할 수 없다. 이 문제를 해결하는 최선의 방법은 그들 스스로 어떤 손상을 입고 있는지 자각하게 하고, 자신을 불구로 만든 것과 똑같은 방식으로 자식들을 불구로 만들지 않게 하는 것이다.

내가 제안하는 성윤리의 원칙은 방종의 원칙이 아니다. 이 원칙에는 인습적인 원칙에 포함되어 있는 것과 비슷한 수준의 자제가 포함되어 있다. 그러나 자제는 자신의 자유를 구속하는 방식보다는 남의 자유를 간섭하는 것을 삼가는 방식으로 이루어지는 경우가 더 많을 것이다. 처음부터 올바른 교육이 이루어진다면 다른 사람의 인격과 자유를 존중하는 것은 비교적 쉽다. 그러나 도덕이라는 이름으로 다른 사람의 행동을 금지할 권리가 있다는 사고가 이미 형성되어 있는 사람이 이런 유쾌한 박해 행위를 단념한 채로 살아가기란 어려운 일, 아니 심지어는 불가능한 일이라고 단언할 수 있다. 그러나 애초에 구속성이 덜한 도덕을 교육받은 사람이 이런 삶을 살지 못할 거라고 단언할 수는 없는 일이다.

행복한 결혼의 정수는 서로의 인격을 존중하고, 육체적으로나 지적으로나 정신적으로나 깊이 있는 친밀감을 유지하는 데 있다. 이런 요건들이 충족될 때 남녀 간의 진지한 사랑은 인간의 모든 체험 가운데서 가장 풍요로운 것이 된다. 이런 사랑은 모든 위대하고 귀중한 것들과 마찬가지로, 그 자체의 도덕을 필요로 하며, 더 큰 것을 위해서 작은 것을 희생할 것을 요구한다. 그러나 이런 희생은 자발적인 것이어야 한다. 만일 그렇지 않다면 그 희생은 다른 목적을 위해서 사랑의 토대 자체를 파괴하게 될 것이다.

미주

1. Havelock. Ellis, *Studies in the Psychology of Sex*. Vol. VI, p. 510
2. V. F.Claverton과 S. D. Shmalhausen이 엮은 책으로 Havelock Ellis의 머리말이 실려 있다. London: George Allen and Unwin Ltd, 1929.
3. Briffault, 앞의 책. p.34.
4. 마오리 족의 나라에서는 '달은 모든 여성의 영원한 남편 혹은 진정한 남편이다. 조상들의 지혜에 따르면, 남녀의 결혼은 전혀 중요한 것이 아니고, 달이 진정한 남편이다'라는 말이 있다. 세계 대부분의 지역에 는 이와 비슷한 견해가 존재하고 있는데. 이는 틀림없이 부계 혈통의 중요성이 완전히 인정되지 않은 단계에서 나타나는 과도적인 양상이 다. Briffault, 앞의 책, p. 37.
5. Briffault, 앞의 책, p. 40.
6. Westermarck, *History of Human Marriage*, pp. 151 이후.
7. 고린도전서 7장 1-9절.
8. Havelock Ellis, *Studies in the Psychology of Sex*, vol.iv, p. 31.
9. W. E. H. Lecky, *History of European Morals*, vol.ii, pp. 117-8.
10. W. E. H. Lecky, 앞의 책, vol.ii, pp. 339-41.
11. Westermarck, 앞의 책, p. 170.
12. W. E. H. Lecky, 앞의 책, vol.ii, pp. 357-8.

13. Lea, *History of the Inquisition in the Middle Age*, vol. I pp. 9, 14.

14. W. E. H. Lecky, 앞의 책, vol.ii, pp. 350-351.

15. Huizinga, *The Waning of the Middle Ages*, pp. 95-6.

16. 나는『엘머 갠트리*Elmer Gantry*』(싱클레어 루이스가 1926년에 출간한 것으로, 종교계의 위선을 폭로한 소설)를 읽고 나서 이들을 제외하는 것도 현명치 않은 것이라고 생각하기 시작했다.

17. 여기에는 경찰들과 치안판사도 포함되지만, 요즘의 교육자들은 제외된다.

18. 다음 책을 참조하라. Desmond MacCarthy, *Obscenity and the Law*, Life and Letters, May 1929.

19. 제1권이 기소되었기 때문에, 제2권부터는 영국에서 출판되지 않았다.

20. *To the Pure*, Viking Press, 1928.

21. Margaret Mead, *Coming of Age in Samoa*, 1928, pp. 104 이후.

22. 다음 책을 참조하라. Albert Londres, *The Road to Buenos Ayres*, 1929.

23. *The Revolt of Modern Youth*, 1925. *Companionate Marriage*, 1927.

24. Malinowski, *The Sexual Life of Savages*, p. 73.

25. 이 사례로는 휴 세실 경이 전쟁 중에 양심적인 병역거부자들에게 베푼 관용을 들 수 있다.

26. Homer Lane. 저자는 각주에 이 인물의 이름(Homer Lane)을 밝히고 있다. 호머 레인은 미국의 교육학자로 1912년에 영국으로 건너가 아동들을 위한 자율생활공동체를 설립했으며, 서머힐학교의 창립자인 A. S. 닐에게도 큰 영향을 준 사람이다.

27. 1922년 포플러 구의 유아사망률은 켄싱턴 구의 유아사망률보다 0.5 퍼센트 낮았는데, 원래의 법규가 복원되어 후생 사업이 종결된 이후인 1926년 포플러 구의 유아사망률은 켄싱턴 구의 유아사망률보다 1 퍼센트 높았다.

28. 네바다 주에서는 고의적인 유기, 중죄 혹은 파렴치죄의 선고, 습관성 음주벽, 결혼 당시부터 이혼 당시까지 계속되는 성교 불능, 지나친 잔혹성, 1년 이상의 생활비 미지급, 2년 이상의 정신이상을 이혼 사유로 본다. 다음 책을 참조하라. *Civilization*, V. F. Claverton and S. D. Schmalhausen. London : George Allen and Unwin Ltd, 1929,, p.

224.

29. 독자들은 여기서 말버러 공작 부처의 이혼 소송을 떠올릴 것이다. 법원은 강압에 의한 결혼이라는 이유를 들어 그 결혼은 무효라고 판결했다. 자식들까지 낳아가면서 장기간 지속된 결혼인데도 이런 이유가 타당한 것으로 인정되었다.

30. 스웨덴의 이혼 건수와 혼인 무효 건수는 1923년에 1531건이었다가 1927년에는 1966건으로 늘어난 데 반해서, 미국에서는 같은 기간에 이혼과 혼인 무효를 합친 비율이 13.4퍼센트에서 15퍼센트로 늘어났다.

31. 단, 유서가 깊은 대학에서 학생들을 가르치는 사람이나, 행정부 각료와 가깝게 지내는 사람은 여기서 제외된다.

32. *Preface to Morals*, 1929, p. 308.

33. 이런 일이 일어났던 지역의 사례로는 아이슬란드를 들 수 있다. Carr Saunders, *Population*, 1925, p. 19.

34. 1929년 1/4분기에는 영국 인구가 감소했지만, 그것은 유행성 감기 때문에 나타난 결과이다. 다음 자료를 참조하라. *Times*, May 27, 1929.

35. 다음 책을 참조하라. Julius Wolf, *Die neue Sexualmoral und das Geburtenproblem unserer Tage*, 1928, pp.165-7

36. Julius Wolf에 따르면(앞의 책, pp.6. 이하), 피임법보다는 낙태가 독일의 출생률 저하에 더 많은 영향을 미치고 있다. 그는 현재 연간 인공 중절 건수가 60만 건에 이른다고 추측하고 있다. 영국의 경우에는 추정치를 내놓기가 훨씬 어려운데, 유산 사실이 기록으로 남겨지지 않기 때문이다. 그러나 영국 역시 독일의 상황과 크게 다르지 않을 것이다.

37. 앞의 책, pp. 143-4.